Volkskunde in Sachsen
Heft 9

Thelem

Volkskunde in Sachsen
im Auftrag des
Instituts für Sächsische Geschichte und Volkskunde e.V.
herausgegeben von
Michael Simon

Heft 9

„Volkskunde in Sachsen" erscheint zwei- bis dreimal jährlich und ist über den Buchhandel oder direkt beim Verlag (Adresse auf S. 4) zu beziehen. Preis pro Heft DM 15,–/SFr. 13.50/ÖS 110 zzgl. Versandkosten; bei Fortsetzungsbezug DM 12,–/ÖS 88/SFr. 11.00 zzgl. Versandkosten.
ISSN 1430-7537

Als Gardereiter in Dresden

Aus den Lebenserinnerungen
Karl Heinrich Helbigs 1875 bis 1877

Aufbewahrt von Hans Helbig
mit einem Beitrag von Gerhard Bauer
unter Mitarbeit von Peter Berner und Jana Witt
herausgegeben und eingeleitet von
Michael Simon

Alltagserinnerungen aus Sachsen 1

THELEM
UNIVERSITÄTSVERLAG

Hergestellt mit Unterstützung des Sächsischen Staatsministeriums für Wissenschaft und Kunst.

Redaktion: Monika Kania-Schütz, Gisela Niggemann-Simon

Die Deutsche Bibliothek – CIP-Einheitsaufnahme

Simon, Michael:
Als Gardereiter in Dresden : Aus den Lebenserinnerungen Karl Heinrich Helbigs 1875 bis 1877. - Dresden : Thelem bei w.e.b.-Univ.-Verl., 1999
(Volkskunde in Sachsen ; H. 9)
ISBN 3-933592-35-6

THELEM ist ein Imprint des Universitätsverlags w. e. b.

Herstellung: w. e. b.
Umschlag: Volkmar Spiller, Dresden
Umschlagbild: Gardereiter in der Uniform von 1876 auf einem Sammelbild der Dresdner „Sturm" Zigaretten GmbH, Deutsche Uniformen, Album IV: Das Zeitalter der Deutschen Einigung 1864-1914, Band 2, S. 25 (Serie 65: Sächsische Kavallerie, Bild 385).
Druck und Bindung: Druckhaus Dresden GmbH
Made in Germany

Editorial

Mit diesem Band eröffnet das Institut für Sächsische Geschichte und Volkskunde e. V. in seiner Reihe „Volkskunde in Sachsen“ eine neue Serie von Heften, in denen es um „Alltagserinnerungen aus Sachsen“ geht. Im Mittelpunkt steht die Herausgabe autobiographischer Texte, die Zeugnis vom Leben früherer Generationen hierzulande ablegen können und Ausgangspunkt für weiterführende Forschungen sein sollen. Mitarbeiterinnen und Mitarbeiter des Institutes haben seit seinem Bestehen für dieses Vorhaben nach einschlägigen Dokumenten gesucht und dabei neben veröffentlichten Texten schon eine ganze Reihe handgeschriebener Quellen registriert, von denen später weitere in Auszügen oder vollständig zum Druck gelangen sollen. Das, was uns bekannt geworden ist, entspricht wahrscheinlich der Spitze eines Eisberges, dessen Ausmaße sich wohl nur nach langjähriger Arbeit genauer abschätzen lassen werden. In vielen Familien lagern Dokumente, die vom Dasein der Vorfahren berichten. Oft werden diese Texte als Familienschatz gehütet und sorgsam von Generation zu Generation weitergereicht. In anderen Fällen ist das Wissen um die Personen, die zur Feder griffen und der Nachwelt Zeugnis ablegen wollten, abhanden gekommen, und der fehlende Bezug wirft bei manchen die Frage auf, ob man die alten Papiere überhaupt noch aufheben soll. Ein großes Problem stellen alle Texte in der alten deutschen Schreibschrift dar, die heutzutage viele nicht mehr lesen können. Schnell drohen die Aufzeichnungen des Urgroßvaters oder der Großmutter verlorenzugehen, weil man mit ihnen nichts mehr anzufangen weiß. Dabei sind alle diese Schriften Bestandteil unseres kulturellen Erbes und es wert, aufgehoben und in besonderen Fällen auch in Auszügen oder im ganzen publiziert zu werden.

Unseren Leserinnen und Lesern wären wir jedenfalls sehr dankbar, wenn sie uns weitere Hinweise auf ihnen bekannte Zeugnisse geben können, die wir gerne – auch in Kopie – in unsere Bestände übernehmen wollen. Unser Anspruch geht nicht dahin, diese Texte im Original zu besitzen. Aber wir möchten wenigstens einen Teil von ihnen für die wissenschaftliche Arbeit erfassen und mit den Möglichkeiten der modernen elektronischen Datenverarbeitung erschließen, um eines Tages aus einem repräsentativen Bestand neue Erkenntnisse über das Alltagsleben breiter Kreise der Bevölkerung vornehmlich im 19. und 20. Jahrhundert gewinnen zu können. Die hier vorgelegte Edition ist ein erster Schritt in diese Richtung. Er führt uns zurück in die Welt unserer Vorfahren, zu ihren Sorgen und Nöten sowie zu ihren Hoffnungen und Träumen. Natürlich kann man sich fragen, ob es in der Gegenwart nicht dringendere Probleme gibt, denen wir uns stellen müssen. Diese Frage muß jeder für sich selbst beantworten, und vielleicht hilft manchem der bekannte Satz, daß man aus der Geschichte durchaus für die Zukunft lernen kann. Allerdings sollten wir nicht übersehen, daß wir bei aller Deutungsmacht über die Vergangenheit auch in ihr verwurzelt und von ihr abhängig sind. Karl Heinrich Helbig, der wahre Autor dieses Buches, gibt uns dies am Ende des ersten Teils seiner Autobiographie zu bedenken, wenn er mit einfachen und nicht immer richtig geschriebenen Worten formuliert: „Ja. man soll nicht Rückwärts, sondern Vorwärts schauen, u. die Vergangenheit ruhen lassen, aber daß ist nicht so Einfach.“

Nicht so einfach war auch die Fertigstellung dieses Buches, bei dessen Erscheinen mancher Dank abzustatten bleibt. Hans Helbig, Dresden, stellte uns in großzügiger Weise die Texte seines Großvaters zur Verfügung und half mit vielen Hinweisen bei der Vorbereitung der Publikation. Zudem lieferte er uns eine erste Abschrift des Originals. Dr. Gerhard Bauer vom Militärhistorischen Museum der Bundeswehr in Dresden erklärte sich freundlicherweise bereit, für diesen Band einen Aufsatz über die Geschichte des Königlich Sächsischen Garde-Reiter-Regiments zu schreiben, und half außerdem zusammen mit Norbert Lasse bei der Erläuterung militärgeschichtlicher Begriffe. Einen Teil der Recherchen und die mühsame Arbeit der endgültigen Transkription leisteten Peter Berner und Jana Witt, die im Rahmen einer ABM am Institut tätig waren. Unser besonderer Dank gilt dem Arbeitsamt Dresden, das dieses Projekt somit ermöglicht hat. Weitere Hilfe kam aus dem Institut von allen Mitarbeiterinnen und Mitarbeitern, die manche Arbeit übernahmen. Besonders zu nennen sind Dr. Brigitte Emmrich, die bei den Nachforschungen zu den im Text erwähnten Soldatenliedern half, Dorothea Döhler, die wichtige Literatur und Informationen für das Glossar beschaffte, sowie Daniela Pfeiffer, die vor allem in der letzten Phase des Projektes mit viel Geduld und Verständnis zugearbeitet hat. Für das Abbildungsmaterial des Buches waren erhebliche Recherchen erforderlich, die leider nur zum Teil Erfolg hatten. Mehrere Personen und Institutionen halfen, die am Ende des Buches genannt werden und denen für ihr freundliches Entgegenkommen nochmals zu danken ist. Karl Helbig hätte sich bestimmt gewundert, wenn ihm dieses Projekt bekannt geworden wäre. Er selbst hatte für seine Ausführungen einen anderen Leserkreis vor Augen als den, dem wir jetzt seinen Text übergeben. Trotzdem bin ich mir ziemlich sicher, daß seine für die Familie geschriebenen „Erinnerungen“ auch bei einem größeren Publikum Interesse finden werden.

Dresden, im Dezember 1999 Michael Simon

Inhaltsverzeichnis

Michael Simon

Vom Blickpunkt einer Ameise aus

Die Lebenserinnerungen Karl Heinrich Helbigs

Am 23. Januar 1998 veranstaltete das neu gegründete Institut für Sächsische Geschichte und Volkskunde e. V. eine kleine Tagung an der Technischen Universität Dresden, um vor einem ausgewählten Publikum Aufgaben und Zielsetzungen der aufgenommenen Arbeit zu diskutieren. Zu den bei dieser Gelegenheit vorgestellten Projekten gehörte auch die Idee, lebensgeschichtliche Zeugnisse aus dem sächsischen Raum zu sammeln, um für die Zukunft eine spezielle Quellenbasis für eine neu zu schreibende Geschichte des Alltags hierzulande zu schaffen.

Als besonders interessant für dieses Vorhaben wurden vor allem solche Dokumente benannt, die für gewöhnlich nicht Eingang in die offizielle Archivüberlieferung finden, sondern eher unscheinbar als Nachlaßgut in Familien und Haushalten überdauern und daher oft nur zufällig der Forschung in die Hände fallen. Lebensbeschreibungen, Briefe, Tagebücher, Photographien, Erinnerungsblätter bis hin zu persönlichen Urkunden informieren über eine Vielzahl historischer Details, die bei sachgerechter Aufbereitung und Durchdringung durchaus Einblicke in die Lebenswelten früherer Generationen vermitteln können.

Zugegeben, hier geht es meistens nicht um wichtige Beiträge zur Ereignisgeschichte oder um Fragen der großen Politik. Statt dessen haben wir es in der Regel mit Einzeldokumenten zu tun, deren Aussagewert sich nur bedingt verallgemeinern läßt. Über den konkreten Fall informieren sie allerdings um so genauer und bieten somit die Chance, Zeugen der Vergangenheit – trotz aller zeitlichen Distanz – als „Mitmenschen“ zu erleben, etwas über ihre Träume, Hoffnungen, Sorgen, Nöte und Ängste zu erfahren und zu ihnen quasi eine Beziehung aufzubauen. Auch wenn dieser Zugang subjektiv bleibt, hält er eigene Möglichkeiten des Erkennens und Verstehens historischer „Wahrheiten“ bereit, wie zum Beispiel die anregenden Arbeiten von Walter Kempowski zeigen. Seine Idee von einem Archiv für unpublizierte Biographien, die er seit 1980 in seinem Haus in Nartum sammelt, greift der hier verfolgte Ansatz auf.[1]

Der Erfolg solcher Unternehmungen hängt natürlich ganz wesentlich von der Unterstützung durch eine interessierte Öffentlichkeit ab. Hinweise auf vorhandene Manuskripte und die Bereitschaft, sie zur wissenschaftlichen Erfassung und Bearbeitung freizugeben, gehören zu den unabdingbaren Voraussetzungen. Gleich der erste Tip, den wir als Reaktion auf unsere Projektskizze erhielten, war ein voller Erfolg. Wir verdanken ihn Klaus Gumnior vom Sächsischen Druck- und Verlagshaus Dresden. Er verwies uns an einen ehemaligen Dresdner Lehrer namens Hans Helbig, von dessen Großvater er einen längeren, handgeschriebenen Lebensbericht kannte. Der Kontakt war bald hergestellt und bescherte uns ein zweibändiges Manuskript, das Hans Helbig nicht nur verwahrte, sondern das er in großen Teilen schon mit der Schreibmaschine bzw. auf dem Computer abgeschrieben hatte. Aufgrund dieser Vorarbeiten war eine schnelle Durchsicht der Aufzeichnungen möglich. Bei der Lektüre wuchs mit jeder Seite die Überzeugung, eine Veröffentlichung dieses interessanten Dokuments in Angriff zu nehmen. War es am Anfang noch Intuition, sprachen am Ende gleich mehrere Gründe dafür, den Text wenigstens in Teilen für ein größeres Publikum zu erschließen. Bevor darüber im weiteren berichtet werden soll, wird es nützlich sein, den Lebensweg unserer Hauptperson in groben Zügen kennenzulernen. Dabei können wir uns im wesentlichen auf jenen Teil ihrer Ausführungen stützen, der für die vorliegende Edition weggelassen wurde.[2]

Karl Heinrich Helbig, der auf den Vornamen Karl hörte, kam am 17. September 1855 in Neuwernsdorf im Erzgebirge unweit der sächsisch-böhmischen Grenze zur Welt. Sein Vater hieß ebenfalls Karl Heinrich und war nach dem Eintrag im Taufregister der evangelischen Kirche von Cämmerswalde Erbangesessener, Maurer und Leinweber von Beruf. Seine Frau war eine geborene Träger (Tröger) und trug die Vornamen Christiane Juliane. Aus der Ehe gingen acht Kinder hervor, und zwar sieben Jungen und ein Mädchen. Der Vater verstarb 1903 mit 78 Jahren, die Mutter zehn Jahre eher im Alter von 63. In seinen Erinnerungen schildert Karl Helbig das Leben seiner Eltern als sehr mühselig und arbeitsreich. Die Kinder mußten zu Hause mithelfen, etwa beim Viehhüten und in der Leinenweberei. Die stand damals noch „in voller Blüte“, wie er schreibt, und die Aufgabe der Kinder war es, ihren Eltern beim Spinnen und Spulen an die Hand zu gehen. Unser Autor liebte diese Arbeit wenig: „Wenn das Spulrad so schnurte beim drehen, hab ich im-

---

1 Über das Anliegen von Walter Kempowski informieren u. a. folgende Presseberichte: Der Herr der Tagebücher, in: Der Spiegel Nr. 53 vom 28. Dezember 1992, S. 156 f.; Jörg Albrecht und Dirk Reinartz (Photos): Kempowskis gesammelte Schicksale, in: ZEITmagazin Nr. 19 vom 5. Mai 1995, S. 8-16; Michael Skasa: Des Lebens halbe Fülle, in: Die Zeit Nr. 45 vom 3. November 1995.

2 Eine Kurzfassung seines Lebens hat Karl Helbig auch an das Ende des hier edierten Teils gestellt und ist ab S. 115 (unten) nachzulesen.

mer dazu gesungen und gedrallert und den Kopf hin u. her geworfen, wie mir Vater später mal sagte, ja ich war eben Musekalisch u. Singfreund, ich konnte ja von rechtswegen auch nicht davor, ich habe da von Vater se[h]r viel Priegel gekricht, weil die Spulen nicht richtig wurden."

Die Beziehung zum Vater war also gespannt und durch Strenge bestimmt. Im Rückblick konnte der Sohn ihn zwar in seiner Haltung verstehen, aber er blieb bei seiner Meinung, der Vater habe ihn in der Kindheit zu grob angepackt, da er schließlich noch jung und „unverständig" gewesen sei. Bezeichnend ist in diesem Zusammenhang die Schilderung einer Episode aus seinem späteren Leben, in der ihm der Vater „unter Trähnen" gestand, daß er ihn früher verkannt habe. Ganz anders fallen dagegen die Erzählungen über die Mutter aus, die vom Sohn stets als „gut" charakterisiert wird. Sie soll auch bei den Nachbarn beliebt gewesen sein und galt als immer freundlich und lustig. Ein Zubrot verdiente sie sich durch den Handel mit Mehl, das sie zweimal in der Woche nach Sayda trug und dort an der Haustür verkaufte. Der Sohn begleitete sie oft auf diesen Touren, die recht anstrengend gewesen sein müssen. Der Weg führte durch das Gebirge und war auf kürzester Strecke bald zehn Kilometer lang.

Für die Schule blieb unter diesen Umständen wohl nur wenig Zeit übrig. In den Erinnerungen von Karl Helbig nimmt das Thema jedenfalls keinen besonderen Platz ein. Gerne hätte er mehr gelernt, aber es lag eben nicht nur an ihm, daß seine Bildung lückenhaft blieb, wie er als alter Mann in seiner Lebensgeschichte notierte: „Meine schreiberei ist bischen alles durch einander, u. kann es auch nicht ändern, es geht nicht düchticher, u. bitte den Leser um Verzeiung, auch für das Fehlerhafte schreiben, da ich da nicht blos allein schuld bin, sondern auch mein früher Schulmester, der hatt es vieleicht auch nicht anders gekonnt, u. nochmal in die Schule gehen, das geht doch auch nicht gut, ich denke aber wenn man es nur lesen kann, das ist nun einmal so."

Ostern 1869 kam Karl Helbig aus der Schule und wurde als Kuhjunge in den Nachbarort Cämmerswalde zu Karl Hebelt geschickt. Dort blieb er bis zum Jahresende und wechselte dann die Stellung. Für wenige Monate stand er nun bei Karl Bauer in Diensten, wo „es ja viel besser" war. Ein Armbruch gab den Anlaß, auch diese Arbeit wieder aufzugeben und kurzzeitig ins Elternhaus zurückzukehren. Ein neuer Lebensabschnitt begann für ihn nach Ostern 1870, als er vom Vater mit nach Frauenstein genommen wurde, um Maurer zu lernen. Die Stadt war im Jahr zuvor bei einer Feuersbrunst fast völlig zerstört worden.[3] Aus der ganzen Umgebung strömten daher Handwerker zusammen, um die Häuser wieder aufzubauen.

[3] Der große Stadtbrand von Frauenstein ereignete sich am 3. Oktober 1869 und führte innerhalb weniger Stunden zu einer verheerenden Zerstörung des Ortes. Eine photographische Aufnahme von der niedergebrannten Stadt ist in der Festschrift zum Burgen- und Heimatfest in Frauenstein am 26., 27. und 28. Juni 1909 auf S. 18 zu finden; vgl. Östliches Erzgebirge, Berlin 1966, S. 50 f. (Werte der deutschen Heimat, Band 10).

Hier gab es reichlich Arbeit und Geld zu verdienen. Im Winter, wenn die Arbeit auf dem Bau ruhte, lernte der junge Helbig auf den Höfen nach zusätzlicher Arbeit zu fragen und half beim Ausdreschen des Getreides. Die Jugendjahre von 17 bis 20 waren für ihn nach eigener Auskunft die schönsten seines Lebens. Er verdiente sein Geld auf unterschiedlichen Baustellen im näheren und weiteren Umkreis der Heimat und war zeitweise auch im Bahnbau zwischen Pockau und Lengefeld beschäftigt.[4] Mit den Freunden führte er ein lustiges „Luderleben", zu dem vor allem Alkohol, Tabak und Tanzvergnügungen gehörten. Selbstkritisch schrieb er über diese Jahre später, daß er sie nicht noch einmal erleben möchte, „den[n] es war blos Schaum, waren gleich der Seifenblasen, u. mann in spätren Jahren vieles bereuen muß, weil man in den Jahren noch wenich Verstand hatt und so zu sagen, ja manchen Budel geschossen."[5]

Der zentrale Einschnitt für das weitere Leben von Karl Helbig war seine Einberufung zum Militär, die im November 1875 erfolgte und ihn nach Dresden zum Garde-Reiter-Regiment führte. „Das war das exklusivste aller sächsischen Kavallerieregimenter," schrieb Arnold Friedrich Vieth von Golßenau, besser bekannt unter seinem Schriftstellernamen Ludwig Renn (1966, S. 30). Als Sproß aus altem Adelsgeschlecht war er selbst 1910 in das 1. Königlich Sächsische Leibgrenadierregiment Nr. 100 eingetreten und hatte als Offizier den Ersten Weltkrieg miterlebt. „Adel im Untergang" nannte er später seinen kritischen Rückblick auf die Jahre bis 1914 mit zahlreichen entlarvenden Anmerkungen zum Geist in der damaligen sächsischen Armee und in ihrem Offizierskorps. Die Gardereiter galten vielen als besonders elitär.[6] Nach einer gemeinsamen Ehrenwache am königlichen Schloß in Dresden mußte der junge Renn etwa miterleben, daß sein Kamerad von den Gardereitern zum Taschenmesser griff, um sich von seiner eng anliegenden Uniformhose zu befreien, die er zuvor nur mit Hilfe von zwei Burschen hatte anziehen können. „Ich", meinte Renn, „war erschüttert. Die Gardereiter überboten uns wirklich an Eitelkeit" (1966, S. 295). Diese Gesinnung war natürlich das Privileg der (adeligen) Offiziere und übertrug sich nur bedingt auf die Mannschaftsdienstgrade, zu denen unsere Hauptperson zählte. Zwar war sich Karl Helbig der Stellung seines Regiments und des Glanzes seiner Uniform sehr wohl bewußt, aber ihn berührten mehr die menschenverachtenden Schikanen und der harte Drill, der in seinen Rei-

---

[4] Die Erschließung des Pockautals durch den Eisenbahnbau in den 1870er Jahren erwähnt Pfarrer H. W. Hänsel um 1905, Sp. 625.

[5] „Einen Pudel schießen, einen Fehler begehen, etwas Dummes machen" (Wörterbuch der obersächsischen Mundarten, Band 3, 1994, S. 408).

[6] In seiner „respektlosen Liebeserklärung" an „Deutschland, deine Sachsen" schrieb Dieter Wildt 1965 dazu: „Sachsen sind stolz darauf, einmal in Deutschlands Zeiten schimmernder Wehr das am intelligentesten schimmernde Regiment aller deutschen Armeen besessen zu haben. Es war das sächsische Gardereiter-Regiment in Dresden, in dem angeblich jeder Offizier ein Theaterabonnement sein eigen nannte" (S. 73).

hen herrschte: „Wie die Parade los ging waren wir die ersten, das ganze Garde R. Regiment, beim König for bei, [...] wir hatten weise Hosen an, u. weisen Roßschweif auf die neuen Helme, was früher nicht gab, das war ja was neues fors Publikum, for uns ein glänsentes Elend" (vgl. S. 55).

Trotz vieler Demütigungen waren für unseren Autor die beiden Dienstjahre beim Militär offensichtlich das größte Abenteuer in seinem Leben. Nicht ohne Grund wird er dieser kurzen Zeitspanne allein die Hälfte seiner zweibändigen Aufzeichnungen gewidmet haben. Dabei übersah er nicht, daß das, was er am Ende zu Papier brachte, keine authentische Wiedergabe vergangener Ereignisse sein konnte, sondern nur ein durch die Erinnerung geprägter Bericht: „Und denkt mann heute daran und rechnet das schlechte nicht, wie es so immer der fall ist, war es doch später noch eine schene Zeit nach der Rekrutenzeit, wo dann die andern Rekruten rein kam" (vgl. S. 35). Das sich hier abzeichnende Vermögen zur Selbstkritik verleiht den Texten von Karl Helbig einen besonderen Wert und hebt sie wohltuend von vielen selbstgefälligen und verklärenden Lebensberichten anderer ab. Hinzu kommen eine beeindruckende Offenheit und eine große Ausführlichkeit beim Erzählen, die nie langweilig wird. Für den zweiten Teil seiner Darstellung mit den Ausführungen über den Militärdienst ist außerdem hervorzuheben, daß er in sich geschlossener wirkt als der erste Teil, weshalb wir ihn auch in den Mittelpunkt unserer Edition gestellt haben. Von Vorteil war dabei der Vorsatz des Autors, Begebenheiten aus der Armeezeit nicht im ersten Band seiner Autobiographie zu beschreiben, woran er sich auch mit einiger Konsequenz hielt. Nur an wenigen Stellen wich er von diesem Grundsatz ab, etwa bei der Darstellung seines Gestellungstages, über den er im Zusammenhang mit der Schilderung des Abschiednehmens in der Heimat einen informativen Bericht lieferte. Der Vollständigkeit halber soll er an dieser Stelle eingefügt werden, zumal man hier einen ersten Eindruck vom Erzählstil und von der großen Präzision der Aufzeichnungen erhält:

„Ja es war eine schöne Zeit, aber wie kurtz, den lezten Abent bevor mir [wir] eintreffen musten den 5. November 75. denn den 6. November waren wir schon in Dresden, unter den Tügern [Tigern, d. h. Vorgesetzten], Zuchthaus war nichts dagegen, sagten wir immer, nun das schreibe ich später, also es war der lezte Abent das wir beisammen waren, da ging es sehr traurich zu, beim Abschied feiern, da gab es ja keine Musick mehr, die Mädchen fingen an und weinden zu guter lezt, es war vorbei mit uns, Ach das waren schöne Stunten, wo uns lachte Lust u. Glück, aber balt waren sie verschwunden T.[ränen] blieben nur zurük.[7]

Nun ging es früh zeitich fort, nicht gros geschlafen u. ein Glatteis weis immer noch, beim Klemm Karl rufte ich noch nauf beim vorbeigehen, lebe wohl Karl, gab aber keine Andwort, er war in noch tiefen schlaf, ich sagte noch kannst mich

---

[7] Anfangszeilen eines Flugblattliedes von Heinrich Porch (1809-1878), freundliche Mitteilung von Prof. Dr. Otto Holzapfel, Deutsches Volksliedarchiv, Freiburg.

auch nicht mehr Retten, er wohnte zu der Zeit mit seinen Eltern, oben beim Seler Robert. Nun ging ich bei Hänigs, Tittmann Hermann, u. Hänig Julius waren schon da auch Tittmann Berta meine liebste ging mit bis bei Heuer in Jorgenthal [Georgenthal] der Heuer Moritz muste auch mit eintreffen, Nun fur uns der alte Heuer mit zwei Pferten nach Klingenberg, uns 4. Rekruten, in Bienenmühle wurde die Bahne gebaut, in Klingberg angekommen, kam ein Zug von Chemnitz, Freiberg, voll lauter Rekruten, ein Gesang u. gebrille, als wenn alles besoffen wäre, u. an einen Spieß steken, u. wir wurden mit rein gestopft, in Dresden Ritterhof blieben wir 4. Mann übernacht, früh musten wir uns trennen, ich kam nach Altstadt in die große Reithalle,

Die Garde Reiter Kapelle spielte, u. war eine Menschheit, diese fremmden Rekruten, da doch bei diesen Regiment von allen Eken der Welt welche da waren, viel Wenden, u. Polaken, das waren die richtichen, also ich kam nach Neustadt zur 1. Schwadron in Stube 14. u. 20. Rekruten, Da lagen ein Haufen Reitstiefel, Reithosen, u. Waffenröke, nun umkleiden, u. anbassen, jeder nach sein gut achten, in kurtzer Zeit in der Stube stanten alle in Uniform da, aber was vor Alte sachen, noch von 70. Krieg her, es hielte kein Sporn, so das wir alle Tage welche verloren, die Absetze waren so aus gediebelt, grose löcher, das war ein Elend, u. die Kropheiten dazu dann später krichten wir die Anschnall Sporn, u. die langen Reitstiefel.

Den ersten Tag war Sonntag, Sonabent rein, da hatte es über Nacht so viel Schnee her geschmissen, u. musten den ganzen Tag Schnee weg schaffen, wir waren in Trillsachen, der Exezir platz Reitbahne muste frei werden, da Montag schon die schinderei los ging,

Die Herrn Berittführer freuden sich, u. Fixirten uns gewiß jeden nur so an, das war wider was für sie, Montag waren wir ja keine Menschen mehr, Drausen hatte mann das Mausen nicht könne lassen, u. nun wollten wir die faule Zeit hier zubringen, u.s.w. Montag früh ging das Reiten, u. Nachmittag der Fußdienst los, und alle Tage bar Stunten Instruktion, jeder Berittführer über was anders, Nun will ich hier absehen, das Soldatenleben beschreibe ich später.“

Für Karl Helbig endete der Militärdienst vorzeitig. Ein schwerer Leistenbruch, den er sich wohl beim Reiten zugezogen hatte, führte 1877 zu seiner Entlassung. Zunächst hielt er sich weiter in Dresden auf, um Geld zu verdienen. Dann kehrte er in seine erzgebirgische Heimat zurück und arbeitete 1878 wieder auf dem Bau. Im folgenden Jahr gelang ihm die erhoffte Anstellung bei der Post. Er wurde in Nassau bei Frauenstein als Hilfsbriefträger eingesetzt. Der Lohn, den er für seine neue Tätigkeit bekam, war bescheiden, aber er hatte es geschafft, ein Amt im Staatsdienst zu erlangen, das vielen als äußerst erstrebenswert galt. Wie arm der frischgebackene Hilfsbriefträger eigentlich war, ist daraus zu ersehen, daß er als Zivilist seine blauen Gardereiterhosen weitertragen mußte und kein Geld für neue Kleidungsstücke besaß. Daß sich die Offiziere seines ehemaligen Regiments ihre Hosen nach einmaligem Gebrauch mit dem Federmesser „auszogen“, verrät am

Rande, wie groß das soziale Gefälle seinerzeit war. Kein Geld zu haben, bewahrte Karl Helbig übrigens nicht davor, sich als Hilfsbriefträger neue Hosen und einen Mantel kaufen zu müssen. Unter großen Entbehrungen hatte er die von ihm verlangte Anschaffung anschließend in Raten abzubezahlen.

Ein Gesuch führte ihn 1880 auf eine neue Stelle nach Dohna, wo er zum Briefträger avancierte und mehr Geld verdiente. Trotz mancher Beschwernisse blieben Karl Helbig die Jahre in Dohna in guter Erinnerung. Er hatte kurz zuvor geheiratet, seine Frau war mit zwei Töchtern niedergekommen, und er führte das Leben eines respektierten Neubürgers in einer kleinen sächsischen Stadt unweit von Dresden. Die Gedanken an seine alte Heimat und die dort verbliebenen Eltern und Geschwister ließen ihn allerdings nicht los, so daß er abermals ein Versetzungsgesuch stellte. Als es nach längerer Zeit tatsächlich bewilligt wurde und man ihn 1887 aufforderte, sich binnen drei Tagen für eine Stelle in Bienenmühle zu entscheiden, nahm er an, obwohl ihm der Entschluß, nach sieben Jahren aus Dohna wegzuziehen, am Ende doch sehr schwerfiel. Wie er später wußte, war dieser Schritt falsch gewesen und zu seinem „Unglück". Schon nach kurzer Zeit kam es in Bienenmühle zu Reibereien mit dem neuen Vorgesetzten, der eine Unregelmäßigkeit bei der Abrechnung nutzte, um die Kündigung seines Mitarbeiters durchzusetzen. Mehrfach finden sich in den Aufzeichnungen von Karl Helbig Hinweise auf dieses Ereignis, das ihn tief gekränkt haben muß und das er sein Leben lang für ein großes Unrecht hielt. Allerdings hatte der so Geschmähte Glück im Unglück. Schon wenige Tage nach seiner Entlassung fand er dank der Förderung eines Inspektors bei der Bahn eine neue Anstellung in Bienenmühle, wo er zunächst im Kohlenschuppen eingesetzt wurde. Der Lohn, den er nun erhielt, war sogar höher als bei der Post. Dafür hatte er seinen Anspruch auf eine „schöne Pension" verloren und mußte auch sehr viel schwerer arbeiten als in den Jahren zuvor.

Besonders hart war die Arbeit im Kohlenschuppen, wo von morgens früh um 6 Uhr bis abends 20 Uhr Kohlen für die eingefahrenen Maschinen geschaufelt werden mußten. Das Pensum lag pro Tag für drei Arbeiter bei 800 bis 900 Zentnern, die zu schütten waren. „Wir haben da alle Tage düchtich Schnaps gesoffen, das mann die schmerzen nicht fühlte, wär es nicht glaubt der frage mal den Wolf Emil aus Rechenberg, der wird es Euch sagen." Nach der schweren Schinderei im Kohlenschuppen wechselte Karl Helbig ins Maschinenhaus, wo er hauptsächlich zum Putzen eingesetzt wurde. Der Dienst war jetzt zwar etwas leichter, aber der Umgang mit den neuen Kollegen gefiel ihm nicht: „Hatte es aber mit rechten rohen Mänschen zu dun, waren ja alle Schlosser die Lokführer, u. das ist ja bekannt roh von Stock weg, wir hatten zu der Zeit 9. Lokführer u. 9. Feuerleute, ich hatte ja früher auf der Post mit andren Leuten zu dun gehabt muß sagen mit bessren u. gebildeten Leuten, war geachdet, u. hier war ich ihr Maschinputzer und muste vieles über mich ergehen lassen, die Vorgesezten forne Inspektoren u. Assistenten hatten Bildung, u. waren ganz andre Menschen, aber das gab es in Maschinhaus nicht,

Karl Helbig vor seiner „Bude“ am Bahnübergang in Bienenmühle um 1922. Aus dem jungen Gardereiter ist ein alter Eisenbahner geworden, der aber nicht vergessen hat, was militärische Haltung bedeutet.

Mit seiner Frau Emma um 1920; in der einen Hand als unvermeidbares Requisit die lange Pfeife, in der anderen die Tageszeitung, deren Lektüre für Karl Helbig selbstverständlich war, auch wenn er selbst nicht „wie gedruckt“ schrieb.

von Stocke weg roh das war ich doch gar nicht gewöhnt, u. gefül mir die erste Zeit gar nicht.“

Krank und abgearbeitet gelang es ihm schließlich nach zehn Jahren, einen Schonposten als Wärter am oberen Bahnübergang in Bienenmühle zu ergattern. Hier mußte er nun auf den Gleis- und Straßenverkehr achten und war dafür verantwortlich, daß nichts passierte. Sein Vorgesetzter, der bei allen gefürchtete Inspektor Elterlein, führte ihn im September 1897 mit scharfen Worten in seine neue Aufgabe ein: „Bassen sie gut auf, schlafen sie nicht u. wenn ein Kind überfahren wird, sind sie der erste der zur Verandwortung gezogen wird, trifft sie die schuld Spaziren sie aufs Zuchthaus.“ Soweit sollte es nie kommen. Bis zum Ende seines Berufslebens versah Karl Helbig den ihm anvertrauten Posten auf der Strecke zwischen Freiberg und Moldau (Moldava, heute Tschechische Republik) mit großer Zuverlässigkeit. Er blieb über zwei Jahrzehnte bis nach dem Ersten Weltkrieg auf dieser Stelle. Seine Aufzeichnungen über das dort Erlebte bieten eine Reihe von

Mit Ehefrau und Hund „Fritzel" um 1927. Abermals steht Ehefrau Emma hinter ihrem Mann und legt fürsorglich ihren Arm auf seine Schultern. Nach dem frühen Tod der ersten Frau fand Karl Helbig in ihr sein zweites Glück und notierte im ersten Teil seiner Lebenserinnerungen dankbar: „Nun schenkte mir der liebe Gott eine gute brafe Frau, die alles mit auf sich nahm, u. mir das leben leicht machte, mir war ein groser Stein von Herzen."

Im „Sonntagsstaat" mit Stock, Pfeife und Hut an der Alten Poststraße in Bienenmühle um 1927.

Details, die sich in der Hauptsache auf diverse Unfälle im Bahnbetrieb beziehen. Im Einerlei der Jahre waren das einschneidende Erlebnisse, die sich dem Verfasser tief einprägten, ebenso wie jene Fälle, in denen er noch im letzten Augenblick durch beherztes Eingreifen ein größeres Unglück verhindern konnte. Einiges davon ist nach freier Bearbeitung durch seinen Sohn in einem kleinen Beitrag nachzulesen, der 1937 in dem Buch „Wir Eisenbahner" unter dem Titel „Schrankenwärter Herbig" erschien. Den Text hatte Karl Helbig junior, der ebenfalls zur Bahn gegangen war und die Inspektorenlaufbahn einschlagen konnte, für ein Preisausschreiben der Reichsbahn verfaßt und war dafür sogar ausgezeichnet worden. Seine kurze Hommage für den Vater beendete er mit einem Gruß im stillen an

„diese schlichten Männer, Helden des Alltags, die auf einsamen Posten jahraus, jahrein ihre Pflicht erfüllen“ (S. 180). Auch wenn diese Formulierung dem nach Helden verlangenden Zeitgeist geschuldet gewesen sein mag, war sie vom stolzen Sohn bestimmt ehrlich gemeint. Karl Helbig senior, der das Erscheinen dieses Textes nicht mehr erleben konnte, sah seinen Werdegang dagegen anders. Er wußte, daß er beruflich wenig erreicht und sich zu bescheiden hatte:

„Warum muste ich nun in allen solches Pech haben, mit Neubert Julius kann ich da nicht andreten, wie er die Oberschaffner prüfung gemacht hatte kam er in die Übergangsbuhte [Bude für den Bahnwärter], wo er doch sonst nie rein kam, u. Erzählte das er die prüfung bestanden hätte und sagte bis jezt ist mir alles für Vollen ausgegangen, so lange ich Lebe. Ich sagte bei mir ist bis jezt alles Verloren gegangen, Aber ich danke meinen lieben Gott er hatt mir auch mit unter schöne Tage, u. wider Sonnenschein beschert, u. mich Wunderlich geführt, Gott hatt es alles wohl gemacht gebt unsern Gott die Ehre.“

Nicht nur der Beruf, sondern auch das Familienleben hielt für Karl Helbig manch schlimme Überraschung bereit. Zunächst erkrankte seine Frau 1893 schwer und mußte für viele Wochen nach Dresden ins Krankenhaus. Als sie sich endlich erholt hatte, kam sie nach einem langen zeitlichen Abstand von eineinhalb Jahrzehnten wieder in andere Umstände. Die Schwangerschaft verlief allerdings ungünstig, und die herbeigeholten Ärzte empfahlen, die Geburt vorzeitig einzuleiten, um das Leben der Mutter zu schützen. Unter großen Qualen wurde sie daraufhin von einem Jungen entbunden. Er „lebte wurde eingewikelt in ein weises Duch und schrie so ungefär 20. Minuden noch fort, Die Ärzte sagten also Helbig wir Erklären das Kind für Unlebensfäich [...] Lehmann [der Arzt] sagte wollen sie mir den Jungen nicht lassen, oder wollens auf den Friedhof haben, ich sachte ist mir egal, er sachte ich will ihn in das Leipzicher Museum schiken, wenn ich dann mal nüber kam beim Dokter, hatte er ihn in ein grosen hohen Glas auf Spirituß auf gesezt, als wenn er lebte, es war ein richtig ausgebildes Kind, schon schwarze Haare, u.s.w. die Martha [2. Tochter] hatt ihn in Handkorb weinend zum Dokter geschaft, sie wollte doch so gerne ein kleines Kind haben, war so ein Kinderfreund, ich sah zum Maschinhaus Fenster raus, wie sie ihn weinend fort schafte, eine Nacht lag er bei mir in Keller, die alte Hewamme sagte sie hätte Kinder mit 9. Monaten her geschaft, u. wären auch nicht anders ausgebildet gewesen, als der mit 6. Monaten, der Junge hätte müssen den Krieg mit machen.“

Der nächste Schock ereilte die Familie im November 1895. Martha, die jüngere Tochter, hatte gerade die Schule verlassen und war bei Bekannten in Dresden in Stellung gegangen. Ein plötzliches Fieber traf sie so schwer, daß sie innerhalb von drei Tagen verschied. Sie war nur 15 Jahre alt geworden. Zwei Jahre später, wieder im November, mußte Karl Helbig von seiner Frau Abschied nehmen, die an „Rheumatismus“ gelitten hatte und mit 39 Jahren verstarb. Nun stand er mit der älteren Tochter alleine da, die ihm allerdings auch nicht bleiben sollte. Minna hatte

Als Großvater im Kreis der Familie um 1930. Liebevoll hält Emma ihren ersten Enkelsohn Hans auf dem Schoß. Karl Helbig und seine Schwiegertochter schauen erwartungsvoll zum jungen Familienvater hinüber, der als eifriger Photograph auf den Familienbildern selten zu sehen ist. Hund Fritzel konnte sich gerade noch rechtzeitig ins Bild schmuggeln.

1896 einen Arbeitskollegen ihres Vaters geheiratet und pochte nach dem Tod der Mutter auf die Herausgabe ihres Erbes. In ihren Forderungen wurde sie offensichtlich durch ihren Mann bestärkt, der nach Ansicht seines Schwiegervaters die endgültige Zerrüttung der Familie herbeiführte. Es kam zum Rechtsstreit, den Karl Helbig verlor und bei dem Minna ihre Ansprüche durchsetzen konnte. Beide haben danach nie wieder ein Wort miteinander gesprochen.

Ähnlich heftig fiel ein Streit mit seinem Bruder Hermann aus, der auch dazu führte, daß sich beide über einen langen Zeitraum hinweg nichts mehr zu sagen hatten. Allerdings gelang in diesem Fall nach vielen Jahren noch einmal eine Verständigung, und die Brüder unterhielten danach wieder enge Kontakte zueinander. Es ist natürlich schwer, aus den Aufzeichnungen einer Partei den genauen Hergang dieser Ereignisse zu rekonstruieren. Der Verdacht liegt nahe, daß die Umstände einseitig geschildert wurden, und zwar mit der Intention, die eigene Position zu rechtfertigen und die der anderen Seite, mehr oder weniger bewußt, zu verfälschen. Hinzu kommt der Gedanke, das wahre Ausmaß der Konflikte könne verschleiert worden sein, um das Ansehen der Familie zu wahren. Sicherlich sind solche Bedenken nicht von der Hand zu weisen und lassen sich auch durch manche Formulie-

Eines der letzten Bilder. Aus dem „verhaunen Jungen" ist ein Greis geworden, hier in Begleitung seiner Frau, den beiden Enkelsöhnen Hans und Wolfgang, seiner Schwiegertochter und deren Eltern, Bienenmühle im Sommer 1934.

rungen im Text von Karl Helbig erhärten. Dennoch überwiegt der Eindruck einer großen Offenheit, die sich nicht zuletzt aus dem Anspruch des Autors erklärt, über alles möglichst vollständig zu berichten: „Es fällt mir ja schwer, u. hengt mir zum Halse raus, diese Sache noch mal auf zu frischen, gehört aber leider noch mit dazu."

Nach eigenem Bekunden waren für Karl Helbig die 1890er Jahre die schrecklichsten seines Lebens. Das familiäre Leid hatte ihn offensichtlich auch körperlich schwer angeschlagen, wie wir aus seiner schon erwähnten Versetzung auf einen Schonposten bei der Bahn schließen können. Neue Hoffnungen verbanden sich für ihn mit dem Kennenlernen seiner zweiten Frau. Eine Zeitungsanzeige hatte beide zusammengebracht. Am Weihnachtsabend 1898 gaben sie sich in Kamenz, der Heimatgemeinde seiner Frau, das Jawort. Aus ihrer Ehe ging ein Kind hervor, Karl, der am 24. August 1900 geboren wurde. Das Schicksal schien es wieder besser mit unserer Hauptperson zu meinen, aber die Angst saß noch tief: „Ich war zu der Zeit richtig Eingeschichdert u. draute nicht das immer noch was folgen könnte. Es waren schrekliche Jahre." Eine gefährliche Erkrankung seiner Frau sowie ein Unfall des kleinen Sohnes, der durch Zufall glimpflich davonkam, sollten ihn auch weiterhin an die Zerbrechlichkeit seines neuen Glücks erinnern.

Allerdings hatte es am Ende doch Bestand. Beide Eltern konnten miterleben, wie ihr Sohn heranwuchs, 1918 die Eisenbahnoberschule („Höhere Lehranstalt für künftige Verkehrsbeamte")[8] in Altenberg absolvierte und nach einer kurzen Militärdienstzeit am Ende des Ersten Weltkrieges eine vielversprechende Laufbahn bei der Bahn einschlug. Zur Freude seiner Eltern heiratete er eine Frau aus der Nachbarschaft in Bienenmühle und bekam mit ihr zwei Söhne, die 1929 und 1931 geboren wurden. Zu diesem Zeitpunkt lagen bereits die Lebenserinnerungen seines Vaters vor, die dieser nach seinem Abschied aus dem Berufsleben 1926 verfaßt hatte. Am Ende seines Lebens sehen wir Karl Helbig senior auf den Photos seines Sohnes im Kreise der Familie als alten, abgearbeiteten Mann, der trotzdem einen zufriedenen Eindruck macht. An seinem Wohnort Bienenmühle genoß er den Ruf eines Originals, das durch ausgefallene Späße in der Öffentlichkeit gelegentlich für Aufsehen sorgte. Der Tod traf ihn kurz vor Vollendung des 80. Lebensjahres am 5. August 1935, 17 Jahre vor seiner Frau, die erst 1952, zwei Jahre nach ihrem Sohn, verstarb. Aber das ist schon wieder ein Kapitel für sich …

Kurz vor Vollendung seines 80. Lebensjahres verschied heute sanft unser innigstgeliebter Vater, der ehemalige Uebergangswärter

Karl Heinrich Helbig

Bienenmühle, den 5. August 1935.

Um stille Teilnahme bittet

Emma Helbig

zugleich im Namen der Kinder und Enkel.

Auf Wunsch des lieben Entschlafenen werden die sterblichen Ueberreste im Krematorium Freiberg der ewigen Ruhe übergeben, und zwar Donnerstag, den 8. August, nachmittags ½2 Uhr.

Nachdem wir die Geschichte eines Mannes kennengelernt haben, der ein schlichtes Leben wie viele andere führte und selbst wenig Außergewöhnliches erfuhr – sieht man einmal von seinen privaten Schicksalsschlägen ab, die freilich in seiner Zeit auch nichts Besonderes waren –, stellt sich die Frage, was ihn eigentlich bewegt haben mag, darüber zu schreiben. Es ist bekannt, daß bedeutende – oder sich selbst so einschätzende – Zeitgenossen Zeugnis über ihre Taten ablegen oder daß sich Menschen über ihr Leben äußern, die durch den Lauf der Geschichte zu Zeugen denkwürdiger Ereignisse wurden. Daneben existieren literarische Schilderungen, in denen Autorinnen und Autoren ihren Werdegang analysieren und nach

---

[8] Vgl. Festschrift zur 75-Jahr-Feier 1964.

dem Sinn ihres Schicksals fragen. Wieder andere schreiben Autobiographien, um Erklärungen oder eine Rechtfertigung für persönliche Entscheidungen in der Vergangenheit abzugeben. Aber von alledem ist doch wenig in der hier besorgten Edition zu spüren: Statt dessen zählt ein einfacher Mann aus dem Volk ohne jeglichen literarischen Anspruch Begebenheiten aus seinem Leben auf, das weder politische, kulturelle, religiöse noch heroische Höhepunkte aufzuweisen hat. Sein größtes Abenteuer scheint der Dienst beim Militär gewesen zu sein, der freilich auch ohne Kriegsteilnahme, ohne „Feuertaufe" verlief, wie er selbst eingesteht. Statt etwa einen bedeutenden Feldzug zu beschreiben, eine große Schlacht oder wenigstens eine einzige Heldentat, hören wir von ihm nur beliebige Geschichten aus dem grauen Alltag eines kleinen Soldaten, der seine Zeit mit Reiten, Putzen, Exerzieren und Wacheschieben verbringen mußte. Was macht diese Quelle so interessant?

Ihr besonderer Wert ergibt sich, wie ich meine, aus der Rarität des Zeugnisses. Zwar lebte Karl Helbig ein Leben wie viele andere, aber die wenigsten von ihnen hinterließen Berichte über ihren Werdegang.[9] Vielen war es überhaupt nicht möglich zu schreiben. Anderen erschien ihr Dasein so unbedeutend, daß sie wohl nie daran dachten, einen Lebensbericht zu verfassen. Was läßt sich auch über den Alltag eines einfachen Menschen zu Papier bringen? Das meiste wird mündlich weitergegeben oder ist so gewöhnlich, daß es sich nicht aufzuschreiben lohnt. Dabei ist es eine alte Erfahrung, daß viele Alltäglichkeiten schon nach kurzer Zeit vergessen sind oder nicht mehr richtig verstanden werden. Will man über sie dann doch noch etwas wissen, erweist sich die Arbeit von Historikern und Chronisten oft genug als lückenhaft, da sie sich im allgemeinen mehr für das Besondere und Außergewöhnliche interessieren als für das, was als normal gilt. Aus dieser Diskrepanz ergibt sich das Problem jeder Alltagsgeschichte, der es vielfach an aussagekräftigen schriftlichen Zeugnissen fehlt.

Wahrscheinlich hätte Karl Helbig auch nicht zur Feder gegriffen, wenn ihn sein Sohn nicht darum gebeten hätte: „Mein Karl hatt mich dazu veranlast, meine Erlebtnisse mal bischen aufzuschreiben, da ich doch Zeit dazu hätte, [...] Karl will es später mal lesen." Mit diesen Worten beginnen seine Aufzeichnungen, deren Unzulänglichkeit er ebenfalls von vornherein betont: „Meine lieben! Bitte nichts für Ungut wegen der schlechten Schrift, u. fehlerhaften schreiben es ging eben nicht tüchtiger." Karl Helbig war kein Schreiber, sondern ein Erzähler, und zwar ein begnadeter. Wenn wir seine Geschichten lesen und uns vorzustellen versuchen, wie er sie in geselliger Runde vorgetragen hat, lassen sich die Beweggründe des

---

[9] Eine interessante Parallele zu den Schilderungen von Karl Helbig stellt der bekannte Bericht von Franz Rehbein über das „Leben eines Landarbeiters" dar. Rehbein, Jahrgang 1867, diente Ende der 1880er Jahre beim Dragoner-Regiment Nr. 13 in Metz, wo er sehr ähnliche Erfahrungen wie unser Autor machte. Deren Darstellung liest sich freilich ganz anders, da Rehbein später in der Arbeiterbewegung aktiv wurde und als Korrespondent für sozialdemokratische Zeitungen über literarische Möglichkeiten verfügte, die er nicht zuletzt im Sinne seiner politischen Überzeugungen einsetzte.

Sohnes recht gut nachvollziehen, den Vater um einen Lebensbericht zu bitten. Es war ein Glücksfall, daß er dieser Aufforderung tatsächlich Folge leistete. Auf diesem Wege überlieferte er uns ein außergewöhnliches Dokument des Alltäglichen, lange bevor in den Geschichtswissenschaften Oral-History-Projekte in Mode kamen. Darüber hinaus halten wir mit seinem Text ein durch literarische Traditionen weitgehend unbelastetes Schriftstück in den Händen, das den Gesetzlichkeiten der mündlichen Sprache folgt und ein eher seltenes Dokument aus der Zeit vor der umfassenden Aufnahme lebensgeschichtlicher Erzählungen per Tonband oder Kamera darstellt.

Dieser Umstand verbot es, den Text für die Edition zu bearbeiten. Vielmehr wurde größter Wert darauf gelegt, den Leserinnen und Lesern eine möglichst genaue Abschrift mit allen hochsprachlichen Fehlern und Unzulänglichkeiten zu bieten. Zugegeben, für den schreib- und lesegewohnten Konsumenten erschließt sich der Bericht unseres Autors mit seiner unkonventionellen Orthographie und Interpunktion sowie den diversen dialektalen Einschüben nur schwer. Die Seiten lassen sich nicht „extensiv" lesen oder diagonal überfliegen, sondern erfordern eine genaue Lektüre, um den Sinn zu erfassen. Dabei ist zu bedenken, daß *p* und *b* sowie *t* und *d* im gesamten Sächsischen zu stimmlosen Lenes (Schwachlauten) zusammenfallen (vgl. Bergmann 1987, S. 18) und in den Texten von Karl Helbig austauschbar sind. Ähnliches gilt für die im Vokaldreieck benachbarten Selbstlaute *ü* und *i* sowie gelegentlich bei den Gutturalen *g*, *k* und *ch*. Am besten wird es sein, wenn man sich die einzelnen Sätze laut vorliest und gleichzeitig versucht, ihnen einen sächsischen Akzent zu geben, sofern man ihn nicht schon von Haus aus mitbringt. Dieser Weg dürfte der kürzeste sein, um in die Sprach- und Vorstellungswelt unserer Hauptperson vorzudringen. Zwar ist dafür auch Geduld vonnöten, aber sie gehört eigentlich immer dazu, wenn man sich Einblicke in vergangene Zeiten und andere Lebenswelten verschaffen will.

In besonders schwierigen Fällen wurde hinter einzelne Wörter eine Lesehilfe in eckige Klammern gestellt, so daß man hier nicht lange rätseln muß. Außerdem sind zu bestimmten Begriffen, Orten und Personen zusätzliche Informationen in den Fußnoten und im Anhang nachzulesen. Der Übersichtlichkeit halber wurden die im Glossar erklärten Begriffe im Text kursiv gesetzt. Militärexperten werden die Erläuterungen im Anhang zuweilen überflüssig finden, da sich eine Reihe der Kommentare auf gängige Begriffe der Soldatensprache bezieht. Ähnlich wird es manchem Mundartsprecher gehen, der mit den Besonderheiten der regionalen Sprache vertraut ist und eigentlich keine zusätzlichen Hinweise braucht. Hier war es oft nicht einfach zu entscheiden, was erklärungsbedürftig ist und was nicht. In verschiedenen Fällen sind die Erläuterungen freilich weniger als schlichte Information zu speziellen Wörtern und Wendungen gedacht, sondern mehr als Nachweis für einen differenten, aber nicht defizitären Sprachgebrauch, den die unbeholfene Orthographie suggerieren mag.

Die Angaben im Ortsverzeichnis verweisen auf die heute gültige Schreibweise der erwähnten Gemeinden und bei unselbständigen Orten auf ihre Zugehörigkeit nach derzeitigem Stand (1999). Das Personenregister liefert kurze biographische Daten zu den Genannten, sofern sie sich ermitteln ließen. Leider sind hier manche Lücken in Kauf zu nehmen, da bei den schweren Luftangriffen auf Dresden am Ende des Zweiten Weltkrieges wichtige Teile des Militärarchivs verlorengingen, insbesondere sämtliche Stammrollen der Königlich Sächsischen Armee nach 1867 sowie „der überwiegende Teil der Akten der sächsischen Infanterie- und Kavallerieformationen nach 1867" (Schirok 1998, S. 38). Ausschlaggebend für den Versuch, möglichst viele Einzelheiten herauszusuchen, war das Bestreben, die Glaubwürdigkeit und Präzision der Erinnerungen von Karl Helbig zu überprüfen. Immerhin hatte er seine Texte mit einem enormen zeitlichen Abstand zu den beschriebenen Ereignissen verfaßt. Wie wir wissen, lag allein ein halbes Jahrhundert zwischen seiner Entlassung vom Militär und der Niederschrift seiner Erlebnisse. In dieser Zeit kann man vieles vergessen und durcheinanderbringen, sofern keine schriftlichen Unterlagen zur Verfügung stehen.

Ob unser Autor ein Tagebuch führte oder sich wenigstens gelegentlich Notizen machte, ist nicht klar, aber wenig wahrscheinlich. Eine Ausnahme scheinen jene Aufzeichnungen gewesen zu sein, die er während eines Manövers 1876 anfertigte und die ihm später „zufällig" wieder in die Hände fielen. Sie waren die Grundlage für einen detailreichen Bericht, der trotzdem nicht ganz stimmig ist, wie unsere Nachforschungen ergaben. Überhaupt ist festzustellen, daß einige Erinnerungen falsch sein müssen, zum Beispiel die Bemerkung über einen Leutnant von Carlowitz, der zwischen 1875 und 1877 im Garde-Reiter-Regiment gedient haben soll, in den Stammlisten aber nicht nachzuweisen ist. Ebenfalls widersprüchlich sind die Hinweise auf seinen Vorgesetzten Georg von Posern, den Karl Helbig mehrfach als Rittmeister der 3. Eskadron erwähnt, der jedoch nach den Ranglisten des Regiments als Premier-Leutnant in der 2. Eskadron diente. Zwar läßt sich für die abweichende Dienstgradnennung eine Erklärung finden, die darauf beruht, daß Karl Helbig Herrn von Posern in späteren Jahren nach dessen Beförderung wiedertraf und sich dabei vielleicht seinen höheren Dienstgrad einprägte, aber die andere Angabe ist schwer nachzuvollziehen. Ähnlich sieht es mit seiner Erinnerung an den Vornamen dieses Offiziers aus. Nach einem Gespräch mit dessen Schwester ist von „Paul" die Rede, obwohl alle anderen Quellen besagen, daß Herr von Posern auf den Vornamen „Georg" hörte und daneben die Namen „Caspar", „Kurt" und „Ernst" trug.

Andere Details stimmen dagegen genau. Von den Offizieren seines Regiments nennt Karl Helbig zum Beispiel noch Moritz von Egidy, der 1875/76 Rittmeister bei der 5. Eskadron in Pirna war. Seine Erscheinung muß ihm deutlich vor Augen gestanden haben, als er ihn als klein von Statur beschrieb. Genauso finden wir ihn auch von anderen Zeitgenossen charakterisiert, die sich an diesen wegen seiner christlichen und politischen Überzeugungen später in Ungnade gefallenen Militär erinnerten.[10] Weitere Einzelheiten ließen sich anführen, die man freilich auch als zufällig im Gedächtnis gebliebene Eindrücke verstehen und beiseite schieben kann. Um so wichtiger ist daher die Tatsache, daß unser Dokument eine Fülle an Namen von Orten und Personen enthält, die sich tatsächlich nachweisen lassen. Selbst nach fünf Jahrzehnten hatte Karl Helbig offensichtlich kaum Schwierigkeiten, sich an einzelne Kameraden und Offiziere zu erinnern, an Personen und Lokalitäten, mit denen er eigentlich nur für eine kurze Zeit in seinem Leben in Verbindung stand.

Besonders auffällig ist in dieser Hinsicht sein schon genannter Manöverbericht, bei dem er allerdings auf frühere Aufzeichnungen zurückgreifen konnte. Ihre Lektüre wird ihm manche zusätzliche Erinnerung beschert haben, so daß er am Ende eine „dichte Beschreibung" liefern konnte. Zwar lassen sich einige der Orts- und Zeitangaben über die mehrwöchigen Übungen im Felde nicht ganz nachvollziehen, aber das Gros der Hinweise ist doch so genau, daß wir sogar eine Karte danach zeichnen konnten (s. S. 71). Ein Vergleich mit den Artikeln in der zeitgenössischen Presse, die ausführlich über das von Karl Helbig miterlebte Manöver berichtete, bestätigt viele seiner Aussagen und macht gleichzeitig auf Unterschiede in der Wahrnehmung bzw. Darstellung aufmerksam. Ein erhebender Augenblick für unseren Autor war die Teilnahme an der großen Parade des sächsischen (XII.) Armeekorps vor dem Kaiser am 6. September 1876. Zirka 23.000 Mann nahmen an diesem Tag vormittags gegen 10 ½ Uhr im Südraum von Leipzig auf dem Felde bei Pulgar Aufstellung (vgl. Schuster, Francke 1885, S. 321 ff.). Der gewaltige Aufzug, dem nach einer Meldung der Leipziger Nachrichten vom 8. September 1876 (Nr. 251) über 50.000 Zuschauer beiwohnten, wurde allerdings durch dichte Staubwolken beeinträchtigt, die sich infolge der großen Hitze und Trockenheit über das Geschehen ausbreiteten. In der Leipziger Zeitung vom 7. September 1876

---

[10] Überliefert ist eine Schilderung der Sozialistin Lily Braun, die den einstigen Gardereiter nach seinem Wechsel zum 1. Königlich Sächsischen Husarenregiment Nr. 18 kennenlernte: „Einmal war ein kleiner sächsischer Husar mein Tischnachbar – ‚Herr von Egidy', hatte man ihn mir vorgestellt, – und ich hatte die gedrungene Gestalt mit dem runden Schädel kaum im Gedächtnis behalten" (L. Braun 1908, zitiert nach Hugler 1998, S. 21; vgl. Egidy 1987, S. 146). Moritz von Egidy bekleidete den Rang eines Oberstleutnant, als er 1890 eine dünne Schrift unter dem Titel „Ernste Gedanken" veröffentlichte. Seine Überlegungen verstand er als Beitrag zur Erneuerung des Christentums, das durch den Verzicht auf Dogmen und Wunderberichte zum wahren Glauben zurückkehren müsse: „Ich behaupte: jedes in der Bibel erzählte Geschehniß, das außerhalb des Bereichs der Möglichkeit liegt, d. h., das mit der von Gott selbst gegebenen Weltenregel nicht im Einklang steht, kurz gesagt: jedes behauptete Wunder ist eine Unwahrheit" (S. 9 f.). Der Text wurde in kurzer Zeit in hohen Auflagen verbreitet und bescherte seinem Verfasser ein abruptes Ende seiner militärischen Laufbahn. Statt ein ruhiges Leben als Pensionär in Dresden zu führen, wie Oberinspektor Fritsche Karl Helbig berichtete (vgl. S. 112), kämpfte Moritz von Egidy bis zu seinem frühen Tod 1898 in der Öffentlichkeit für seine religiösen und politischen Überzeugungen; zur Person vgl. Egidy 1987; Herz 1970; Hugler 1998; Mulert 1928.

(Nr. 231) heißt es dazu: „Die Vertreter der ärztlichen Wissenschaft würden jedenfalls die Hände über dem Kopf zusammenschlagen, wenn sie wüßten, wieviel Staub heute in die Lungen eines halben Hunderttausend Menschen gedrungen ist." Nichtsdestoweniger stand für den Kommentator fest, daß die Parade selbst ein „glanzvolles und imposantes Schauspiel" darbot. Ob man davon bei allem Staub und Dreck noch etwas sehen konnte, ist allerdings fraglich, wenn man in den Aufzeichnungen von Karl Helbig liest, daß er beim Reiten im Galopp Schwierigkeiten hatte, seinen eigenen Vordermann zu erkennen. „Um ½ 2 Uhr war das schöne Schauspiel zu Ende [...] Wir hören, daß die vielen Tausende, welche auf spätere Züge [für die Rückfahrt nach Leipzig an der Station Böhlen] warten mußten, durch das gegen 3 Uhr aufgetroffene Gewitter in eine ziemlich prekäre Lage gerathen sind" (Leipziger Zeitung, Nr. 231, vom 7. September 1876). Was man hier im Zeitungsartikel nur andeutungsweise und ganz am Rande erfährt, mußte Karl Helbig leidvoll miterleben, und so verwundert es nicht, daß er seinen Manöverbericht mit einer plastischen Darstellung darüber beschließt, wie das prächtige Militäraufgebot am Ende der Parade im Schlamm und Wasser versank. Daß der Aufzug seines Regiments trotzdem der „schneidigste" war, stand für ihn außer Frage. Auch die Leipziger Zeitung soll dieser Meinung gewesen sein, wie er schreibt. Freilich läßt sich das nach einer Durchsicht der einschlägigen Ausgaben nicht bestätigen.[11]

Den Abschluß der großen Herbstübungen markierte das Manöver des IV. (preußischen) Armeekorps gegen das XII. (sächsische) Korps bei Merseburg. In der Presse wurden die felddienstmäßigen Truppenbewegungen am 12. und 13. September 1876 als „außerordentliche Leistung" gefeiert, die „allseitige Bewunderung" fand (Leipziger Tageblatt, Nr. 259, vom 15. September 1876). Auch in der wenige Jahre später gedruckten „Geschichte der sächsischen Armee" wird diese Übung erwähnt, die angeblich zur vollen Zufriedenheit der anwesenden Majestäten verlief (Schuster, Francke 1885, S. 322 f.). Warum das ursprünglich auf drei Tage veranschlagte Manöver am Ende um einen Tag verkürzt wurde, erfahren wir an dieser Stelle allerdings nicht. Anhaltspunkte dafür liefern jedoch verschiedene kurze Pressemitteilungen, die ab dem 16. September 1876 im Leipziger Tageblatt erschienen und die Ausführungen von Karl Helbig bestätigen, daß es bei den Übungen zu einem schweren Zwischenfall kam. Den Berichten zufolge wurden auf sächsischer Seite Schüsse mit scharfer Munition abgegeben, die mehrere Soldaten vom 72. Regiment sowie drei Jungen aus dem Dorfe Frankleben verletzten. Wie es weiter heißt, erregte der Vorfall in breiten Kreisen peinliches Aufsehen. Zudem wurde der Verdacht laut, daß man die näheren Umstände in der Öffentlichkeit vertuschen wolle. Um die Brisanz dieses Ereignisses zu verstehen, kann man eine

---

[11] Durchgesehen wurden zu diesem Aspekt die Leipziger Zeitung, das Leipziger Tageblatt, die Leipziger Nachrichten und der Leipziger Dorfanzeiger.

Brücke zur Gegenwart schlagen und versuchen sich auszumalen, welche Aufregung ein solcher Vorfall bei anberaumten Truppenübungen zwischen Einheiten der früheren Bundeswehr und der alten NVA auslösen würde. Immerhin darf nicht vergessen werden, daß der letzte Krieg zwischen Sachsen und Preußen 1876 erst zehn Jahre her war und daß es noch lebhafte Erinnerungen an diese Feindseligkeiten gab, wie wir selbst von Karl Helbig wissen (vgl. S. 84).

Seine scheinbar belanglosen Ausführungen liefern uns also verschiedene interessante Details, denen nachzugehen sich auf jeden Fall lohnt. Im Rahmen dieser Einleitung müssen die wenigen Erläuterungen als Beispiel genügen. Mehr zu finden, ist nicht schwer, wobei sein Text natürlich nicht nur Militärhistorikern Anregungen geben kann, sondern auch für Sprachwissenschaftler, Landeshistoriker, Volkskundler und Heimatforscher wichtige Informationen bereithält. Nach den Worten von Ludwig Renn (1980, S. 206) lassen sich Darstellungen wie die unseres Autors am ehesten mit der „Berichterstattung über das Wachstum eines Waldes vom Blickpunkt einer Ameise aus“ vergleichen. Im besten Falle sei es, so Renn, ein mit viel Fleiß verfaßtes Dokument, dem die tiefere Einsicht in das erlebte Geschehen und die Ausrichtung auf ein höheres Ziel fehlen. Man kann sich fragen, ob aus dieser Charakterisierung adelige Arroganz oder kommunistische Indoktrination sprechen. Das zu klären, erscheint mir aber müßig. Statt dessen sollte man lieber den Text von Karl Heinrich Helbig lesen und sich daran erinnern, was Jaroslav Hašek über den braven Soldaten Schwejk im Vorwort zu seinen Abenteuern schrieb: „Er hat nicht den Tempel der Göttin von Ephesus in Brand gesteckt wie jener Dummkopf Herostrates, um in die Zeitungen und Schulbücher zu kommen. Und das genügt.“

Gerhard Bauer

Blaugleißende Reiter

Das Königlich Sächsische Garde-Reiter-Regiment und seine Geschichte von der Gründung bis zum Beginn des Ersten Weltkriegs

Das Heerwesen des 20. Jahrhunderts oder vielmehr die Kriege, welche seit 1914 ausgefochten wurden, führten dazu, daß sich das Bild des Soldaten in allen Armeen nachhaltig und unwiderruflich änderte. Bestimmten vor dem Ersten Weltkrieg Tradition und Geschichte sowie soziale Bindungen den Status einer militärischen Einheit, so galten und gelten seit der Industrialisierung des Tötens in den Materialschlachten der Westfront Ende 1914-1918 Maßstäbe, die damit nichts mehr zu tun haben. Seit Verdun, seit den Sommeschlachten, seit Paschendaele ist der Soldat auf Gedeih und Verderb der Kriegstechnik unterworfen. Aller Nostalgie zum Trotz ist der moderne Soldat zuallererst ein Handwerker des Krieges.

Den höchsten Rang innerhalb der Hierarchie des Militärwesens überall in der Welt nehmen heute, von wenigen Ausnahmen abgesehen, die Angehörigen von „Spezialeinheiten" ein, wie in den Medien zumeist alle Truppengattungen von den Fallschirmjägern bis hin zu den US-Marines unscharf betitelt werden. Das Ansehen, welches in militärischen Kreisen heute die Kampfschwimmer der Bundeswehr genießen oder die Angehörigen der GSG 9 des Bundesgrenzschutzes, war vor 1918 den Garden und Leibtruppen der souveränen Fürsten des Deutschen Reiches vorbehalten. Für das Prestige eines Regiments waren in der Wilhelminischen Epoche seine Nähe zum Herrscherhaus, seine Seniorität (sozusagen der Platz im Stammbaum der Armee) und die Waffengattung ausschlaggebend.

In Sachsen rangierten bis zum Ende des Ersten Weltkriegs die Gardereiter an der Spitze der militärischen Hierarchie. Offiziersstellen in diesem Regiment waren den Angehörigen des Hochadels vorbehalten, Unteroffiziere und Mannschaften wurden nach strengen Kriterien ausgesucht, welche die Conduite des Soldaten ebenso betrafen wie ein präsentables Äußeres. Das Regiment leistete als die exklusivste aller sächsischen Gardeformationen vornehmlich Wach- und Zeremonialdienst in der Residenzstadt Dresden. Dennoch war das Regiment keine reine Paradetruppe wie die 1815 eingegangene Schweizer Trabantengarde. Sein Status bedingte, daß das Garde-Reiter-Regiment im wahrsten Sinne des Wortes allen anderen Einheiten der sächsischen Armee voran galoppierte. Im Frieden wie im Krieg war der Dienstbetrieb strenger reglementiert, wurden die Mannschaften stärker kujoniert als in anderen Regimentern. Im Feld wurde erwartet, daß das Regiment in jeder Lage, auch in hoffnungslosen Situationen, sein Äußerstes gab.

Die Gardereiter spürten deutlich die Verpflichtung einer mehr als zweihundertjährigen Tradition. 1918 waren sie das älteste noch existierende Regiment der sächsischen Kavallerie. Nicht ganz zu Unrecht fühlten sie sich noch zu Beginn des Ersten Weltkrieges als die direkten Nachfolger der gepanzerten Ritter des Mittelalters, zumal das Regiment stets zur Schlachtenkavallerie, zu den Kürassieren, gezählt wurde.

Ihre Ursprünge führten die Gardereiter auf das Regiment zu Roß Graf Promnitz zurück, das am 31. Oktober 1680 aufgestellt wurde. Unter wechselnden Inhabern/Obristen, die dem Regiment stets ihren Namen gaben – von Haugwitz, von Rathsamhausen oder Graf Reuß, um nur einige der klangvolleren zu nennen – fochten die Kürassiere in den Reichskriegen gegen die Osmanen und die Franzosen. Die Teilnahme an der großen Entsatzschlacht vor Wien 1683 wurde noch 1889 von König Albert mit der Verleihung goldener Zaumzeug-Rosetten gewürdigt.

Als Leibregiment (seit 1733) trafen die „Ahnen" der Gardereiter in den Schlesischen Kriegen auf die Soldaten Friedrichs des Großen. 1757 wurde die Masse des Regiments mit der sächsischen Hauptmacht unter den Mauern des Königsteins, halb verhungert und von der militärischen und politischen Führung im Stich gelassen, gefangen genommen und in preußische Dienste gezwungen. Wer dem entgangen war, führte als „Revertent" an der Seite der österreichischen Verbündeten den Kampf fort, so daß das Regiment mit Soldaten aus dem alten Stamm 1763 neu formiert werden konnte.

Nach dem Siebenjährigen Krieg stieg das Regiment in der Hierarchie der sächsischen Armee immer weiter auf. 1764 erhielt es den Kurfürsten zum Chef, 1806 den frisch gekrönten König und 1807 wurde es zur Leibkürassiergarde erhoben. Unter diesem Namen attackierte es an der Seite der „colonnes d'acier de l'Empereur" (Cdt. Bucqoy), den Kürassieren Napoleons I., bei Friedland. 1812 begann von sächsischen und polnischen Basen aus der Rußlandfeldzug der anfänglich etwa 500.000 Mann umfassenden Grande Armée. Anders als die beiden anderen sächsischen Kürassierregimenter, Garde du Corps und Zastrow, verblieb die Leibkürassiergarde in Sachsen. Das bewahrte sie vor dem Schicksal ihrer Schwestereinheiten, von denen nur 22 Offiziere und sieben Mannschaftsdienstgrade aus Rußland zurückkehrten.

1813 wurde deshalb die Leibkürassiergarde mit den Überresten der beiden anderen Regimenter zu dem dann einzigen sächsischen Kürassierregiment vereinigt. Erst 1815, nach der Aufteilung der sächsischen Armee zwischen Preußen und Sachsen, erhielt es den alten Ehrennamen zurück. 1821 schließlich wurde es im Zuge einer tiefgreifenden Heeresreform in „Garde-Reiter-Regiment" umbenannt. In seiner damals eingeführten hellblauen Uniform mit weißen Abzeichen und Kammhelm bestanden die Gardereiter die weiteren Stürme des 19. Jahrhunderts, die auch Sachsen nie unberührt ließen, die revolutionären Unruhen von 1848/49, an der Seite Österreichs den Krieg von 1866 und 1870 den letzten der „Einigungskriege", nunmehr im Bündnis mit Preußen, gegen Frankreich. Mit der Reichsgründung in Versailles am 18. Januar 1871 wurde im Grunde genommen auch die weitere Entwicklung des sächsischen Militärwesens festgelegt. Nunmehr galt der Standard der preußischen Militärs als vorbildlich für die Armeen der deutschen Bundesstaaten.

Nominell in Friedenszeiten autonom und traditionell Österreich stärker verbunden als Preußen, war dennoch nach 1871 auch die Führung der sächsischen Armee bestrebt, mit dem mächtigen Nachbarn gleichzuziehen. Für die königliche Residenzstadt Dresden bedeutete dies, daß in den 1870er Jahren mit dem Bau der „Albertstadt" die Grundlagen für die Unterbringung einer der größten Garnisonen im Deutschen Reich gelegt wurden.[12] Die Gardereiter bezogen zwischen April 1878 und April 1879 ihre neuen Quartiere in der nach dem sächsischen Kriegsminister Fabrice benannten Kaserne an der damaligen Georg-Allee. Zum Wachdienst im Residenzschloß, der sogenannten „Herrenwache", marschierte die dazu kommandierte Abteilung zu Pferd die Königsbrücker Straße entlang, über den Albertplatz, die Hauptstraße hinunter, über den Neustädter Marktplatz und die Augustusbrücke bis zum Schloßplatz – ein Schauspiel, das, ungeachtet seiner damaligen Alltäglichkeit, stets sein Publikum fand. Die Gardereiter waren hochgewachsene Männer – „[...] alle schneidiche Kerle, einer wie der andre Schnurbart [...]"[13] – auf großen Pferden. Die Wachabteilung wurde von einem Offizier geführt und von einem Trompeter begleitet. Weitaus eindrucksvoller noch nahmen sich die Aufzüge zu hohen kirchlichen Feiertagen, Jubiläen des Herrscherhauses oder der Armee oder zu den großen Paraden aus, die bis 1914 ihren festen Platz im Jahreslauf der Residenzstadt Dresden hatten. War schon die gewöhnliche Dienstuniform der Gardereiter prächtig – hellblauer Rock mit weißen Abzeichen und Tressen – so wurde zu solchen Gelegenheiten ein noch strahlenderer Anzug angelegt. Karl Helbig trug kurzzeitig noch die alte Montur des Krieges von 1870/71, zu der ein altmodischer, schwarzlederner Kammhelm mit schwarzer Wollraupe[14] gehörte. Noch

---

[12] Während 1855 noch 3.000 Mann in Dresden stationiert waren, wuchs die Garnison nach dem deutsch-französischen Krieg bis 1873 auf 10.000 Mann an und bis zum Ersten Weltkrieg bis auf 15.000 Mann. Zahlen nach R. Gräfe 1998, S. 21.

[13] Vgl. S. 37.

[14] Die Helmraupe für Offiziere war gewöhnlich aus Fell, für Trompeter bestand sie aus rotgefärbter Wolle. K. Helbig fühlte sich an die Kopfbedeckungen der Dresdner Gendarmen erinnert, siehe S. 36.

Hochzeitsbild des Wachtmeisters beim Garde-Reiter-Regiment Alwin Max Messerschmidt und seiner Ehefrau Selma, geb. Neumann. Die Eheschließung fand am 8. Juni 1908 in Dresden statt. Messerschmidt ist in seiner Paradeuniform mit dem silbernen Löwen auf dem Helm zu sehen, der dem Regiment im Jahr zuvor am 19. Juli anläßlich der Hundertjahrfeier seiner Ernennung zur Garde verliehen worden war. Dieses Attribut wies jeden Träger weithin sichtbar als Gardereiter aus.

1875 wurde allerdings eine neue Uniform eingeführt, mit blankpoliertem Eisenhelm. Zur Parade wurde darauf ein weißer Roßhaarbusch befestigt, später die Skulptur eines Löwen, der den Wappenschild Sachsens in seinen Pranken hielt. Zum Paradeanzug gehörten zudem hohe Reitstiefel und strahlendweiße Stulpenhandschuhe und enganliegende Hosen, die jedoch unter dem langen hellblauen, weißbetreßten Koller[15] kaum zu sehen waren. Die Pflege und auch das Anlegen dieser Montur waren außerordentlich zeitraubend. Die Wirkung dieser Tracht rechtfertigte jedoch diesen Aufwand. Auch die mit oft nächtelangem Putzen und Polieren geplagten Mannschaften der Gardereiter trugen sie mit Stolz.[16]

Selbst der als eher unmilitärischer Charakter bekannte Erich Kästner schwärmt in der Rückschau auf die farbenfrohen Königsparaden der sächsischen Armee, die er als Kind miterlebte: „Die Uniformen der Grenadiere und Schützen, vor allem

---

[15] Der Begriff „Koller" bezeichnet den Waffenrock der schweren Kavallerie, gewöhnlich ohne offene Knopfleiste. An deren Stelle ist (außer bei den Musikern) vertikaler weißer Tressenschmuck zu sehen.

[16] Offiziere hatten für derlei Arbeiten einen „Bursche" genannten Leibdiener. Dieser war gewöhnlich ein als besonders zuverlässig geltender Soldat aus dem Mannschaftsstand.

aber der Kavallerieregimenter, waren herrlich bunt. Und wenn, auf dem Alaunplatz in Dresden, die Gardereiter mit ihren Kürassierhelmen, die Großenhainer und Bautzener Husaren mit verschnürter Attila und brauner Pelzmütze, die Oschatzer und Rochlitzer Ulanen mit Ulanka und Tschapka und die Reitenden Jäger, allesamt hoch zu Roß, mit gezogenem Säbel und erhobener Lanze an der königlichen Tribüne vorübertrabten, dann war die Begeisterung groß und alles schrie Hurra. Die Trompeten schmetterten. Die Schellenbäume klingelten. Und die Pauker schlugen auf ihre Kesselpauken, daß es nur so dröhnte. Diese Paraden waren die prächtigsten und teuersten Revuen und Operetten, die ich in meinem Leben gesehen habe."[17] Der Erste Weltkrieg beendete ein für allemal die Zeit des bunten Rocks, der „guerre en couleurs".

Im Hochsommer des Jahres 1914 zogen auch die Soldaten der Dresdner Regimenter ins Feld. Die Gardereiter wurden mitsamt ihren Pferden am Vormittag des 3. August am Neustädter Bahnhof in Viehwaggons verladen, um die Fahrt nach Lothringen anzutreten. Als wenige Monate später die Westfront erstarrte und Kavallerie dort nicht mehr eingesetzt werden konnte, wurden die Gardereiter nach Ostpreußen verlegt, wo sie Anfang September in harten Gefechten mit russischen Truppen bei dem Ort Goldap schwere Verluste erlitten.[18] Auch an der Ostfront erstarrten die Kampfhandlungen ab 1915 zeitweise im Stellungskrieg. Der Dienst in den Schützengräben blieb den Gardereitern nicht erspart. Anders als auf dem westlichen Kriegsschauplatz wurde er jedoch immer wieder unterbrochen von Phasen der Bewegung, in denen die Kavallerie zur Aufklärung und als berittene Schützen eingesetzt wurde.[19]

Oft eskadronsweise auf andere Formationen aufgeteilt, kämpfte das Regiment bis Kriegsende im Baltikum und Rußland. Erst im November 1918 trat es den Rückmarsch in die Heimat an. Am 18. Januar 1919 traf es in Reick bei Dresden ein. Am 21. Januar wurde es nach einem letzten Einzug in seine alte Garnison, unter Waffen, „[...] geschlossen mit Musik, Lanzenflaggen, Kokarden, Achselstükken, Orden [...]"[20] von seinem letzten Kommandeur, Oberstleutnant Wolf von Arnim, aufgelöst.

---

17 Erich Kästner 1995, S. 11.

18 In den Kämpfen bei Goldap, südöstlich von Insterburg, starben 14 Offiziere, Unteroffiziere und Mannschaften und der Regimentsführer und Major Ernst Graf und Edler Herr zur Lippe-Biesterfeld-Weißenfeld. Vgl. Münchausen 1926, S. 361-365 und Festschrift zur Wiedersehensfeier 1936, S. 8.

19 Im Gegensatz zu dem, was die Illustratoren von zeitgenössischen Kriegszeitungen ihren Lesern glauben machen wollten, kam es dabei nur selten zu klassischen Reitergefechten und noch seltener zu Attacken auf feindliche Infanterie. Weder die Schnelligkeit der Pferde noch die geschickte Handhabung von Lanze und Pallasch, dem schweren Säbel der Reiter, waren gegenüber Maschinengewehren von irgendeiner Bedeutung. Wo sie unternommen wurden, endeten Reiterangriffe zumeist mit dem Untergang der attackierenden Kavallerie, oft ohne daß die Reiter überhaupt die feindlichen Stellungen erreicht hatten.

20 Münchhausen 1926, S. 292.

Erinnerungen an meine Militärzeit.

Warum Erinnert man sich noch an seine Militärzeit
ja warum? man hatt ja kein Krieg mit gemacht, und
ist einem ja traurig genug gegangen in der Zeit von
nur zwei Jahren, bei der Kavallerie weil sich einer nicht
vorstellen kann der nicht mit gemacht hatt, wie es uns armen Rekruten gegangen ist, bleibt aber jeden noch
unvergeßlich so lange man lebt. Und denkt man heute daran
und vergißt das schlechte nicht, wie es so immer der fall ist,
war es doch später noch eine schöne Zeit nach der Rekrutenzeit,
wo dann die andern Rekruten rein kame.
Wenn man so stolz zu Pferde alle morgen auf den Exerzier Reitt u.
Schwadron u. Regiments Exerzieren hatten, da wir doch noch in der
alten Reiter Kaserne lagen, hinter an der Elbe, so Ritten wir
der Hauptstraße über Albertplatz u. der Königsbrückerstr. nach,
Wo an die Musikkapelle, wo Kapellmeister Wagner u. sein Bruder
Schumann Robert mit dabei waren, da freute man sich allemal

In einem Schreibheft von der Größe 17,0 x 21,5 cm notierte Karl Helbig seine „Erinnerungen an meine Militärzeit". Akribisch achtete er bei seinen Aufzeichnungen auf eine saubere und möglichst durchgehende Beschriftung der einzelnen Seiten. So lange das Papier reichte, fügte er eine Erzählung an die andere: „Das Papier langt ja noch zu u. habe auch Zeit genuch." Sein Bericht endete auf der letzten Heftseite rechts unten.

Karl Heinrich Helbig

Erinnerungen an meine Militärzeit

Warum Erinnert mann sich noch an seine Militärzeit ja warum? mann hatt ja kein Krieg mit gemacht, und ist einen ja traurich genug gegangen in der Zeit von nur zwei Jahren, bei der Kavallrie was sich einer nicht vorstellen kann der nicht mit gemacht hatt, wie es uns armen Rekruten[21] gegangen ist, bleibt aber jeden noch unvergeßlich so lange mann lebt. Und denkt mann heute daran und rechnet das schlechte nicht, wie es so immer der fall ist, war es doch später noch eine schene zeit nach der Rekrutenzeit, wo dann die andern Rekruten rein kam.

Wenn mann so stolz zu Pferde alle morgen auf den *Heller* Ritt u. Schwadrons, u. Regiments, Exeziren hatten, da wir doch noch in der alten *Reiter Kaserne* lagen, hiner an der Elbe, so Ritten *mir* der *Hauptstraße* über *Albertplatz* u. der *Königsbrükerstr.* naus, Voran die Musikkapelle, wo Kapellmeister Wagner, u. sein Bruder Schumann Robert mit dabei waren, da freude mann sich allemal [4][22] und zu Mittag wider rein, da sah nun einer wie der andre wie aus den Drek gezogen; eben voller Sand, nun die Arbeit mit die Pferde ehe man ans Essen konnte denken.

Auch hatten wir öfters *Felddienst* im Sommer von *Heller* aus, die *Schwadron* wurde gedeilt, die hälfte waren wir in Mützen u. die hälfte in Hellm, Markirter Feind, das *hatte* unser Leutnant Graf Wallwitz *über*, also sagte er immer ehe wir abrükten das Hauptsistem [Hauptsystem] ist der Feind liegt in Ober u. Niederlößnitz u.s.w. nun rükten wir ab ein teil nach Koßwich, Kötschenbrode, Ober u. nider Warde, der andre teil der *Moritzbugerstraße seid halm* Klotsche naus, wir ritten nicht zusammem 4. u. 5. Mann in einen Trupp, die in Hellm war der Feind, da wurden gefangne gemacht daß gab einen Heiden Spaß. L. Graf Wallwitz war ein sehr ruhicher Mann, u. gut, schon was Elter, auch einmal ritten wir in schritt bei

[21] Die Rekrutierung des Garde-Reiter-Regiments erfolgte seinerzeit nach der deutschen Wehrordnung vom 28. September 1875. Das Maximalmaß der Rekruten war auf 1,75 m festgelegt, das Minimalmaß auf 1,67 m (Schimpff 1880, S. 572).

[22] Die Zahlen in eckigen Klammern verweisen auf die Seitenfolge im Original. Zu den kursiv gesetzten Wörtern finden sich im Glossar Erläuterungen. Weitere Hinweise sind dem Personen- und Ortsverzeichnis zu entnehmen.

einen Gasthof vorbei, da brachten bar Junge Burschen bar *Stamper* Schnaps raus, das baste uns hatten ja so kein Geld, dan ging es wider ab einmal Trapp einmal Kallopp, bald waren wir mal zimlich in Meisen, wir kamen dann wider zusammen auf den *Heller* [5] in Kiefernwald, u. dann ging es der *Königsbrükerstraße* wider rein, gleich denk ich noch darann, ich war mal nach Dresden rein bischen eingenikt, war auch kein Wunder so heiß u. nichts in Magen, sie Gardist schlafen sie nicht, wenn das Leutnant v. Müller war krichte ich eins ab, aber Graf Wallwitz war gut;

Wenn wir auf *Schloßwache* zogen in den neuen Tumpach Helm[23] u. die neuen langen Reitstiefel mit *Anschnalsporn* da konnte mann for Menschen bald nicht durch, u. kamen wir auf den *Schloßplatz* da hatte sich eine Menschheit angesammelt, wenn wir Gardereiter kam zur ablösung, wie ich nein kam hatten wir noch die schwarzen leder Helme ein halbesjahr, u. sahen wie die frühren *Schanktarme* am Helm hinten rauf mit einen Riegel u. schwarze *Raube* drauf, die Trompeter rote *Rauben*, aber zu Ostern u. Pfingsten war ja für uns ein *wigser*, da wir in der Katolischen Kirche Barade [Parade] hatten u. Spolir [Spalier] bilden musten, auf einer seide Grenadir u. auf der anderen seide wir, wir waren in Galla Anzug weise Hosen, u. weisen *Roßschweif* auf dem Helm, es war für uns ein dopelder Tag, erst die Sachen fassen, u. dann den ganzen Nachmittag das reinemachen. [6] In der Katolischen Kirche sind doch zwei grose breite gänge, hieben u. drieben wo die Königl. Familie mit der Dienerschaft u. Gefolge, in den Gängen barmal rum liefen bis zu den grosen Altar, die Lakeis drugen auf 4. Seilen den Himmel[24], wie das so bei Katolischen gebräuchlich ist. Wir stannten Mann an Mann, um die masse Menschen die da waren nicht rein drangen auf die gänge die durften nicht verängt werden, u. frei bleiben, da muste mann feste stehen. Noch muß ich erwähnen, wenn wir auf *Schloßwache* der Bricke [Brücke] rüber Maschirten in Winter die Wachhabenten Offizir u. Unteroffizir daneben in Handschuhen u. blos den Sebel, wir in der rechten Hand Karabiner, u. in der linken den Sebel da waren einen oft die Finger an Karabiner an gefroren, wenn es zur Ablösung ging, u. mann kam nauf auf Posten hatte mann oft bludiche Finger, mann konnte da nicht erst sache machen Daschentuch raus nehmen usw. das gabs nicht, u. ging nicht, mit einen ruk die Hand los von Karabiner, mann war ja oben auf Posten kein Augenblik sicher das von der Kögl. Familie eins raus kam, wir stanten doch direkt an den Türen auf einen *Schilfdeppich* jedesmal 2. Stunten, und musten Pressediren [präsentieren] bei jeden u. wenn es nur ein kleiner Prinz war.

[7] Noch muß ich bemerken das die *Schloßwache* Herrenwache hieß und am strengsten bestraft wurde wer sich was zu schulden kommen lies, u. mit 4. Wochen

---

23 Die Gardereiter trugen bis 1876 Raupenhelme und erhielten dann Metallhelme (aus Tombak, Messing) nach preußischem Vorbild.

24 Gemeint ist ein Traghimmel oder Baldachin.

streng Arest, nicht schlafen u. dergl. was uns in der *Instruktion* gesagt wurde, u. war auch die ei[n]ziche Wache die bezalt wurde, es war nicht viel 15. Pfeniche jede Wache, u. bekam es alle Monate, aber mann freude sich doch, waren es doch bar Päkel *Prim* u. bischen Schnaps, beim alten König Johann hatt es früher Kaffe u. Semel gegeben, die schöne Marmorbank wo der Posten drauf gesessen war noch zu sehen, König Johann ist 73. gestorben, u. seine Frau Königin Mutter starb 77. wie ich noch drinne war, es war eine lange dunkle Gestalt, u. die einziche die uns zu nikte wenn wir Pressendirten, die andren Kögl. Familien sahen uns nicht an, Ich bin viel auf *Schloßwache* gewesen, wir waren alle schneidiche Kerle, einer wie der andre Schnurbart, aber wie *mir* durch gesehen wurden ehe *mir* abrükten, auf den grosen Koretor [Korridor], erst von sein *Berittführer* dann von *Vieze*, u. den alten *Wachmeister* Zimermann, das war kein guter, u. von Wachhabenten Leutnant, da muste alles fein Sauber, die Waffenröke auf machen ob mann reines Hemt Hosenträger u.s.w. frisch Rasiert war die Hauptsache Hahre gut verschnitten, drieben in der Wachstube gegenseitich die Stiefelsolen abbürsten, auf Kasernwache war das nicht der fall.

[8] Nun mal andre Bilder u. bitte den lieben leser um Entschuldichung wenn ich so bischen alles durcheinander Erzähle. Erstens wie es uns armen Rekruten gegangen ist, Sonabent den 6. November 75. war bei uns noch kein Schnee aber düchtiches Glatteis, wo uns der alte Heuer mit uns 4. Rekruten nach Klingberg fur, hier in B.mühle wurde die Bahne gebaut,[25] gut, Sontag früh ersten Morgen, lag eine masse Schnee auf den Kasernhof den es der Nacht runter geschmissen hatte,

Nun das erste war den ganzen Sonntag den Schnee weg schaffen von der *Reitbahne* u. alle in *Trillsachen* u. eine Kälte, u. die Herrn Unteroffiziere u. *Berittführer* in Mantel u. Handschuhe u. Fixirten uns armen Luders einen jeden nur so ab, Montag ging schon die schinderei los, *auf deke Reiten*, nun Vortsetzung folgt will erst mal den ersten Weinachtsheilichabent schildern, es war gar keine Stimung da unter uns 20. Rekruten die wir in Stube 17. lagen statt das wir sangen wie andre Abente beim Kartoffeln schälen es waren ja die meisten mit ihren Gedanken in der l. Heimad, manche hatten ja schon ein Paket oder Kistchen gekricht auch viele nicht. [9] Es hieß alles ein *Schiff*, ich hatte auch noch nichts, u. erst zum Neuenjahr brachte mir ein Dinstmann ein Kistchen, hatte in Altstadt in *Jüdenhof* gelegen, hatten die *Butterleute* von hier oben eingelegt, kurtz es war da ein fehler vorgegangen, ich muste den Dienstmann noch bezahlen, u. hatten alle meist was, blos ich nicht die Feiertage, die *Kartoffelkeulchen* waren gefrohren, u. die gute Mutter hatte ein altes Virkroschenstükel die zu der Zeit waren, in ein Stükchen Butter eingewikelt rein gestekt.

Also wir krichten am Heilichen Abent einen Christbaum rein in unser Stube, aber zu was denn? sachten wir alle, Intresirte uns doch nicht, wie es uns schon

---

[25] Vgl. J. Richter 1975.

gegangen war, ist nicht zu beschreiben. Da kam der alte *Wachmeister* Zimmermann, u. hielte eine schöne Rede, u. die laudete folgendermaßen. Ich weis wohl das mancher mit Trähnenten Augen, von seiner Heimad u. von Eltern Abschid genommen, aber jezt seid ihr Soldat, wer seine Sache gut macht hatt es gut, aber wehe dem der seine Sache nicht macht, den soll der Teufel fressen u. in ein Tarnstrauch scheisen, das er am Jüngsten Tag mit der Latterne muß raus gesucht werden.

Der „schöne Wagner", Stabstrompeter Friedrich Wagner aus Neuwernsdorf mit dem Trompeterkorps des Königlich Sächsischen Garde-Reiter-Regiments im Jahre 1868.

[10] Ehe ich nun in die Rekrutenzeit richtich eingehe, muß ich erst noch erzählen von unsren Kapellmeister Wagner, ich war erst bar Tage rein, mann hatte einen *Fitz* u. n. *Drasch*, zum Verükt werden da *rufte* es zu Türe rein, liegt Rekrut Helbig hier, ich naus, da stand ein Untersezter starker Mann for mir, tüchten schwarzen Schnurbart, u. Redete mich an, haben sie Lust zum Soldaten, ich sagte ja, ich war mit ihren Vater Schulkamrad, sind oft mit nander in die Heidelbeern gegangen, führen sie sich gut, vieleicht kann ich sie später was gutes dun; das sie ein Jahr eher raus gehen können. Natirlich war ich Sprachlos, kannte ihn doch noch nicht, dann

später ja wenn er stets for uns spielte, Wagner ging auser Dienst viel in *Ziefiel*, u. wohnte auser der Kaserne, auch sein Bruder Robert wohnte in der Stadt u. war in Unteroffizirschrang, war aber mit in Stube 7. wo alle Unteroffizir lagen; sie schmissen uns immer eine portion Reitstiefel in unsre Stube, die wir mit Wichsen musten, aber keine Wichse dazu. Ich war ungefähr 14. Tage rein da komt sein Bruder Robert, Schumann Robert hieß es früher, Wagner ist sein Name, in meine Stube, ob ich was auszurichten hätte sie *machten* zum Begräbtniß, der Vater wär gestorben, [11] ich dachte wenn ihr es nur wissen soldet, er war doch zu unsren Rekrutenball die hohe Treppe rein gefallen in der Neuwernsdorfer Schenke, es war ja acht Tage zufor, er hatte die grose Trommel auf den Rüken u. oben auf der obren Stufe hatte es ihn ausgehoben, u. die hohe Treppe runter gestürzt, er lag unten auf der Tafel in der Gaststube, und ehe wir eintreffen musten hieß es das er Gehirnerschittrung hätte, wie ich das erfuhr das er gestorben streiften nochmal meine Gedanken einen Augenblik zurük an jenen schönen Abent, in allen *trasch* kam mir noch ein wehmütiches gefiel an, wie war es doch noch so schön am selben Abent, u. wo bist du jezt? in der Verbannung, unter den Tüchern [Tigern], der alte Schumann Gotthold, Wagner ist sein richticher Name, war den selben Abent so auf laune, er sagte immer mir hatt es noch kein Abent so gefallen, wenn ihr nur nicht fort müstet, wir gaben den Musiganten noch was zum besten, zu trinken, wie das nu so ist. Zum Abschied liesen wir noch aufspielen, so leb den wohl du stilles Haus[26], Morgenrot[27] u.s.w. Ich bin mit der damalichen Jugend nie wider zusamen gekomen auf diese art, aber noch manchmal daran gedacht, es war ja schluß auf immer. Nun nochmal zurük von Kapellmeister u. sein Bruder Robert, ist gegen mir kein Wort wider gefallen, [12] ich war doch Rekrut, u. habe meine Ehrenerweisung gemacht wie bei die andren Lumpen, blos das eine u. lezte mal wie Robert Kapellmeister sein Bruder von Militär ausschied, den Sommer Überzieher[28] am Arm hängen und sagte Karl ich gehe raus, nahm von mir mit der Hand abschied u. sagte er ginge zu seinen Bruder Hermann nach Schmideberg, der hatt wohl wie ich weis eine Brettmühle[29], habe ihn aber nicht gekannt,

Er ging nochmal durch den Stall um von sein Pferd Abschied zu zu nehmen, wir hatten gerade Gesattelt u. wollten ausrüken, der Schumann Robert ist aber

---

[26] Abschiedslied von Wenzel Müller (1767-1835). Der Text der 1. Strophe lautet weiter: „Ich zieh' betrübt von dir hinaus; ich zieh' betrübt und traurig fort, noch unbestimmt, an welchen Ort."

[27] Bekanntes Soldatenlied nach einem Gedicht von Wilhelm Hauff (1802-1827) aus dem Jahre 1824: „Morgenrot! Morgenrot! Leuchtest Du mir zum frühen Tod? Bald wird die Trompete blasen, dann muß ich mein Leben lassen, ich und mancher Kamerad" (vgl. Rölleke 1993, S. 332).

[28] Ein Überzieher ist ein „überziehrock der männerkleidung [...] als schutzbekleidung gegen die Witterung" (Deutsches Wörterbuch, Band 11, 2. Abteilung, 1956, Sp. 688).

[29] Sägewerk: „Die Brett- Säge- oder Schneide-Mühlen, sind eine Art von Wasser oder Wind getriebenen Mühlwerks, daran eine große Säge dergestallt eingerichtet ist, daß sie von der Bewegung des Mühlrades auf- und niedergehet, und vor derselben der Block immer fortrücket, bis er völlig durchgeschnitten worden" (Krünitz 1775, S. 638).

wider rein u. weider gedient, hörte ich mal in Dohna, und jezt ist er Pensonirter *Einehmer* in Dippoldiswalde, noch Erinnre ich mich noch wie Sch. Robert unsren Lehrer Meier mal sagte, sein Vater hätte gesagt er soll mal den Lehrer fragen, wo die Frau wär her gekommen die Kain geheiradet hätte, wie er sein Bruder Abel erschlagen hätte, aber da wurde ein Theater, wie da der Lehrer mit den Sch. Robert in die höhe ging, den ging es ja schlecht, wie nun Meier war sehr Hitzich, das sah ja den alten Schumann Gotthold Änlich, ich war gewiß erst das erste Jahr rein in die zweite Glasse, er war der erste u. konnte so schön Singen, er muß wohl in Bruder Hermann sein Alter gewesen sein.

[13] Nun zur Sache, wollen nichts mehr von der Schule schreiben gehört nicht hier her, aber Erzählen will ich wie es uns in der Rekrutenzeit gegangen ist, Annodazumal, bei der Kavallrie Reiten lernen, mann war ja kein Mensch mehr, wir hatten lauder grobe *Berittführer* u. Unteroffizire, fiel *Wenden*, u. auch *Polaken*, von allen Himelsgegenden waren sie Her bei unsren *Regiment*, überhaupt bei der 1. *Schwadron*, wie von Tügern [Tigern], u. Löben [Löwen] wurden wir Empfangen, oft haben wir gesagt ein Hund zuhause unter Ofen hatt es besser u. Zuchthaus wär nichts dagegen, das gebrille auf der *Reitbahn* kann sich nimand Vorstellen wär das nicht mit angesehen, u. angehört hatt, in bar Tagen waren fiele so Heischer das sie nicht mehr Komantiren konnten, u. so ging es Abwechselnt, drausen hatte mann das *Mausen* nicht können lassen, u. wollte mann hier seine Faule zeit zubringen, kurtz, diese schlechte Reden kann mann hier gar nicht wider geben, die man da hatt müssen nein fressen, es war unser einzicher Trost, das der Kasernhof zu war, u. unsre Eltern es nicht mit anhören u. ansehen konnten, ob von den hunden noch welche mögen leben, glaube nicht, sie hatten meist alle den 70 Krieg mit gemacht, es ging gleich den Montag los *auf deke Reiten*, das gegurgle u. gebrille u. dieses Fluchen, bei der Infantrie ist es das lange nicht der fall. [14] Tittmann Herrmann der mich öfters besuchte, waren ihn das fremmde Bilder, u. hatte viel Bekannte bei seiner Kompanie,

Wir Ritten auf 4. Abteilung auf den Exezirplatz, also will ich sagen 4. bis 5 mal so groß wie ein Karusell, im Runtzirkel u. das hieß *Wollte*, in Kommantiren, durch die halbe Bahn *schangschiren* und wider anders rum, u. so fort, jeder *Berittführer* 15. Pferde u. jeder für Pferdelänge Abstand muste mann haben, später ging es auf die folle *Reitbahn*, u. dann im Sommer auf den *Heller*.

Oft wurde hallt Kommandirt, u. uns die Beine, mehr die Füße, nach Einwärz gedret, das es nur oben in der Kugel so prasselde, oft waren einen die Eisenschnallen von der *Kantarre* u. *Drengenzügel* an die Hände angefrohren, in der Kälte, ehe mann durfte mal Absitzen, wenn es den Lumpen mal ein fiel, die Pferde führen u. in Trapp daneben her Rennen, in den schweren langen Reitstiefel, u. den 9. Pfunt schweren Sebel, in den Sand, bis man bald zusammen brach, in 5. bis 6. Wochen krichten wir die Steichbügel, u. wenn es mal nicht so ging, Steichbügel rauf schnallen auf Sattel ohne Bügel, das war erst ein Vergnügen, oft sahen sich die Lumpen um, ob es jemand sah, da schlugen sie manche mit die Steichbügel auf die Kniescheiben.

[15] Wir waren doch dann unter die Alten Mannschaften verdeilt, wenn wir in die Stube rauf kam; hatten doch die alten das mit angesehen diese schinderei, manche Weinden, da sagten die Alten, ihr dumen Luder warum bleibt ihr denn nicht auf der Stelle liegen, aber hallt die *Guschen* wir haben nichts gesagt, das erste Virteljahr war ja die Mißhandlung auf der Tagesortnung, schlugen mit der Reitpeitsche wo es hin ging. Es solte heute noch in die Öffentlichkeit kommen, wenn es nicht zu spät wäre, u. was nützte, aber die Hunde leben ja nicht mehr, ich hatte ja von anfang an einen *Berittführer* der nicht ganz so schlecht war, Buttrich, langte aber auch zu, dann wurden die *Beritte* gewechselt, u. ich kam zum Wolf, das war ja auch einer von besten.

Wir hatten auch einen Eltren *Unterwachmeister*, der hatte ein versoffnes Gesicht, der Soff nemlich, Rösner hieß er, er hatte gewiß auch den Krieg mit gemacht, wenn wir mal rirt Euch hatten, ging er in Stall u. Soff, das wusten wir, da kam der Lump mit einer Peitsche raus wenn es wider los ging, u. Knallte in die Pferde rein, u. die sind doch alle so *schichtern*, da sprang die Pferde rum, u. stürtzten auch welche runter, da brillte mal der *Vizewachmeister* sie habens mit [16] Menschen zu dun, u. nicht mit Vieh, ich werde Sie melden, wenn einer runter gestürzt war, aber wehe den der da nicht gleich nach rannte bis er das Pferd wider hatte, von wegen stehen bleiben u. nach sehen gab es ja nicht, Wir hatten einen dabei der kam schwer aufs Pferd wenn wir in Stall Turn[en] hatten, auch nicht übern Sprungkasten es war ein düker *Knoten*, weis nicht mehr wie er hieß, wir musten ja alle drunter leiden, da doch balt Rekruten Vorstellung war, ist es aber den schlecht gegangen, u. ist der *Sekirt* worden, es ist keine Lüge, auf einer Seide zogen sie ihn beim Hahren u. der andre Lump stach ihn hinten mit Nadeln, konnten doch den Menschen zu einer andren Truppe dun.

Noch muß ich gleich mit rein hengen, wir hatten einen dabei er hieß Nebel, der hatte so einen grosen Kopf das ihn kein Helm baste, ich sehe den Kerle heute noch, das grose dumme Gesicht, wie der Vollmond, kein Part [Bart], u. feixte noch so albern dabei, es muste ein Extra Helm gemacht werden, da haben sich die Lumpen was Lustich gemacht über den Nebel, er war lange ohne Helm, ja so einen Namen hatt mann sich gemerkt, aber fiele nicht.

[17] Tittman Hermann der mit mir eintraf hatt mich öfters besucht er lag noch in der großen *Infantrie Kaserne*, später hab ich ihn auch besucht, u. sind oft zusammen gegangen, manchmal eine Zigare zerschnitten das jeder was zu Rauchen hatte, u. wär noch bar Pf. hatte kaufte ein Glaß Bier, wir waren mal auf der *Vogelwise*, wo wir alle beid kein Pf. hatten der alte gute Kammerad ruht schon lange unter der Erde.

T. Hermann wunderte sich das wir früh um 4. Uhr aufstehen musten, sie stanten um 6 Uhr auf, wir musten von 4. bis 6. Uhr Pferde Putzen, im Winter u. *stri-*

che schlagen hausen beim Pferdestant, auf den Pflaster, nahmen oft Asche mit zur hilfe, die Lumpen sahen nach den Strichen, liefen im Stall hin u. her, u. waren auch alle so Zeitich in Stall, im Sommer wo wir Schwadrons, u. Regements Exezi-ren hatten auf den *Heller* musten wir um 3. Uhr in Stall, u. wär es nicht glaubt, mag sich mal bei einen Erkuntichen, wär beim Garde Reitern gestanten hatt, dann die fielen *Instruktion Stunten*, im Winter früh von ½ 7. bis ½ 8. u. um 8. ausrüken, u. in Sommer von ½ 6. bis ½ 7. u. um 7. Uhr ausrüken auf den *Heller*. gleich früh ging es los, u. alle Abente 2. Stunten *Instruktion*, Inzwischen hatt mann doch auch, zu Putzen, *Achselschupen*, Sebel, Schporren [Sporen], die Zeumung *Kantarre*, Steichbügel u. was alles, von wegen hinsetzen u. Essen, das gab es nicht.

[18] Jeder *Berittführer* hatte eine andre *Instruktion*, also jeder anders, Militäri-sches benehmen, über Ehrenerweisung, über Verschidne Pferde Krankheiten, Huf-krankheiten, u. noch mehr. Pferde wartung in Frieden, u. in Kriegszeiten, über Wachdienst, meldungen machen bei die Unteroffizire, Einzeln, dann dann über den Karabiner, der wurde auseinander genommen u. lag auf einer Tafel, musten die Einzeln teile alle auswendig können, kurtz, wie in der Schule, die Hauptsache war das Pferd, den Tag über war jede Minude gerechnet, alle Vormittage Reiten, dann Turnen, Fußdienst, *Instruktion*, Futter fassen, u. was alles noch. kam mann von Reiten rein in 10. Minuden andreten zum Turn, das *Reitergelumbe* runter *Trillzeug* nan, aber wer da bar Sekunten zu spät kam es waren doch welche drunter, da gab es mit der Reitpeitsche zuschuß, die hatten die Lumpen stets in Händen, auch die Uhr, da zwischen nein diese Apelle, auf den Koretor, ob alles in loth war, einmal Reitstiefel, Halbstiefel, Uniform, Leibwäsche, dann in Stall Sattel Zeumung, u. imer *planke Pferde*, forn *Roßarzt*, aber wehe dem, der seine Sache nicht in Ortnung hatte, da konnte mann nicht [19] erst nauf bei die *Ökonomiehandwerker* gehen, bei die Schuster, Schneider u. Sattler, die wollten einen raus schmeisen, ja wär 10. Pfenche oder bar Zigaren gab da machten sie ein *geschike* nan, es war auch kein Wunder wenn es hieß in 10. Minuden das u. daß raus zur Durchsicht, da stürmte alles nauf bei die Schuster, Schn. u.s.w. das die schlecht wurden, u. wenn bar Zwe[c]ken fehlten in Halbstiefeln sezte es ein Donnerwetter, da hieß es du Gott-verdamter Hund mach das du naus komst, mit uns Rekruten konnten sie ja es anbringen, u. waren ja alte *Ökonomihandwerker*, kurtz u. gut, es war oft zum Verikt werden, es ging von früh bis Abents.

Die erste Zeit ist es einen ja furchtbar aufs gemüde gegangen u. schwer gefallen, da man doch drausen in *Ziviel* übral guten stant gehabt u. sein gram [Kram] gemacht hatte, mann war doch diese schlechte behandlung gar nicht gewöhnt, aber speter war einen alles egal, mann hatte kein gefül mehr, u. keinen war wirklich alles zum lachen, zu den Ohr nein zum andern wider naus, u. mann hatte ja die Hoffnung das mann hier nicht gebunden war,

Was anders ist es ja dann wenn mann in Stadtsdienst ist u. mann ist Verheiradet, u. das liebe Brod, u. seine Exestenz hengt davon ab, u. ist Elter geworten u. gefühlhafter.

[20] Uns wurden gleich die Tabakpfeifen weg genommen wie *mir* rein kam, ich war doch auch leidenschaftlicher raucher, und andre mehr waren auch bar dabei die Maurer gewesen waren, später durften *mir* rauchen, u. sagte nimand was, Tittmann Hermann sagte mal, wenn bei uns die *Instruktion* gut geht, darfen wir die Pfeife rauchen, wir hatten uns deswegen alle das *Primen* angewehnt, jeder, hatten wir die Pferde rum gedreht u. gesattelt zum ausrüken, da hieß es haste kein Stifft, alle jeder hatte ein Stifft in Mund, wär welchen hatte muste her geben, u. wenn es *halbege* die Zeit erlaubte, erst ins *Bütchen* beim Johann einen *Northäuser* for 3. Pfenche, also hatte ich noch 10. Pfenche u. kein *Prim*, da wurde erst *Prim* gekauft u. wenn mann troknes Brod hatte, das bischen Fett muste mann ja oft in die *Hüfe schmiren*, wenn man wollte keine kropheiten kriegen von *Ober Roßarzt*, die Hüfe musten inwendich u. auswendich geschmeidich u. sauber sein, es wurde meist blos auf die weichteile, u. Geschlechtsteile gesehen, da hatten wir Schwamm zum aus waschen, überhaupt die Nasenlöcher, da sahen sie allemal rein, das After u.s.w. das waren die Hauptsachen, u. die Hüfe, schuppen in der Mähne [21] oben drauf auf den Riken sahen sie nicht, wo sichs am leichten putzte da fuhren sie blos mit die weisen Handschuh darüber, in Sommer wurden sie *hausen* gewaschen, also ein Mensch wird nicht so *abgebuttelt*. Und wie sauber es in so einen Stall aus sieht, da sieht es ja in mancher Wohnung nicht so, wenn wir alle Sonntag zumittag Stallparade hatten, u. der *Wachmeister* ging mit seinen gefolg *Berittführer* den Stall durch, wo wir jeder in Achtung vor seinen Stannt draden Zeumung u. alles blank dahing, aber da hätte nur mal ein Pferdeäppel sollen unten liegen, oder *hausen* auf den Pflaster nur ein halben Zoll langer Strohhalm, aber da. Durch den Stall durch wurde weiser Sand gestreut, blos Sonntag.

Nun will ich noch eine schöne erlebtniß erzählen, den ersten morgen auf den Schlafsaal, früh 4. Uhr schallde die Trommpete zum Schlafsaal rein, u. waren doch ein bar nicht gleich auf gesprungen, die wurden mit der Reitpeitsche geschlagen, da erschall es, du Gottverdammter Hund denkst wohl liegst noch auf der Grosmagt, in einer Hand die Latterne, u. in der andren die Reitpeitsche, den andren Morgen war alles in einen sprunk raus.

[22] Das war ja ein schönes gefiel für uns armen Luder das war nicht wie Zuhause. Dann wusten *mir* das es Gefreiter Hofrichter war, ein langer Kerl u. eine Stimme, blos das gebrille, er war gewiß dazu bestimt uns Rekruten ein Dink for zumachen, es war nicht anders, also gut, der Schuft war Vinärisch [wie närrisch], wenn *Fissidation* war ging er mit einer Zigarenkiste auf den Aport [Abort] zufor u. stopfte Watte rein, das ging aber nicht lange, u. kam ins Lazeret, verlor die

Knöpfe[30], er kam dann wider raus u. wurde auch wider Gefreider, ja gerade die Sorte Menschen werden immer gebraucht u. haben guten stand, alte Sache. Noch will ich bemerken mein *Kahn* auf den Schlafsaal stant gerade an einen Fenster, wenn ich der Nacht mal aufwekte u. raus griff hatte ich auf der Deke so viel Schnee liegen, das ich ihn Handvoll konnte weg nehmen, es dat ja nichts zu sache, denke aber gleich noch daran, die alten Fenster dabei schwitzte mann waren ja alle Kaput in der alten *Reiterkaserne*, es waren alte grose Dachfenster oben lagen wir, u. derekt an der Elbe von der Brüllschen Dirasse[31] gegenüber, also den Schnee u. Kälte aus der ersten Hand.

[23] Wenn wir früh in Stall kam war das erste die eine Kette hoch hengen, jedes Pferd hatte 2. Ketten, bei Tage wurde die eine hoch u. die andre Abents runter gehangen, da sie sich der Nacht legen, da reken sie oft alle viere in die höhe, jedes legte sich, wenn mann Stallwache hatte sah das ganz hibsch aus, u. war Intressant, aber früh, der scharfe beisiche [beißende] geruch der Dunst, da 50. Pferde da standen, u. die Stalltüren der Nacht zu, nun war auch gleich das erste, Stallfenstern auf machen, da waren übral welche, ich hatte auch gerad eins, bei meinen Pferd, da sah ich allmal einen Hellen Stern am Himmel, u. dachte dort drüben ist deine liebe Heimad, köntest du gleich dort nüber fliegen, weis ich immer noch, Gott sei dank auch dieses ist überwunden worden.

Aber wie kam es nur das wir bei der ersten *Schwadron* lauder solche schlechte Vorgesezte hatten, es war doch allgemein bekannt das bei der 3. ten *Schwadron* die gerade gegenüber lag in Flügel D. fiel gemüdlicher waren, u. das hatt sich auch bewahrheidet, da wir das zweite Jahr 15. Mann, zur dritten, u. 15. Mann rüber zur ersten *Schwadron* kamen, also hatte ich das glück u. wie schön [24] und anders war es da, wir hatt es da sehr gefallen, den andern auch, hatte sogar zwei *Lanzer* hier Richter Paul von Seyda Gefreider, war das ein hibscher Mann, u. Bärfranz die Eltern waren früher mal in Neuwernsdorf wer es noch weis, u. die *Berittführer* waren fiel hibscher, auch so einen guten *Rittmeister* von Posern, der beste von allen,

Also der *Rittmeister* von Bug bei der ersten, war das ein Miserables Supchekt [Subjekt] sehe den Hund heute noch, hatte einen Golden Klemmer auf der Nase sitzen, ein ganz fales Gesicht, u. mit was for einen Blik er uns an sah als wenn mann ein Verbrecher oder Mörter wär, wenn einer sich gemeldet hatt um bar Tage Urlaub den lies er aus der Front raus Reiten, u. besah ihn von allen Seiden so Verechtlig [verächtlich], auf die Kirmiß wird der Kerl wollen gehen, lassen sie ihn nicht aus der Kaserne naus, kurtz, for den sein Augen waren wir keine Menschen, und der *Wachmeister* Zimmermann der in Leisnich Pensonirter *Schankdarm* ist,

---

[30] Die fraglichen Knöpfe waren am Kragen der Uniform angebracht und waren das Abzeichen der Gefreiten. Jemand, der seine Knöpfe verlor, wurde degradiert.

[31] Brühlsche Terrasse, am gegenüberliegenden Ufer der Elbe gelegen.

wenn er noch lebt, war auch ein Schweinehund auch der *Vieze Wachm.* wir wurden alle schlechter behandelt wie ein Hund.

[25] Ob das immer so gewesen ist, oder hatte die erste *Schwadron* wirklich was in Voraus, weil es solche Unmenschen u. alles so strenge ging wohl weil *mir* meist die *Schloßwache* stellen musten, auf *Pikett* auf der Katolischen Kirche, da kam mann aber selden mal drann, auch war die Musikkapelle bei der ersten, sie hielten immer brobe [Probe] in unsre Stuben, wenn wir unten Fußdienst hatten auf der *Reitbahn*, da hatten wir immer Misick [Musik] zu hören, ich hörte einmal von Kapellmeister Wagner wie er *über* sein Bruder *sagte*, beim raus gehen aus der Stube, wo wir rein wollten. Ich muß mich schämen das du mein Bruder heist, gewiß hatte was nicht geklapt bei der probe.

Nun nochmal zurük, unser *Rittmeister* von Posern bei der 3. ten war ein Bruder von Frau Lüttichau den Kammerherrn von Lüttichau seine Frau auf Rittergut Gamig bei Dohna, den ich alle Tage zweimal mit bestellen muste die 7. Jahre das ich dort Briefträger war, es hieß alles Gnädiche Frau, u. eine geborne v. Posern der Diener Holfeld der beim Ulan gestanden, einmal der Gnädichen erzählt hatte das der jeziche Briefträger, es war gleich die erste Zeit, [26] beim *Rittmeister* von Posern ihren Bruder gedint hätte, es kann ja auch sein das es mal das gespräch gegeben hatt, zufor bei der Frau u. den Holfeld das ich beim Garde R. Regiment war, kurtz u. gut, ich muste der Frau von Posern erzählen.

Sie haben doch bei meinen Bruder gedient bei der dritten *Schwadron*, wie war er denn, gab mir ein Glas Wein, ich sagte Gnädiche Frau der war gut, es war der beste *Rittmeister*, ich sagte er hatt mir auch mein Führungs Atest ausgestellt, das freud mich sehr sagte sie, er kam doch auch manchmal von Dresden raus auf Rittergut Gamig, gefahren, auch geritten, meist in *Ziviel*. Es war doch ein groser Garten da, da sasen die Herrschaft in Sommer in Garten, wo ich die Postsachen gleich dahin brachte, u. ein bar Jahre danach war er auch mal da u. saß mit an den grosen Tisch in Garten, da sagte sie du Paul unser Briefträger hatt auch bei dir gedient, da frug er mich welchen Jahrgang, ich sagte von 75 b. 77. aber er konnte sich nicht besinnen, ich, Herrn v. Posern hatt mir auch mein Führungs Atest ausgestellt, ich muste aus seinen Zigarenetui eine raus nehmen, u. wie er mir dazumal mein Atest gab [27] sagte er ich habe ihnen die bar Tage Arest *Eichentums Urlaub* nicht mit drauf bemerkt, da sie sich gewiß mal an die Post oder Eisenbahn wenden werden, da sie ihre Gesundheit zugesezt haben, also auf warheit Gott zum Zeuchen das sagte er zu mir, und da ich noch bar Tage in der Kaserne blieb, da ich mich nach Arbeit um sah, habe da nach meinen Abschied noch mit gegessen der Nacht noch dort geschlafen, habe auch dann in Dresden gearbeidet bis in *Toten Herbst*, kurtz u. gut. ich stehe da mal in Kasernhoftor in mein *Eichentums Uniform* die ich hatte, u. drat beim Wachbosten, da kam der *Rittmeister* geritten, nu sie Gardist könen sich wohl gar nicht drennen von der Miliz, ich sagte ich suche Arbeit in Dresden, recht so sagte er, der von Posern war so ein Statlicher Mann, noch nicht alt, das schöne weis rote Gesicht, u. den schönen Schnurbarth, der Wind wedelte nur so mit den schönen langen Barth und so gut war auch der Mann, sah auch der Frau von Littichau ganz Änlig, seiner Schwester. Die fünf *Rittmeister* von ganzen *Regiment* hießen, von Bug 1. *Schwadron* von Preuser, 2. *Schw.* von Posern 3. *Schw.* von Widebach, 4. *Schw.* von Ejidir, 5. *Schwadron* Regimentsführer Major von Nostitz, Oberst von Funke, ging in Pension u. lies seine *Schwadron* noch ab Photographiren, u. von Nostitz krichte das *Regiment* über *Difisionskomantür*, seiner Exelenz Genral Leutnant Senf v. Billsurz.

[28] Es hieß alles der Wilde Hugo, Erkennungzeichen, einen breiten roten streifen am Hosenbein, es war ein groser starker Mann for den wurde auch fronnt gemacht Anno dazumal wenn mann ihn begegnete, wie for Königl. Wagen, blos auf der Brüke nicht, Nun noch die Leutnants bei der 1. u 3. *Schwadron*, Leutnant Grav Rex. von Müller, L. Grav Wallwitz u. von Karlowitz, alle von Adeln bei unsren *Regm. Oberstabsarzt* D. Zügler, der mich Untersucht u. Penzionirt hatt, auf der *Weisenhausstr.* noch Regimensquartirmeister von Buger. *Fahnenschmid* Müller, später Ekert.

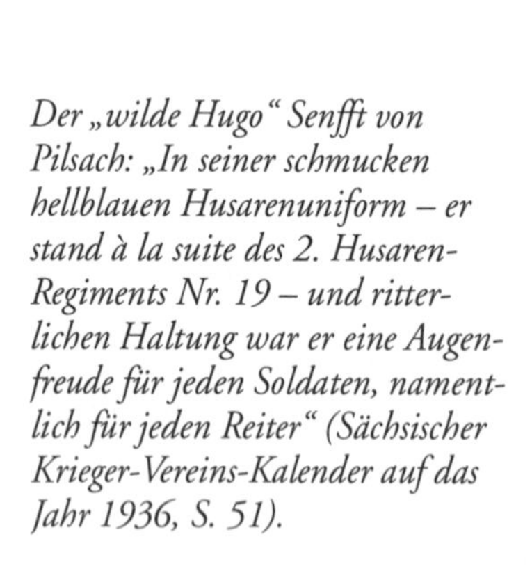

Der „wilde Hugo" Senfft von Pilsach: „In seiner schmucken hellblauen Husarenuniform – er stand à la suite des 2. Husaren-Regiments Nr. 19 – und ritterlichen Haltung war er eine Augenfreude für jeden Soldaten, namentlich für jeden Reiter" (Sächsischer Krieger-Vereins-Kalender auf das Jahr 1936, S. 51).

Nun noch was durch einander, Die zwei stärksten Pferde waren, den Kapellmeister Wagner der 2. Centner schwer war, u. dann das Pauken Pferd, was auf beiden seiden am Sattel die Trommeln hatte, u. Trommpeter Rehn es Ritt, er war nicht mehr so jung, u. die Trommel schlug, das einziche Pferd was nicht angehangen war in Stall, u. eine Extra Poxe [Box] hatte, also los war, u. gut gepflegt wurde, ehe wir die Pferde krichten wurden wir auch gewogen, ein starker Mann ein starkes Pferd, wir wurden auch mal auf der Eisenbahn verladen Kriegsübung, ging bis zur nächsten Station, weis aber nicht mehr wohin, fiele wolten nicht nein u. stiesen sich oben an Kopf weis ich noch.

[29] Ich ward Soldat doch ward ich es nicht gerne,[32] mann riß mich fort wie eine wilde Jagd, u. wurde nicht gefragt, das Lied durften wir nicht mehr singen, für mich baste das Lied wenicher, denn ich hatte Lust, u. wollte blos zur Kavallrie, u. das wurde auch zufällig, nur nicht zu Infantrie, hab ich oft gesagt.

Aber die ersten bar Tage war die Luft weg, u. will mal den lieben leser Erzählen, Wir hatten doch auch Fußdienstübung wie die Infantr. Vormittag Reiten, nachmittag Fußdienst Maschiren lernen, da wir bald Vereidet wurden drüben in Altstadt, wo zu der Zeit die 2. te *Schwadron* lag, u. die Übung *hatte Vizewachm.* Clausch *über*, es war ein schneidicher Mann, schön sah[33] er in seinen Uniform, er war nicht groß ein kleines Schnurpärdel, mann sah ihn nur so gern, aber echt Militärisch, bei den schnapte, u. krachte nur alles so, u. ein <u>*Instruktor*</u>, wir sagten alles Goldhänel, war auch Verheiradet, hätte mann gar nicht gedacht weil er so jung u. schön aus sah, wohnte in der Kaserne. <u>Also nun was noch komen wird</u>, Er lies uns Exeziren, zu dreien Einschwenken u. dergl. wie das nun so ist, hatten wir schon früher in Turnverein gelernt, frei Übungen u.s.w. und gleich den dritten Tag [30] sprang er wie ein Plitz in die Fronnt und auch beim Maschiren und haute uns Rekruten ins Gesicht, das widerholte er öfters, einen Bludete die Nase, u. muste beim Wasserpottich sich waschen, ich dachte wenn es nur dir nicht so geht, denn alle Tage schlug er einen, u. nur wie schnell, es ging doch alles gut das Maschiren, aber der sprang um uns rum wie eine Katze, u. eines Tages ehe ich es versah latschte er mir auch ins Gesicht, da hatte ich aber das Leben satt, dachte so geht es hier zu,? <u>die Lust war gänzlich weg</u>, wo ich noch 3. Jahr for mir hatte. Da erfuren *mir* das er beim *Rittmeister* kein stannt [Stand] hatte, Warum? wusten wir nicht, u. hatte sich auf den Königl. Hof gemeldet als Diener, u. kam auch weg.

Wenn wir *Schloßwache* hatten <u>sahen wir ihn</u>, in seiner Liveree später, wo wir da stanten direkt an denTüren wo die Köngl. Familie drinne waren, u. stets Presetiren musten, wenn eins raus oder rein ging, u. stets ein Diener auf u. zu machte. <u>Nun horcht mal auf</u>. Vor bar Jahren las ich in Dresdner Zeitung, das der Portier Paul Clausch in sein Wohlverdienten Ruhestand in Königl. Hof! gedreten war, u. 50. Jahre dem [31] Staate gedient, früher beim Garde R. Regiment gewesen, 1866. ihn

---

32 Nachweis verschiedener Fassungen des Liedes bei Steinitz (1962, S. 336), der die Herkunft auf antimilitaristische, sozialistische Kreise zurückführt. Die früheste schriftliche Fassung stammt demnach aus dem Zwickauer Tageblatt, Nr. 58 vom 11. März 1870.

33 Von „sehen“ im Sinne von „aussehen“ (Müller-Fraureuth 1914, S. 504).

das Pferd untern Leibe weg geschossen, und Verwundet, und in den 70. u 71. Krieg auch das Pferd untern Leibe weg geschossen, also den schneidichen Kerlchen hatte mann das nicht angesehen, er war wie ein Wiesel u. sah noch so jung aus.

Da war es ja wirklich kein Wunder das er mit uns dummen Rekruten so um ging, wie die Katze mit der Maus, um uns in einer kurtzen Zeit alles rein zu bringen, u. echte Soldaten zu machen, aber hauen durfte er immer nicht,

Nun noch eine Erzälung, wie sich Rekrut Schneider überfahren lies wegen Mißhandlung, Schneider draf mit mir ein u. war *4. Jährichfreiwillich*, 18. Jahre alt u. aus Potschappel, er wollte mit 22. Jahren raus gehen hatte blos die Mutter noch, die ein kleines Ladengeschäft hatte, u. wollt sie dann Unterstützen, er erzähle eben das er disetwegen mit 22. Jahren wollte raus gehen, es war ein blasses Kerlchen, u. wie bekant einen Freiwillichen hattens immer gefressen, die konnten nichts recht genuch machen, bei uns war es so, ja zum Futter fassen, u. Aport scheuern u. dergl. wurden sie fiel Komandirt. [32] Alle Tage hieß es drausen habters *Mausen* nicht können lassen, Also der Schneider hatte nicht fiel los in Putzen, überhaupt in Stall da bekam er öfters eine Orfeiche, von *Berittführer* Mehnert, denn daß war auch einer von besten, nun daten sie ihn beim Wolf in *Beritt*, nun das war erst einer, der haute ihn mal mit den obergurt, also der übern Sattel geschnallt wird, darauf ist Schneider direkt beim *Wachmeister* Zimmermann, in seine Wohnung gegangen u. der gibt ihn noch eine *Schelle* das darf doch nicht sein, den Dienstweg überschritten.

Und es war Sonntags wo wir doch da kein Reiten hatten, kommt *Ordenanz* von *Heller* drausen rein, auf der *Schlesinger Bahn* hätte sich ein Gardist überfahren lassen, in *Trillanzug* Kopf u. Beine weg, u. muste gleich Wache naus, auch Ritt gleich der alte *Wachmeister* selber mit naus, nun kurtz nach gefast,

Ich sehe die lange schwarze Frau heute noch beim Eingang in Kasernhof stehen, u. Jammern, hatte gewiß schon erfahren warum sich ihr Sohn das Leben genommen hatt, denselben Nachmittag musten wir alle andreten, alle raus, auf den Kasernhof, auch die *Ökonomiehandwerker*, Schuster, Schneider, Sattler, usw. Da brillte der alte *Rittmeister* von Bug. Wär ein Wort verlauten läst [33] warum sich der Rekrut Schneider das Leben genommen hatt, kommt kommt sovort zur Strafkompanie. Nun wurde *Kriegsgerichtliche Verhandlung*, sehe sie heute noch Abmaschiren, *Wachmeister*, Mehert, u. Wolf, Vorschriftmäsig, Helm weisen Lederzeug mit Patron Dasche um, und was haben sie gekricht? jeder bar Tage Arest, der *Wachmeister* gar nichts.

Ein Jahr zufor ehe ich eindraf ist ein Gardist von der zweiten *Schwadron* über die *Augustusbrücke* in die Elbe gesprungen, u. erdrunken. Mit mir war ein gewisser Beier eingedroffen, u. war aus Pirna, und war gelernter Kaufmann, ein gebildeter Mensch, ein feines Kerlchen sein Bruder besuchte ihn öfters Sonntags, er hatte auch schon mal *Schelle* gekricht, er sagte wenn es nochmal forkomt melde ich den Wolf, das lasse ich mir nicht gefallen, gut, das passirte wider, u. Beier Meldet es zum *Raport*, wurde aber nicht weider gemeldet, jezt ging er selber mit zum *Raport* Vorschriftmäßich, u. der *Unterwachmeister* Wolf krichte 3. Tage Mitteln Arest, aber wie es den Beier gegangen ist danach, von sämtlichen Unteroffiziren, hatten ihn alle gefressen, er muste alles machen *Abdrit* scheuern, *Reitbahn* einrechen, was allemal gegen Abent gemacht wurde, wo die andern alle fertich waren, er wurd übral gesucht [34] von jeden Unteroffizir, u. hatte keine freie Stunde auf den großen langen Koritor war doch unser *Büdchen*, wie es so noch in der alten *R. Kaserne* war, u. hinten das Atallie [Artillerie] *Büdchen*, wo es Schnaps, u. Bier u.s.w. gab, beim Johann, da waren wir immer gemengt in jeden *Büdchen* gab es Atallristen die *Pomper* hieß es blos, u. Gardereiter, es war die 6. *Pattrie* die neben uns lag, bei der Tottewitz war, u. wir einander oft sahen, auch auf der Rei[t]bahn, also da ging Beier oft hinter bei der Atallrie u. da wurde er geangeld, er hatt oft gesagt, u. wenn sie mich erschlagen ich lasse mir alles gefallen, u. hatt es tüchtich bereut, u. kann an seine bar Jahre Dienstzeit mal denken, Ich will nun davon auf hören sonst wird mir noch schlecht.

Nun noch ein fall wie sich unser Lehmann bei Fuken Karl erhengt hatt, an Daschentuch, u. Hosenträger, der fall war aber andre Natur. Lehmann hatte in Dresden seine geliebte, von der konnte er nicht lassen, u. machte stets *Nächtchen*, also zum Stallfenster naus u. rein, zum *Verlesen* um 9. Uhr war er stets da, er hatte schon 62. Tage *Kasten* weg, u. war ein Dresdner Kind, er konnte es nicht lassen, da muste Lehmann mal aus der [35] Front raus Reiten, ehe es losging, da sagte der *Rittmeister* zu ihm ist es ihm wirklich lieb, bei der Strafkompanie zu sein, wo sie ein Dresdner Kind sind, wenn es wider for kommt wird das nicht anders, es war unser guter *Rittmeister* von Posern bei der 3. ten *Schwadron* wo ich das andre Jahr war, Es vergingen kaum bar Tage da fehlte Lehmann in unsrer Stube, u. war mit seiner Liebsten in *Ziefil* nach Chemnitz gefahren, u. war 7. Tage weg, die Mutter brachte die Uniform in die Kaserne u. weinde, er hatte blos noch die Mutter, die in einer Wäschefabrik beschäftich war, sie stekte ihn immer Geld zu, u. so stand sichs nicht schlecht mit ihn, u. so gab er öfters was zum besten; er hatte auch schon das dritte Jahr, u. den Abent zufor ehe er wider verschwand, brachte er noch eine Flasche Schnaps, aus den *Büdchen*, u. sagte Kammraden last es Euch schmeken es pasirt euch nicht gleich wider, kann sein gar nicht mehr. Wir haben ihn dann blos noch von weiden gesehen, wie er hinter *Zwangpordirt* wurde in Arest, zur aburteilung, wie er von Chemnitz nach Dresden gekomen ist weis ich nicht, u. den 3. oder 4. Tag kam die Nachricht das er sich gehangen hatt, an Hosenträger, u. Daschenduch, u. musten bar Mann hinter u. Abschneiden, ein bar *Verhaune* die gabs schon bei uns, das konnte [36] doch der alte Fuken Karl selber machen, Lehmann war so ein hibschr Kerl u launich, hatte auch schon das 3. te Jahr, ich sehe ihn heute noch ganz genau, als wär es noch gar nicht lange her, bald wie früher Mend Ernst in Neuwernsdorf war, *Ficheland* hatte ein schwarzes Schnurbärdel und sang stets das Kannebee Lied[34], Händen in Hosentaschen wenn er in *Trillsachen* war, er war so spasich u. hatten ihn alle gern.

Nun willich mal Erzählen daß ich in den zwei Jahren vielleicht mehr erlebt habe, als einer der drei Jahre gedient hatt, erstens die *Ökonomische Mustrung* 76. die alle 6. Jahre mal ist, dann war ich ½ Jahr zum *Pionirn Übung* komandirt von jeder *Schwadron* 5. Mann, Maurer u. Zimmerleute, aber trotztem alle Tage Reiten, dann daß große Keisermanöver was 7. Wochen dauerte, zweimal auf den *Alaunplatz* die Königsbarade, u. for Leipzig die grose Keiserparade, mit gemacht, die *ökonomische Mustrung* war gleich das erste Jahr, u. dauerte den ganzen halben Sommer durch, blos diese Vormustrung, da konnte man Putzen u. fummeln von früh bis Abents, u. alle Tage es war alles nichts, und dabei Täglich Dienst dun Reiten u. Fußdienst [37] von den Kamern kamen die gansen Sachen runter also jeder Mann hatte doch 5 *Garnituren*, die sechste hatten wir an in Dienst, u. die erste ist die Kriegsgarnitur, jedes stück muste neu gestempelt, u. durfte kein Knopf fehlen u. kein undatel [Untadel] daran sein, überhaupt kein stich durfte fehlen, das ging ganz genau, diese vormustrung den Sommer über, was in so einer Schw. u. Regimentskammer vor Sachen sind hatt nimand eine Ahnung wer das nicht gesehen, was da for ein Geld u werth drinne stekte, Anno zu der Zeit jezt wohl nicht mehr, diese Neuen Reit u. Halbstiefel, Reithosen, u. Waffenröke, u. diese stöße Leibwäsche, ganse stöse Stiefelsohlen dutzentweis waren sie zusammen gebunten, u. diese neuen Sattel u. das schöne neue Lederzeug *Kantarren* u. *Drechen*, es war eine pracht daß mit anzusehen, in der mitte stand eine hohe Piramide u. alles reine gemacht von Staub. Da stanten Altertümliche Sebel u. verschidne Gewere, von den frühren Kriegen her, u. die verschidne Helme, auch viel verbandzeug zum Kriege, es war so zu sagen eine Inventaren Refision [Inventarrevision], u. hieß *ökonomische Mustrung*, u. das alle 6. Jahre, also kurtz gefast das ging den ganzen halben Sommer diese vormustrung war das schlechste, dieser Trill, Urlaub gabes blos in Totesfällen, u. Erbschaftsangelegenheiten. Entlich war die grose Mustrung wo sämmtliche hohe Offizire, auch König u. Prinz Georg da waren.

[38] Nun waren wir auch zum *Pionirübung* Komandirt 20. Mann ein halbes Jahrlang, u. wurden im Mai früh 6. Uhr kann mann gleich sagen in die Elbe geschmissen, u. schwimmen lernen, daß heist uns wurden der reie nach die Beine ausgerükt, wo wir alle in Front stannten, Arme for gestrekt, Kopf forne weg u. in die Elbe wenn es früh hieß Schwimmer andreten, das Handtuch übern *Trillanzug* weg, wenn da einer fehlte, ging es nicht eher ab biß der Mann da war, u. wenn er

[34] Kanapee: Sofa. „Das Kanapee gehörte wie der vielbesungene Knaster, Thee und Coffee zu den Modegegenständen jener Zeit" (Wustmann 1905, S. 608; zum Kanapeelied vgl. Friedländer 1894; Marriage 1902, S. 307 f.; Meier 1906, S. 59). Böhme (1895, S. 535) merkt an: „In Singspielhallen zu Berlin enstand zur Tingeltangel-Zeit 1873 ein modernes Kanapeelied, ein elendes Machwerk nach einer neuen Melodie."

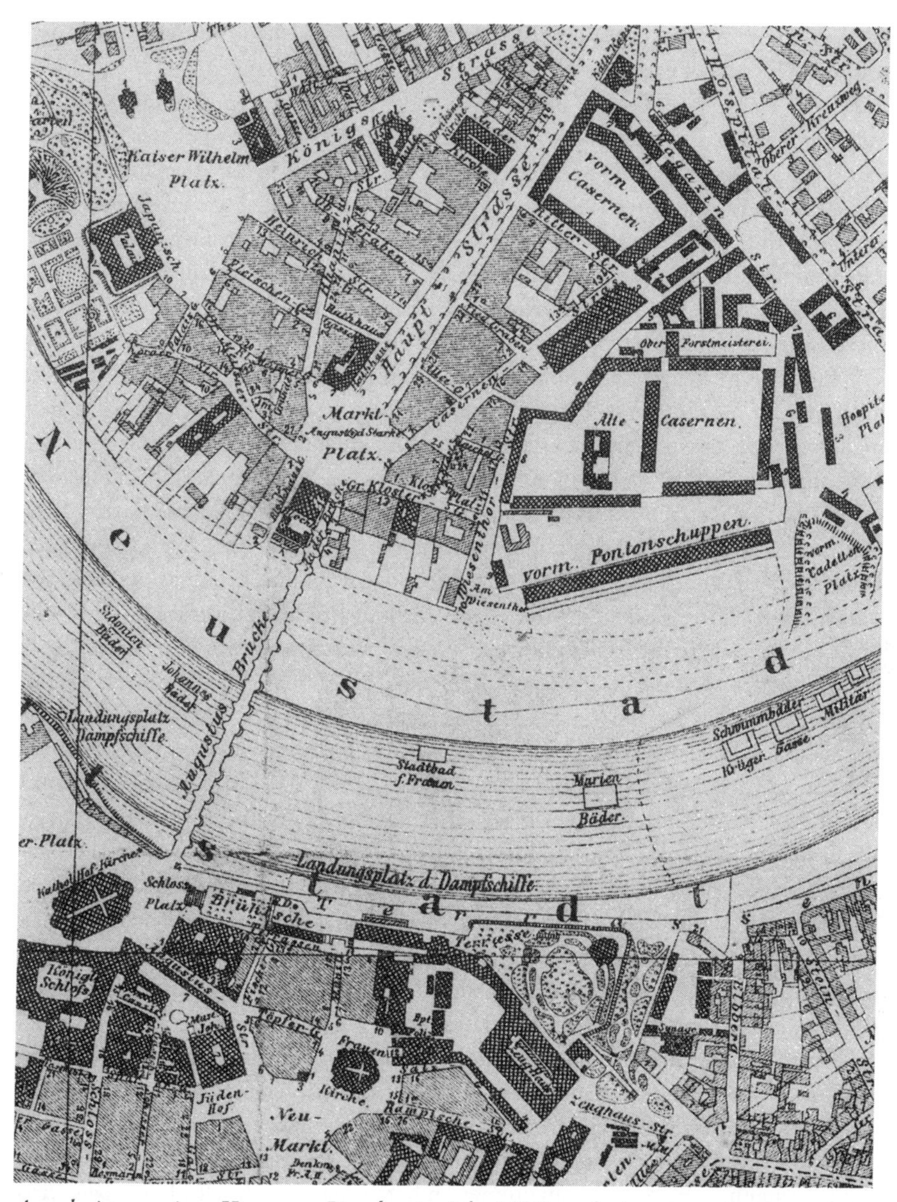

Ausschnitt aus einer Karte von Dresden im Jahr 1880 nach einem vom Stadtvermessungsamt herausgegebenen Plan.

Stallwache hatte, wurde abgelöst, das war was für die alten *Unterwachmeister*, schwimmmeister, der schöne Wolf war auch dabei da hieß es gleich sie Drükeberger, denn es hatten ja alle aus, wenn es hieß schwimmer andreten, Wir waren meistens Maurer, u. Zimmerleute. Es war ein groses Badehaus[35] unweid von der Kaserne hinten beim sogen. *Potungsschuppen*, 40. Meter lang u. 20 Meter breit Inwentich ringsum gedielt, u. auswendich hoher Bretter verschlag kurtz, es konnte uns nimand sehen, da gab es keine Badehosen, wenn es im Gebirge recht gewittert hatte, da schwupte das Wasser über die Dielen drüber weg, wenn mann reingestürzt war mit Kopf forn weg fand mann überhaupt kein bohten [Boden], die Anstalt stand tief [39] in Wasser, daneben war anschlisent ein kleines Badehaus, dan waren drei schwengel angebracht jeder mit einen Gurt der unten in Wasser hing (hing gleich mit dran) u. die schwengel bedienten die schwimm Meister, *Unterwachm.* so zu vergleichen wie früher die Bauern Butterten, da musten wir uns in die Gurte nein legen waren sehr breit, allemal dreie, weil 3. Gurte waren, u. nach 1. 2 u. 3. mit arm u. beinen schwimen (also Rudrn) lernen, u. ging es mal nicht so, da machten sichs die Luders zum Vergnügen, liesen die Schwengel in die höhe, na dun sie sich erst den Durst leschen, also das Wasser ging über einen weg, daß mann nichts mehr sah von einen, u. den Putch foller Elbwasser hatte, kam mann raus sah mann Feuerrot auf der Brust, u. die andern dreie kamen dran, dann kamen wir raus in daß grose Badehaus u. musten 3. mal runter u. 3. mal rauf schwimmen, dem Wasser entgegen hatte man tüchtich zu kämpfen, da uns ein Strik ins Bein gemacht wurde, mit einen steken drann, so hatte uns der Unteroffizir in der gewalt, und lief auf den Dielen die auf der Seide waren mit uns rauf u. runter die 40. Meter, also verstanden, mit den Kopf konnte mann nider aber mit die Beine nicht, da war mann feste gemacht. Im anfang wo wir in die Elbe nein gestürzt wurden, Beine ausgerükt, kam doch nicht alle wider in die höhe, da waren schon bar Unteroffizir dazu bestimmt die da standen [40] und auf basten das keiner er Soff, u. sprangen rein und Fischten die raus die noch tief in Wasser waren, u. nicht zum Vorschein kamen, aus den alten grauen Elbwasser, die aufpasser hatten Badehosen an, wir waren alle Nakent, die dazu bestimmt waren, waren alle tüchtiche schwimmer, u. machten es uns for ein Geld. Einer gewisser Hartmann war schon balt ersoffen u. wollte aus reisen zur Türe naus wurde aber noch fest gehalten, es war ein groser langer Kerl blasses Gesicht, u. behart sah wie ein Kalb, man sah überhaupt gar keine Haud bei ihn, so einen Menschen hatte mann noch nicht gesehen, Nun kommt daß beste noch, *hausen* in der freien Elbe war eine Trppe Treppe angebracht mit 14. Stufen u. oben ein runter *Flatzen*, da musten wir einzeln die Treppe nauf u. in die freie Elbe springen, aber wär sich da oben auf den *Flatzen* lang besonn, da musten alle weg u. derjeniche muste gleich 3. mal runter springen, ich bin gleich runter gesprung, dachte aber immer vieleicht brichste einmal das Genik, das wär das beste, mann haute mit den Gesicht auf den Wasser auf,

[35] Das Baden in der Elbe war bis weit in das 20. Jahrhundert hinein üblich. Noch 1930 gab es in Dresden 13 offizielle Flußbäder, davon zehn in städtischem Besitz (Stimmel u.a. 1998, S. 58; vgl. Fritzsche 1998, S. 64; Kübler 1996, S. 139; Taupitz 1996, S. 115 ff.).

u. tief fur mann nein, so das mann sonst wo wider in die höhe kam, aber da basten schon welche auf das mann nicht ersoff.

[41] Dann musten *mir* mit Schiffsbrüken anschlagen, das ging ganz schön, und wär freiwillig über die Elbe schwimmen wollte von uns zwanzich Mann krichte die Auszeichnung, da waren 3. Mann die es fertich brachten, da gab es schon welche, die vieleicht schon früher kuntich waren in schwimmen, später hatten wir es besser, wenn andre musten Futter fassen u. *Reitbahn* einrechen, konnten wir in die Elbe gehen, hieß es schwimmer könen abdreten, hatten unser Schwimmzeuchen, wenn es den Tag über so heiß war u. mann konnte sich in den Wasser Baden, aber Seife haben wir keine mehr mit genommen die war allemal weg, in den tiefen grauen Elbwasser.

Nun musten *mir* auf den *Heller* Nachmittag *Pionir übungen* machen vormittag erst Reiten; denn jeder hatte sein Pferd, u. durften kein Tag stehen blos Sonntags, da musten wir *Lattrin*, *Wolfgruben*, Drathindernisse, grose Gruben bauen zum Kanonen rein fahren, kleine Häuser bauen u. mit Stroh deken, das Stroh holten wir mit einen Wagen aus der Heller Schenke[36], es ging schön so in Sand arbeiten, dann noch Telegrafen sterung [Störung] u. eine Eisenbahn Schine in die Luft sprengen.

Die sache *hatte* Leutnant von Müller *über*, der zur letzen Zeit bei der Reichswehr Genral Leutnant an der Spitze war, ein strenger *Gast.* gab uns alle bar Tage *Instruktion*, über Pionirdienst wir saßen da wie in der Schule. [42] von Müller war zu der Zeit kein guter, wir durften nicht muksen. Also musten wir Telegraphenstangen setzen, u. musten nauf den Draht zerschneiden, wurde einen Inwendig am Bein sowie eine Klammer fest geschnalt, u. in Stamm einhaken bis mann nauf war keine solche Vorrichtung wie jezt die Telegrapfenleute haben. gut Leutnant v. Müller machte es uns for, u. wie er halb nauf war rutschte er ab u. hatte die Hände ganz beschunden, Bludete auch, aber wir musten nauf da gabes kein zurük.

Nun hatten wir die lezte übung eine Eisenbahn Schine in die Luft sprengen mit Dinamit, verbunten mit der grosen Vorstellung, die Schine flog in die höhe u. wir musten uns flüchten. Da waren sämtliche hohe Offizire anwesent, auch Senf v. Bilsach Prinz Georg u. noch mehre, Und in bar Tagen bekamen wir jeder 2. Mark 50. Pfenche der Mann, weil die Vorstellung so gut abgelaufen war. Es waren Kriegsübungen.

Wie ich noch bei Kaden wohnte war hier mal Manever, wo von L. Müller mit hier war, u. in Meiers Gasthof[37] quartir hatte, er war beim Ulan Regiment Major, beim Kaden lagen auch welche, u. ich sprach mit die Ulan von den Müller, sie wusten auch daß er früher so [43] strenge gewesen war, u. jezt so gut u. gemütlich, wusten auch das er früh beim Garde R. Regiment gestanten hätte, auf der Mühle

[36] Hellerschänke, ehemaliger Gasthof „Zum letzten Heller" an der Radeburger Straße.
[37] Gasthof in Bienenmühle.

Ludwig von Müller als junger Leutnant in der Uniform des Garde-Reiter-Regiments auf einer Atelierphotographie des Dresdner Photographen W. Höffert (zwischen 1873 und 1875).

in Gasthof wo er quartir hatte, war gerade eine Luftschaukel, da hatt er die Kinder frei gehalten u. bezahlt, Dann fur er in Wagen mit noch einen Offizir über den obren Übergang rauf, u. reut mich Heute noch daß ich nicht auf ihn geredet habe, ich stannt da u. sah ihn ins Gesicht, u. hatte sich sehr verändert, wenn ich sagte Herr Leutnant von Müller, hätte ihn gewiß Intresirt, Müller wird nun in Ruhe[stand] sein, seid er von der Reichswähr weg ist (das hab ich bereut).

Das halbe Jahr beim Pionirdienst ist mann nicht zu Verstand gekommen, Täglich von früh 4. Uhr bis Abents, das war zufiel u. mann kam nicht zum *auftreffen*, Dann ging es ins Keiser Manöver, was ich später noch schreibe, 76. u. 77. habe ich die Königsparaden[38] mit gemacht auf den *Alaunplatz*, wo wir allemal ein halben Tag nicht von Pferde kam, da hatt mancher in die Hosen *geschift*, von wegen Absitzen, gibt es da ja nichts, der *Alaunplatz* war foller Militär, u. auf den Häusern u.

---

[38] „Zu Königs Geburtstag [23. April] findet in Dresden zumeist eine Parade statt. Selten wird diese Frühjahrsparade, die zu einem Volksfeste geworden ist und zu der aus dem ganzen Elbgau Massen von Schaulustigen herbeiströmen, um den geliebten Landesherrn und seine besten Truppen zu sehen, aus besonderen Gründen abgesagt oder verschoben. Diese Parade ist ein hervorragend schönes militärisches Schauspiel" (Dittrich, König Albert-Jubelkalender 1895, 14. Mai).

Ludwig von Müller (rechts) als General der Kavallerie im Gefolge von König Friedrich August III., Feldmarschall von Mackensen und Admiral Alfred von Tirpitz am 27. April 1912 in Danzig.

Dächern saßen die vielen zuschauer, es waren lauder kleine Häuschen auf der rechten seide wenn mann rein kommt, saßen fiele auf den grosen Dachfenstern ob die kleinen Häuschen heute noch solten sein,? glaube nicht. [44] Piramiden waren aufgebaut, wo Leute drauf waren, wie die Parade los ging waren wir die ersten, das ganze Garde R. Regiment, beim König for bei, erst im Schritt, dann in Trapp dann kam sämtliche *Regimenter*, u. alle mit ihrer Regm. Musik. auf der *Königsbrükerstraße* wo mann doch stets zu dreien Reidet konnte mann balt nicht durch, for Menschen, wie eine Wand stanten alle still, wir hatten weise Hosen an, u. weisen *Roßschweif* auf die neuen Helme, was früher nicht gab, das war ja was neues fors Publikum, for uns ein glänsentes Elend.

Was war das für uns for ein schlechter Tag, trotztem mann stolz zu Pferde saß, es hieß Nachmittag kein Dienst, aber diese Arbeit die guten Uniform reine machen u. abgeben, auf der Kammer, da hatten wir so einen schlechten Kammer Unterofizir Silbermann einen Mist von einen Menschen, der sah überhaupt nimanden an, schlug mit der Hand auf die Sachen bei allen u. schmiß es einen auf den Hals, wider kommen, wider kommen, richdich reine machen, das war ja ein *Schnufel*, wir machten nichts mehr drann waren ja rein, hatten aber immer die lauferei auf die Kammer. [45] Vor der Parade diese durchsicht erst von *Berittführer*, dann von *Wachmeister* alle einzeln die Pferde, u. s. w. von *ober Roßarzt* Tümmler hieß er.

Diese meine Zeilen möchte mal einer in Privat lesen, der nicht aus der Werkstatt, u. nicht in die Welt nausgekommen ist und stets sein freier Herr gewesen, u. sich nicht brauchen Untertänich gäben, u. Schikeniren lassen, solche Menschen haben ja kein bischen Ahnung was mann sich in 48. Jahren, ein halbes Jahrhundert kann mann sagen, hatt müssen gefallen lassen, u. oft Unrecht leiden wo mann nicht muksen durften, und Extra for verandwortung, war es beim Militär, Post, oder Eisenbahn. und neben bei was for Schiksalsschläge, Krankheiten, Totesfälle, was mann hier garnicht wider geben kann, u. das Papier zu wenich ist, Und da ist mann noch stets beneidet worden, was in Wahrheit berut. Aber nicht etwann jeder stannt hatt ja seine Last, mag es *Provesion*, Arbeiter oder Geschäftsmann sein, es hatt alles sein leiden, u. ist nicht so einfach das weis mann ja auch, oft kein Geld, u. lohn, für seine Arbeit, borgen, einbüsen, schlislich gar kein Verdienst, u. noch mehr, bei uns in Statsdienst ist ja das einziche schönste, das mann ohne ein Wort sein Lohn kricht. aber dann ist es *Trapp* alle.

[46] Nun noch kleine Erinerungen
Erstents wie ein Gardist den Major von Nostitz ausgerissen ist was unser Regimentsführer war, u. 4. Wochen strengen Arest krichte, das war so, auf den Neustäter Neumarkt[39] drifft Nostitz einen Gardisten der in einen winkel will ich sagen, hab ja nicht dabei gestanden da dritt u. *schifft*, er fragt ihn bei welcher *Schwadron* er sei, u. geht mit ihn, es sind ja blos bar schritte, bis zu unsrer Kaserne und sagt er ist bei der ersten *Schw.* und beim Kasernhoftor reist er ihn aus, nun die erste *Schwadron* alles raus u. Andreten, es war schon spät da hatt er ihn nicht gefunden, jezt wurden *mir* Alarmirt, die 3. te wo ich da schon war, muste alles raus, *Ökonomie Arbeiter*, Schuster, Sattler, u. Schneider alles raus, wusten nicht was los war, da lief der Major von Nostitz langsam die Front ab hin u. her, wo wir über 100. Mann waren, u. suchte einen, jetzt hatte er es auf einen abgesehen, immer wider ging er zurük u. lies den einen Mann raus dreten Jähne oder Höhne hieß er, weis nicht mehr genau, da sagte er es war eine *Oberlausitzer Schprache*, u. das sagte er immer wider, sämmtliche Unteroffizir, u. der *Wachmeister* mit dabei, immer wider bei den Höhne, wissen denn die Unteroffizir das der Mann, da war? ja beim [47] *verlesen* um 9. Uhr war er da, auch der Tagesdienst hatte sagte das aus, Also morgen früh um 9. Uhr die *Schwadron* wider andreten, es war Sonntag u. pünktlich kam er geritten, er stieg ab sein Diener der auch zu Pferde war, hielte sein Pferd mit, die

---

[39] Gemeint ist wohl der Neustädter Markt.

Schw. stannt in Achtung da, mit sämtlichen *Berittführern* u. *Wachmeister.* Nostitz kam ja selten mal in Kasernhof. Jetzt ging es wider los, es war ein starker untersetzter Mann unser Regimentsführer, ging wider die Front ab, u. fischte den Höhne wider raus, sie sind doch ein Oberlausitzer redete er ihn an, jawohl Herr Major, wo waren sie gestern Abent, da stant er da ganz weiß in Gesichte, gestehen sie mal daß sie mir gestern Abent ausgerissen sind, kein Wort konnte Höhne sagen also er war es gewesen, krichte 4. Wochen streng Arest, muste denselben Tag seine Sachen alle abgeben auf der Kammer. Er war von Kasernhoftor weg hinter der Schwadrons Kammer nüber, u. hinten rein zum Stallfenster und ganz sachte in *Kahn*, er hatte ihn belogen das er von der ersten *Schw.* sei.

Hans Florian von Nostitz-Drzewiecki, Kommandeur des Garde-Reiter-Regiments von 1876/78 bis 1887.

Auch einmal trifft unser *Rittmeister* von Posern von unser 3. ten *Schwadron*, der aber sonst so gut war, einen auf der Brüke mit einen verosten Sebel, u. meldete es Natirlich der *Schwadron*, es war Tannhäuser, den ging es ja schlecht, u. die *Schw.* muste den andern Tag Nachmittag 3. Uhr mit planken Sebel aufstellung machen wegen den einen Mann, der [48] *Rittmeister* kam pünktlich, wir hatten die Sebel alle so plank wir hatten die Scheide noch mit der Polirkette drakdirt [traktiert], was *mir* selden machten, es flimmerte alles die ganze Front,

Aber da sah ja der *Rittmeister* nicht nach den Sebeln, Waffenröke alle aufmachen, die *Berittführer* mit den *Wachmeister* alle die *Tagebücher* in der Hand, u.

wurde bei jeden nach den Hosenträger gesehen wär schlechte hatte wurde aufgeschrieben, u. wurden welche bestelt. u. von die bar Pfeniche bei der nächsten Dekate abgezogen, meine waren noch gut, gute Hosenträger müssen doch auch sein beim Reiten und dann hieß es Mützen abnehmen, wär lange Hahre hatte wurde auch aufgeschrieben, u. musten sich den andern Tag beim *Wachmeister* vorstellen, daß war die Durchsicht mit die planken Sebel.

Wenn ich jezt schreibe daß einer das *Mausen* erst lernt, als Soldat, u. früher wie er in *Ziviel* war nicht *gemaust* hatt, wird manchen nicht einleuchdent sein. Als wir nur bar Tage rein waren hatten wir bald kein Putzzeuch mehr, was uns 4. Mark kostede, u. wär kein Geld hatte wurde, es abgezogen, die alten Mannschaften hatten doch schon mit schmerzen auf uns gelauert, weil sie kein Putzzeuch [49] mehr hatten,[40] überhaupt die neuen *Kartätschen* hatten *mir* in bar Tagen nicht mehr, da hatten sie die Dekel verstimmelt mit den glühenten Kohlhaken, also Striegel, u. *Kartetetsche,* werden doch in Stall gelassen, untern Pferd vergraben in die Streu, die konnte mann aber noch so sehr versteken, es wurde gesucht, u. *gemaust,* so das nur noch ein bar Rekruten waren die eine *Kartetsche* hatten, u. daß eine abgenutzte, hingelegt, in unsre Stuben konnte mann auch nichts erhalten, da doch in der alten *Reiterkaserne* die Stuben, u. Schrankschlösser alle Kaput waren, Vernagelt, u. verdübelt waren, wenn wir drausen Exezirten u. die alten Manschaften etliche hier waren *bemausten* sie uns, Die Schlösser waren soviel wie keine, sie schlugen mit die Kohlhaken auf die Schlösser daß sie aufprangen, aber Gnade Gott wenn einer sich beschwerde mir ist das, u. daß weg gekommen, for *Schelle* brauchte der nicht zu sorgen, u. noch *Schäfte* wo sie es anbringen konnten, da hieß es bassens auf, auf ihre Sachen.

In einen Virteljahr hatte unser *Beritt,* kaum noch die hälfte Mannschaften *Kartätschen,* u. das hatten die *Berittführer weis gekricht,* gut, Nachmittag aufstellung in Putzzeug, da sind wir rüber bei der 3. ten *Schwadron* u. *Kartätschen* geborgt, u. war alles in Ortnung, u. nach diesen ging [50] die Lumperei wider los, u. so war es in allen, die Hauptsache war, wär nur recht *Mausen* konnte, Wie ich zur 3. ten *Schwadron* mit kam, krichte ich einen neuen *Trillrok* da war ich froh da ich erst einen schlechten hatte, der Kammer Unteroffizir Seibt war ein guter Mann, gegen den Tirann den Silbermann, bei der 1. *Schw.* u. wie ich den *Trillrok* daß erstemal gewa-

---

[40] Ähnliche Erfahrungen mußte auch Franz Rehbein bei den Dragonern in Metz machen: „‚Antreten zum Putzzeug kaufen!' ruft nach einer Weile der Gefreite. Die Rekrutenunteroffiziere gingen nun mit ihren Zöglingen nach der Kantine. Hier erhielt jeder Rekrut gegen gleich bare Bezahlung die nötigen Putzutensilien. Wer kein Geld hatte – es gab auch solche Leute unter uns – dem wurde der Betrag dafür nach und nach von der Löhnung abgezogen. [...] Es ist immer ratsam, das Putzzeug nicht zu knapp anzuschaffen, denn die ‚alten Leute' betrachten es durchgehends als ihr Privilegium, sich ihren Bedarf an Putzkram von den Rekruten zu ‚leihen', das heißt auf Nimmerwiedersehen. Wem's nicht paßt, der kriegt'n ‚Flicken'; ‚melden' ist nicht" (1973, S. 175 f.).

schen hatte u. naus gehang, zum troknen, wie es alle so machten, durfte ich ihn aber nicht wider weg nehmen, ein alter hing an der stelle, dort. u. ich sah ganz genau das den Rok Unteroffizir Krügel an hatte, da ich oben zwei gelbe *Heftel* u. Schlingel nann gemacht hatte, aber den was sagen nein, da warich blos noch der dumme, ich bin Abents bei der 1. *Schwadron* u. mir den besten raus gesucht, u. den falschen hingehang, es waren blos bar Schritte zur ersten rüber, u. hing übral welche *hausen* bei den vielen Mannschaften, ich habe den *Stempel* raus geschnitten, u. ein Flek drauf geflikt.

Aber wer denkt denn daß unter uns Rekruten das ein *Mausehaken* darunter ist, unter uns 20. Mann in Stube 13. wo wir alle so eine strenge behandlung hatten, u. Vorgesezten alle keine guten waren, Also zur sache, wir waren noch garnicht lange rein, da waren einen bar *Eichentums Hosen* weg, von einen bessren, er hieß Israel [51] aber das war nun was für die Unteroffizire u. den alten *Wachmeister* die waren Feuer u. Flamme, waren alle in unser Stube, musten alle die Schrenke aufmachen u. wurde alles durch gesucht, ich sehe die gespanten Gesichter heute noch, aber nichts kam raus, u. wider in unser Stube war eine Uhr weg, es war so fatal, u. war ein Rezel [Rätsel] wer Daß sein könnte, wurde wider durch gesucht nichts kam raus, und krichte einer eine Kiste von Zuhause ein *Schiff* hieß es, da wurde die hälfte raus *gemaust*, na mir konnte ja daß nicht pasiren, nun gut jezt werden wir ihn gleich haben, Oben eine Treppe höher, wo die Schuster u. Sattler waren, war eine alte Rumpelkammer, es war ganz unter Dach wo altes Turngeräte drinne stekte, wer weis wie lange schon von früher her, Unterdesssen hatte einer eine Kiste gekricht u. drinne eine *Magen Wurst*, u die war auch die hälfte *gemaust* worten, kurtz u. gut. Da geht einer mal von die Schuster in die alte R[umpel] Kammer, da stehen bar Kistchen, u. in einer die halbe Wurst, u. *schäler*, u. der hatt es erzählt u. kam an die *Gloke*; da geht Abents der *Wachm.* u. Unteroff. Franke, nauf Abents u sezt sich einer hieben, der andre drieben, unters Dach, jezt kommt einer u. will die Wurst Verzehren, u. setzt sich gemütlich, auf die Kiste, und jezt kreifen alle beide zu, u. brachten ihn runter, u. war nun raus, er hatte die Hosen, die Uhr auch *gemaust*, u. drausen Verkauft. [52] Es war ein groser langer Mensch, machte ein fünster Gesicht konnte nicht Deutsch Reden, man Verstand ihn kein Wort, gewiß ein *Polake* wo nur der mochte her sein, u. hier her gekommen,? er sah schon so wie ein Reuber aus, hatte einen ganz verükten Namen, was mit ihn geworten ist weiß ich nicht, er kam forläufich in Untersuchungshaft gewiß ausgestosen von Militär, u. Gefängniß gekricht, ich kam untertessen zur 3. ten *Schwadron* mit.

Also muß ich nochmal zurück kommen, als ich den lezten Sommer ehe ich eintreffen muste noch zuhause war, sagte mein Seeliger Vater bar mal zu mir spare nur wenichstens den Sommer noch was, aber daß war alles umsonst, ich weis noch daß ich zur Andwort gab den lezten Sommer erst noch sparen, die lassen mich drinne nicht verhungern, es war der Unverstand, Vater hatte wohl recht, er war ja auch

Soldat gewesen, ich war eben sehr danzlustich, u. war ja nur eine kurtze Zeit von 17. ten biß zum 20. ten Jahr dann war es ja *Trapp* alle.

Aber hab ich daß bereut, sehr oft, das mann so dumm gewesen war, u. nichts gespart hatte, ich war es ja nicht allein, alle waren so Leichtsinnich einer wie der andre, es war gelegenheit geboten u. alle Sonntage Musik. [53] und da konnte mann nicht drum num, da Zukte es an allen Glidern, ich habe da manchmal gedacht in der Rekrutenzeit, wenn ich nur einmal die 1. Mark 50. Pf. hätte die ich alle Sonntage der Musik hin geschmissen und daß Saufen das ich so sagen muß noch Extra, Nun hatte mann droken Brod, kein Pfenich Geld, u. wie Hungrich wurde mann von Reiten, das *Komißbrod* was 4. Tage langen solte war in zwei Tagen alle, da habe ich ja Hunger gelitten, weil mann nichts fettiches hatte wurde mann nicht satt, ich bin ja nicht Verhungert, aber nochmal möchte ich es nicht durchmachen, was waren denn die bar Pfeniche Löhnung mann brauchte Putzmaterial *Künölwichse* u.s.w. da krichte mann nicht viel fors Geld, kaufte man for 10. Pfenche Fett das muste mann in die *Hüfe schmiren* wollte mann keine Gropheiten haben von *Ober Roßarzt*.

Ich habe oft von andern die *besser hielten* wie ich, das *Komißbrod* was schon lange in Schrank gelegen in Putzzeug verschimelt gegessen, es ist keine Lüge, welche die es eben konnten kauften Weißbrod, wir waren 20. Mann in der Stube, ich war nicht der Einziche der sich so behelfen muste, wir waren gemengt, u. ging andern auch so, forn Eintreffen zu hause aß ich bald gar nichts, es war blos die Strapatzien das mann so Hungrich wurde, zumittage hatte mannja sein schönes [54] Essen stets sein stükchen Fleisch, aber daß genügte nicht, manches *Trillzeug* habe ich gewaschen, fier 20. Pfeniche im Winter aber kein warmes Wasser dazu das gabs nicht, mit Bürste u. Seife. Es war eben Rekrutenzeit u. bei der Kavallrie ist mann unten im Hof daß ganze Jahr Rekrut, bis die andern rein kommen. Neben mir lag ein gewisser Schulze, ein Schenkwirtssohn, mit den wollte ich mal Reden, von dem habe ich manches stük Brod gekricht, wenn mann nur aufgeschrieben hätte wo ein u. der andre her war, da hätte mann ja schon manchen besucht früher, gerade der Schulze war so ein guter Kamrad auch Pitsch u. andre mehr, mit denen mann Freud, u. Leid gedeilt hatt, u. manche schöne Lieder gesungen alle Tage beim Kartoffelschälen alle Abende. Später kamen wir auf *Schloßwache*, da bin ich mal mit aufgezogen wo ich von Mittag 12. Uhr, bis den andern Tag 12. Uhr nichts gegessen, so war die Zeit der ablösung, den andern Tag war erst Löhnung, wenn mann Geld hatte konnte mann ja mal abdreten, da mann 4. Stunten frei hatte, ehe mann wider 2. Stunten auf Posten stehen musten, u. sich etwas zu Essen kaufen, ich hatte blos noch 2. Pfeniche die lies ich zum Fenster raus aufs *Trotuar* fallen auf der *Schloßstraße*, wir basten auf wär sie aufhob, u. es dauerte nicht lange waren sie weg, was wollte ich auch machen mit die 2. Pfeniche. [55] Es war einen immer noch zu wohl, und hatten stets unsren Spaß. Übermut. In Sommer stant blos Einfacher Posten da die Königl Familie fiel in *Pilnitz* u. *Wachwitz* waren, u. in Winter

Doppelposten, also unten 2. Mann und oben 2. Mann, u. Extra ein einfacher Posten bei der Königin Mutter Johann seine Frau, sie starb 77. wie ich noch drinne war, König Johann ist 73. gestorben, öfters kam die Karola mit einen weisen kleinen seiden Spitz auf den Arm u. ging bei Königin Mutter, sie hatte einen *Seelenwärmer* um die zu der Zeit Mode waren,

Wenn die Hofdame mit den kleinen Prinzen raus u. reinging wo der August der Elteste war, musten wir auch Pressentiren, sie hatten Hütchen auf, u. öfters dabste [tapste] die Hofdame mit der Hand den Prinzen auf den Rüken du solst dein Hütchen richtig abnehmen, Albert kam nicht oft raus, aber Georg mehr, die Lakeis machten stets auf, draten auf die seide u. hinter her wider zu, u. wir stanten da wie angenagelt, na der *Kutz* solte schon eher in wegfall kommen, das waren ja Zeiten, es waren doch auch blos Menschen.

Die Kinder von Prinz Georg von Sachsen 1882, von links: Mathilde, Friedrich August, Maria Josepha, Johann Georg und Max.

Einmal stant ich mit einen zusamen der *pfischelde* mir zu bist du nicht ein Helbig, es war Kirschenköhler Lui aus Kämerswalde der bei uns immer Mist fur auf die Kämerswälner, er war bei der 2. ten *Schwadron* in Altstadt. auch einmal einer aus Seiffen Steinert, mit den hab ich aber nicht zusamen gestanden. [56] ich kannte Steinert noch gut, da *mir* bei Hengstheinrich bauten in Seiffen er wohnte nicht weid davon, Kirschen Köhler wurde gefreider, er war schon das dritte Jahr drinne, u. *hatte* wohl die Futterkammer *über* u. hatte Unterschlagung oder bedrug gemacht, weis nicht genau da er in Altstadt bei der 2. ten war, kurtz er ist dekradirt worten u. kam in *zweiter klasse des Soldenstandes*,

Nun mal auf den *Heller*, wo abgesessen Komandirt war kam der Ulig der auch bei der 2 ten *Schw.* war, wo Köhler Lui war, zu mir u. sagte sehe mal danüber an der Helmfront, das ist Köhler, wo keine *Kongkarte* am Helm ist, da habe ich ihn daß leztemal gesehen, u. wie ich sein Vater den Alten Kirschenköhler mal fragte, ich war noch nicht lang raus, wo er wär, er hätte in Moritzburg eine Stelle gehabt, u. nicht mehr, er wiste überhaupt nichts mehr von ihn, Ulig ist in Einsidel Waldarbeitr wir kannten einander auch schon früher.

Nun nochmal zurük. Wenn mann in Sommer der Nacht so Einsam oben auf Posten stand, u. die Köngl. Familie nicht da war, wurd es einen so langweilich, da mann blos allein bei jeder Tür stand, u. sehr ruhich alles war, da war mann blos mit seinen Gedanken, in der Heimad, u. bei seinen Jugendfreunden mit denen mann ehe mann rein kam so Lustich gewesen war.

[57] wenn die Turm Uhr alle Virtelstunte schlug wie zählte mann da ab, biß zur lezten Virtel Stunte, da hörte mann schon unten rauf die Ablösung kommen, da war man froh, aber was war es, die 4. Stunten der Nacht waren nur so schnell weg, u. nun stand mann wider auf der selben stelle, u. horchte nach der Turm Uhr, unten in der Wachstube standen 6. *Kähne* da kannte mann sich die 4. Stunten der Nacht nein legen, bei Tage ja nicht. nein in *Kahn* weg war mann, in den Jahren hatt mann doch mehr Schlaf, Helm wurde abgenommen, Sebel durften wir nicht abnehmen, u. der Karabiner an der seide in *Kahn*, jezt pochte nun der Wachhabente Unteroffizir mit seinen *Dienst Stok* auf, wo waren denn die 4. Stunten hin wie eine Minute kam es einen for, nun stand mann wider oben. ich muß noch bemerken das es auf der *Schloßwache* kein Komanto gab, die diensthabenden Unteroffizir, u. Offizir hatten *Dienststöke* oben einen Silbernen Knopf dran, auch unten im Schloßhof bei der ablösung bei der alten, u. neue Wache die angekommen war, wurde blos gepocht, da gab es kein Wort, u. ging alles in stillen, jeder wuste ja auch was er zu dun hatte, zumal bei der grosen Ablösung zu Mittag, im Schloßhof.

Nun noch die Hofbälle for Weinachten, u. auch nach den Weinachtsfest da hatte mann ja nichts zu Feixen, daß hätte mal einer [58] aus der Heimad mit ansehen sollen, die hohen Offizire mit ihren feinen Uniform, nicht blos von unsren *Regiment*, auch von andren *Reg.* aber die Garde Reiter Uniform, waren die schönsten das blitzte nur übral so, u. diese helle beleuchtung, die Offizire hatten ihre Damen dabei, wenn sie die breite Treppe rauf kam drugen die Dienerschaft ihre langen Schlepen, aus lauder Seide es war Unheimlich, man muste fiel mehr Pressentiren als sonst, den Kriegsminister kannten wir genau, u. hörten gleich in Gang mit seinen leichten Sebel, de Treppe rauf kam auch öfters mal der Woche über beim König, dann diese Musik in Spiegelsaal, gleich daneben wo wir standen, zu den Hofpellen hatten wir 4. te *Ganetur* an weise Hosen u. weisen *Roßschweif*, ja uns knurte der Magen es war ja nur ein glänsetes Elend, es ist mir Intressant da ich auch Zeit habe die frühren Erlebtnisse noch mal in Erinrung zu bringen, diese scheußliche Sachen, u. der arme Soldat wurde dazu benutzt, u. muste es büsen, um die bar Pfeniche den Tag.

Alfred Graf von Fabrice, Kriegsminister seit Oktober 1866 mit der Aufgabe, „der neuen politischen Stellung Sachsens entsprechend die Armee nach preußischem Muster zu reorganisieren" (Hengst 1901).

Nun noch eine schöne Erinnrung! wie mich der alte Glaser Gotthold mit bei Schweineschwarzen nahm u. mir eine Portion Fleisch u. einen *stamper* Schnaps bezahle. [59] Also mann sah immer zum Fenster naus in der Wachstube auf die *Schloßstraße* wenn mann abgelöst war, solte mann nicht einmal einen bekanten sehen? so fiel Leute die hin u. her liefen, zu der Zeit waren die Fenster auf jezt sind Eisengütter for, gewiß das raussehen verboden worden, und überdrüben [übertrieben] worden, schon wie ich in Dohna war bin ich Intressehalber barmal dort forbei wo schon Gütter dran war,

Jezt kam einmal der alte Glaser Gotthold aus meiner Heimad der *Schloßstraße* her u. fragte mich ob ich könnte mal mal mit bei Schweineschwarzen gehen, der Unteroffizir erlaubte mir es auch, da ich noch 2. Stunten Zeit hatte zum auf Posten andreten, da hatt er mir eine Portion Essen, u. einen grosen *Stamper* Schnaps bezahlt, ich solte noch so ein groses Glaß Schnaps drinken, aber das konnte ich nicht Rißgiren [riskieren], denn es war sehr strenge auf der Wache, er gab mir auch noch eine Mark, und das andre Jahr besuchte er mich in der Kaserne hatte *Ausziestäbe*, u. *Knopfhölzer*, in die *Infantrie Kaserne*, er kam in Stall wo wir erst von Reiten rein waren, er wollte mir das Geld verdinen lassen, was er einen Dinstmann müste geben, das war doch gut gemeind, ich bad meinen *Berittführer* u. schafte die Sachen mit naus, es gab noch zu der Zeit die *Zintnadel Gewehre*, u. die *Ausziehstäbe* dazu bestimt waren, da gab er mir wider 1. Mark auch noch zu drinken, usw. [60] er ging auch mit ins *Büdchen* u. bezahle den Unteroffizir 1. Glas Bier Unterwegs erzählte er mir von der Schlittenpartie die in Neuwernsdorf wäre gemacht worten, u. was da pasirt war, er sagte du wärst ja auch mit dabei gewesen, wenn du noch hausen warest, darüber war nemlich bar Jahre Gerichts Verhandlung, meine Brüder waren auch mit dabei gewesen, wo 10. Mann, was hier zu Grunte lag kann ich hier nicht schreiben es ist zu fiel drinn u. drann, die Hauptsache das ich gerade b. Militär war. Wer es weiß *mir* waren ja bei Glaser Gotthold früher mehr als wie zuhause, die ganze Jugend war immer dort, als wenn es unser Vater wär, was hat der uns Jungen Leuten immer erzehlt, er war in seinen frühren Jahren lange auf der Wanderschaft gewesen als Müller, solche alte hibsche Leute bleiben einen in schöner Erinnrung.

Auch einmal sah ich auf der *Schloßstraße* einen bekannten, es war ein junger Bursche Lehmann Julius, die kurtz zufor nach Dresden gezogen waren, mit seiner Mutter, er war Laufbursche hier sagte er, es war der Jüngste von die Lehmenner, aus unsrer Heimad, sein Bruder Hermann war beim Schützen Rg. die alte Frau Lehmann wohnte am *Altmarkt* an der Mauer hieß es 4. Treppen, ich und Tittmann Hermann waren barmal dort, auch Lehmann Hermann war mit dabei [61] er war in meinen Alter, u. haben einander von der Zeit an nie wider gesehen, sein Eltester Bruder war der Ernst, wohnte in Holzhau wo seine Frau die Vogel Jule, unsre Freundschaft war, for bar Jahren starb er, war zu seinen Sohn *gemacht* nach Deuben b. Dresden, da ist er for kurtzen auch gestorben, es war Freundschaft von unser Grosemutter aus, Lehman Ernst war mal mit auf der Bahnstreke Schnee schippen, da war er schon 70. Jahre, u. ich 60. Jahre. seine Frau die Vogel Jule starb zufor u. liegt in Rechenbeg, auf den Friedhof.

Binn immer noch nicht ganz fertig mit den Tema, wir hatten doch auch auf der Katolischen Kierche *Piket*, weis aber nicht ob daß blos zu manchen Zeiten gewesen ist, oder wie daß war, denn ich bin blos zweimal dazu Komandirt worten, u. das zum zweitenmal zum *Neujahrsheilich Abent* 76. mit meinen guten Kammrad Holfeld, jedes mal 2. Mann ging alleine nüber u. der Unteroffizir auf der *Schloßwache* schafte uns nauf, den alten Holzgang oben rüber in die Kirche, Holfeld sagte da neben [nehmen] wir eine flasche Schnaps mit zum *Neujahrsheiligabent*, geh nur bei Waldemar Schmit ich werde ihn bezahlen, nun das durfte er mir nicht zweimal sagen. Abents 9. Uhr wurde da abgerükt, drüben in der Wachstube wurde der grose Wachmandel drüber gezogen, die hing dazu da, also zwei Mandel Karabiner, Helm, u. Sebel, so ein *Gebund*, mann konnte sich nicht riren [rühren]. [62] also wo der Holzgang hinten aufhört waren 4. oder 5. Stufen, dann war mann oben in der Kirche, u. konnte von oben runter sehen u. sah das Ewiche Licht brenen was stets brennt, die Katolische Kirche hatt im inern einen grosen umfang, wer da mal drinne gewesen ist, ich war erst for zwei Jahren wider drinne mit meiner Frau, auch früher öfters, wenn ich mal in Dresden war.

Nun zur sache wir legten uns abwechselnt mit den Kopf auf die niedre Holzstuve, in den Jahren ist mann ja Verschlafner als jezt, den Karbiner Natirlich nicht aus der Hand, legen, wegen der Kontrolle, denn so gut wie unten alle Nächte auf *Schloßwache* Kontrolle kam kam sie auch hier oben, der Wachdiensthabente Offizir, mit einen Infantristen gewönlich war es ein Grenadir, von der Wache unten der hinter her eine grose Latterne drug also mein Holfeld lag gerade, u. ich hörte wie es geprasselt kam auf den langen Holzgang der doch gefroren war, schnell auf, u. es war Leutnant v. Müller, der zur Zeit kein guter war, beim Holfeld stand ein Mandelknopf auf, und sauste ihn an willich nicht wider sehen, es war gut das ich die Schnapsflasche in meinen untren Mandel hatte. wie die Kontrolle fort war zog ich die Flasche raus, u. meinen [63] Kamraden zu, Prosit Neujahr, und machten die Flasche leer, es war schon gegen Morgen, um 5. Uhr gingen wir über die Brüke u. sagten zu einander was möchens denn zu hause machen, nun solte mann können auf Urlaub gehen. und unsren lieben Eltern ein Neujahr wünschen,

Noch muß ich bemerken die Infantrie stand unten Wache beim Schloßhof, u. wir oben, da hatten wir es ja besser in Winter, da war es schön warm, die Infantrie Wachstube war von *Georgentor* her rechts. und unsre gleich beim eingang im Schloßhof daneben, kam ein Königl. Wagen rein oder raus gefahren musten wir in gerader haltung am Fenster stehen auch der Unteroffizir, u. wenn blos ein, oder bar, kleine Prinzen in Wagen waren, da wurde gepocht mit den *Dienststok.*

Also Wache langte ja bei uns zu, auf Kasernwache war ich aber nicht so oft, auf Kasernwache war es leichter u. schön, kam selten mal ein hoher Offizir, u. for die andern nahm mann blos stellung, da konnte mann hin u. her laufen, daneben war der Hausmann[41], also Bier u. Schnaps, fand sich auch manchmal einer, der uns ein Schnäpschen raus brachte, das fiel nicht auf lings war die Wachstube, es war ein groser eingang in Kasernhof, wo wir stets zu dreien, die *Schwadron*, raus u. rein Ritten, auf den *Heller* zum Schwadrons, u. Regiments Exeziren.

[64] Nun zum lezten noch. Ein einzichesmal ist mir die *Ronnte* auf den Hals gekommen, es war auch Sonntags der Nacht, da sehe ich von *Kattetenhaus* rüber was nicht weid von der Kaserne gegenüber stant, die *Ronnte* kommen in der weisen Zscherbe [Schärpe], das war daß Zeichen, Ich gehe ihn sovort entgegen, rufe an Halt wer da, er, die *Ronnte*, ich, wer dut die *Ronnte*,? Leutnant Grav Rex, ich, kann

---

[41] Kneipe in der Nähe des Kasernengeländes. Im Dresdner Adreß- und Geschäftshandbuch von 1878 läßt sich unter dem Namen „Hausmann" allerdings nur eine Schenke am Gewandhausplatz in der Altstadt nachweisen.

passiren, und ging schnell u. zog die Klingel an der Wachstube, in einen Augenblik stanten die Wachmannschaften *hausen* in der Front in Achtung, der kleine Rex ein Mann der keiner Fliege was dat, u. so gut war, er war auch bei der 3. ten *Schw.* er sah uns an, u. hatt nicht gesehen, u. nichts gesagt, das ein Mann fehlte, der war drüben beim Hausmann in der Kneipe ich stand Natirlich auch dann mit da bei die andern, diese Wache war kein vergleich gegen *Schloßwache.*

Der Jägerhof auf einer Zeichnung aus den Sammlungen des Dresdner Volkskunstmuseums. Am linken Bildrand ist ein Teil der alten Ritterakademie zu sehen. Rechts blickt man von Norden nach Süden durch die Wiesentorstraße über die Elbe zur Frauenkirche hinüber. Sehr gut ist das gewaltige Ausmaß der ehemaligen Kasernenanlagen nördlich des heutigen Finanzministeriums zu erkennen. Die Zeichnung ist auf den 14. Februar [18]34 datiert.

Nun will ich mal Naturgetreu erzählen wie ich zweimal auf *Eichentums Urlaub* war, ich war nämlich in den Jahren ein ganz *Verhauner* Junge, es wurde alles Rißgirt [riskiert], u. fürchdete mich for nichts, konnte kommen wie es wollte, u. hätte ich kein *Eichent. Urlaub* genomen so hätte mich in meiner Heimad, nimand zu sehen gegricht als Soldat [65] das erste mal bei der ersten *Schwadron*, u. das zweitemal bei der 3. ten *Schw.* Wie ich schon zufor geschrieben es gab ja kein Urlaub, was uns der

Rittmeister for der Front verküntichde, ehe das Reiten los ging, also blos in Totesfällen, u. in Erbschaftsangelegenheiten, u. noch dazu die *Ökonomische mustrung*, da keine Uniform von der Kammer raus gegeben wurde, überhaubt mit den Urlaub hielt es schwer bei uns, da mann doch die Pferde auf den Hals hatte, u. die Arbeit nimant machte, ja die *Berittführer* gingen, u. wir musten die Pferde mit versorgen, wir hatten viele Leute die schon 3. Jahre hier waren, u. noch kein Tag Urlaub hatten, u. zufor hatten auch schon drei Mann *Eichent. Urlaub*, mann war ja drauf angewiesen, u. wegen bar Tage *Kasten*, da konnte mann ja nur mal ausruhen, das war nicht schlimm da wir gerade stramm Dienst hatten, u. dazu ein schlechter Soldat, wär nicht mal bei Fukenkarle gewesen war, hieß es immer bei uns.

Nun kurtz u. gut. mich schnell entschlossen, hatte doch groses verlangen meine lieben Eltern u. Geschwister mal zu sehen, da ich doch schon ein Jahr drinne war, *Eichentums Uniform* hatte ich billich von einen Freiwillichen gekauft, schrieb zuhause das mir Striegel u. *Kartätsche* wär *gemaust* worten, u. solten mir was Geld schiken, u. bekam wohl 6. Mark. Der Rok u. die Hose war sehr billich, u. basten sehr schön ich zahlte noch von der Löhnung ab, machte auch den Freiwillichen Müller fiel Arbeit, *Trillzeug* waschen u. noch mehr. [66] Also rükte ich Sonabent abent ab, u. wie ich auf den *Böhmischen Bahnhof* kam, so hieß er früher, u. Billet verlangte stant Tittmann Hermann hinter mir, das war zufall er hatte 3. Tage Urlaub, nach den Urlaubspaß wurde zu der Zeit auf bahnhöfen nicht gefragt, in Freiberg angekommen fragte ich den *Porteur* der an der Gloke stant, da wurde noch gelauten wenn der Zug soll abgehen, ich fragte wenn der Zug weg ging, der sagte da haben sie noch 20. Minuten Zeit, wir gehen da rein u. dranken noch was, u. als wir pinktlich raus kam nicht zu spät stannt ein andrer an der Gloke, u. wir ging hin wo der Bmühler Zug wär,? Dort drausen fährt er u. ist der lezte, mann sah den Schluß noch die rohten Lichter, der erste *Porteur* hatte uns falsch berichdet, was nun machen? Da sind wir gelaufen, ich in neuen Reitstiefeln, bis Brand schon eine Stunte, nach den langen Dorf Langenau u. imer weider da haben wir geflucht, der Himmel hätte sich können auf dun, nun hatten wir uns verlaufen wusten nicht wo wir waren stok finster dazu, da kamen wir in ein Dorf, ich bochte mit der Sebelklinke auf das Dach u. wurde auch leben [im Haus], erkundichten uns wo wir waren, wider ein stük gelaufen kam wider ein Dorf da scheuerte eine alte Frau die Stube, ein kleines Haus war es, u. war schon gegen morgen wir lärm gemacht u. rein, Tittmann Hermann war immer viel ruhich, wie der nur so war.

[67] Ich sagte gute Frau 2. Mann Einquartirung, wie ich nun war immer noch den Himmel foller Geichen[42], die Frau rannte in der Stube rum u. wurde ihr Angst, es wird wohl Krieg, ich sagte beruhichen sie sich nur, geben sie uns nur ein

---

[42] Himmel voller Geigen, weithin bekannte Redensart, die wahrscheinlich auf die Malerei der späten Gotik bzw. Frührenaissance zurückgeht, „als man den Himmel mit musizierenden Engeln belebt darstellte“ (Röhrich 1994, Band 2, S. 717), hier im Sinne von „übermütig“ gebraucht.

stükchen Brod, u. Wasser, so u. so haben uns blos verlaufen, dann kamen wir glüklich nach Sayda es war 4. Uhr u. hatten noch 2. Stunten bis Neuwernsdorf, das wir Kaput waren kann sich der liebe leser denken, nun dort angekommen, war gerade der Schenkwirth im Hof Neubert, wir musten rein kommen, der brachte uns Kaffe u. Zigaren, u. sonst was hätte er uns gegeben, wir hielten uns aber nicht auf, er wuste doch auch warum er uns daß gab, mann hatte ja dort ehe mann eintraf fiel Geld bei ihn Tot geschlagen, u. das alle Sonntage. Nun zuhause eine überraschung u. Freude, die langen Reitstiefel runter, u. die gute Mutter stach mir die Blasen auf der Fußsohle auf, das daß Wasser in die Stube lief Mutter weinde dazu, ich hatte aber kein *bleims* da ich doch wuste wie strenge es bei der 1. *Schwadron* war, u. schon bar *Eichentums Urlaub* gehabt hatten, ich rükte Nachmittag wider ab, hatte ich doch alle wider mal gesehen, sie gingen alle mit bis Georgenthal alle Brüder, auch der Vater, u. fiele Jugendfreunde, ein ganser haufen, blos Mutter nicht, wir saßen alle zum Abschied in Gasthof. Jezt kam mein *Berittführer* von B.mühle u. holte mich, er hatte gedacht ich bleib auch 3. oder 4. Tage wie die andern, u. die 1. *Schw.* hatte ja bischen Verzug, u. war schon so rein gefallen, mit die andern *Eichentums Urlauber* [68] was ans *Regiment* gegangen war, u. das solde verhindert werden, bei mir war nun das nicht der fall, es war mir ja sehr fatal u. peinlich den Leuten gegenüber, alle die mit waren, es war Kirmiß u. hatte ein Paket Kuchen mit gekrigt, da bestelte Gmoch in der Bahnhofswirtschaft in B.mühle Kaffe, er wuste doch das ich Kuchen hatte, u. hatt da tüchtich mit ringehaun, mir war ja nicht so einerlei, Gmoch mein *Berittführer* war bei der Meisener Gegend her u. hatte balt alle Sonntage Urlaub *machte* dahin, ich u. Peukert hatten sein Pferd mit zu versorgen, einen Monat ich u. einen Monat Peukert, da hatte ich schon mal geeusert [geäußert] wenn ich kein Urlaub bekomme geht es eben so ab, meine Mutter ist so Krank, war aber nicht war, u. ist da nicht auf Urlaub *gemacht*, u. hier rauf gefahren er hatt angst gekricht.

Nun weider in Dext, den andern Tag Montag nachmittag muste ich doch mit auf den *Heller* maschiren, da wurde nicht naus geritten, blos Vormittag hatten *mir* Reiten, wir hatten doch noch *Pionir übung* wozu ich Komandirt war, aber ich sage da tun mir Füße u. Beine weh, ich ließ mich ja nicht gleich *werfen*, aber weiß heute noch daß ich ganz Kaput war, von der Strapazien, es ist aber alles vorüber gegangen, in den Jahren setzt der Mensch was durch heute dirfte es nicht sein, so fiel *Kurasche* wie ich in meiner Jugend hatte, bin ich im Alter desto Flechmatscher [phlegmatischer] u. daß Gegenteil. [69]

Ich bekam aber trotztem 3. Tage *Kasten* von der *Schwadron* aus, es hatte nicht können Verduscht werden, sagte mir Gmoch, nun konnte ich doch mal ausruhen, u. bin nicht sehr aufgestanten, der *Kasten* war 6. Schritte lang u. 3. Schritte breit, ich muste dreimal mit hinter bei Fukenkarl weil jedesmal alles besezt war, da standen Unteroffizir da die alle auch reinkam, u. alle wegen *Nächtchen* u. ohne *Nachtzeichen* u.s.w. da sagte allemal der kleine Unteroffizir Eche hieß er, Helbig müssen wider zurük kein platz da, nun ging er zum drittenmal mit hinter u. konnte rein, aber daß gab Spaß, die vielen Menschen da hinten, da habe ich mich die 3. Tage ganz *schlau befunden.*

Aber daß Theather muß einer blos mal mit erlebt haben, ein groses Koretor, auf beiden Seiden Zellen, will sagen auf jeder seide 40. und oben drüber auch so, aber dieser Krawall, früh wurden die Türen alle aufgerissen, daß gerassel mit die grosen Schlösser, da brillten die bar *Tirgenticher* es waren Grenadire gewiß die besten nicht die dazu bestimmt waren, Kübel raus, Kübel raus, in jede Zelle nein, ein Holzkübel mit Dekel in jeder Zelle, hinten auf den Koritor waren so ungefär 30. Löcher zum rein schitten, da ranten alle mit den Kübel darum, also sämliche Türen stanten so lange auf, u. beim Zurük kommen mit den Kübel rannten doch alle in ein ander loch nein, hatte sich doch keiner gemerkt [70] wo er raus gekomen war auf den langen Koretor, trotztem jede Tür eine grose Nummer hatte, aber wer sah denn danach, mann muste doch widr dort nein wo mann gewesen war, aber nun die *Türgenticher* das gebrülle du Gottverdammter Hund weist du nicht wo du hin gehörst manche wurden gleich angebakt u. nein geschoben, greif mich nicht an sonst krichste den Kübel auf den Kopf, brüllten manche, war daß ein spaß zum Totlachen, war nun das alles vorbei, da krachten alle mit die Stiefel inwendich an die Türe nann, das war als solde die Weld untergehen, da *rufte* der Inspektor, eben Fuken Karl zu den löchern rein wo an jeder Tür eins war, wo man das Brod rein krichte, waren Sie es, waren Sie es?, nein übral war die Andwort, er war aber kaum wider am Koridor hinter da ging das gepolter wider los, über mir sang einer stets der Nacht, o. Rößlein jung o. Rößlein schön.[43] ein bar *dischproirten* gegenseidich mit einander hatten *gemaust*, u. wolten nicht wider zur Truppe, u. wollten ausgestosen sein von Militär u. Gefängniß weg *machen*, einer sagte da müssen wir nochmal *mausen* dann komen wir weg von Militär es lag einer hüben, u. der andre drüben, u. konnte mann alles höhren. Also hier genuch, den zweiten *Eichentums Urlaub* Erzähle ich später.

[71] Zu Weinachten kamen 15. Mann zur 3. ten *Schwadron* u. 15. Mann rüber zur ersten, wo ich mit dabei war, nun dort drieben bei der dritten war es gemütlicher, daß wusten die Mannschaften auch das es beider ersten so strenge her ging, die schlechten Hunde von *Berittführer* wir waren auch wider 20. Mann in der Stube, es war ein alter *Wachmeister* da, Krug hieß er, war 66. Jahre alt, ist mit 17. Jahren erst gefreider geworden, ein alter Hautäge [Haudegen] war aber nicht schlecht, er war bischen überspannt, wie es hieß wollte er noch Leutnant werden; u. das ging doch doch nicht, die Unteroffizir machten sich gar nichts aus ihn, u. lachten blos von der seide, wenn er mal was *raus stekte*, überhaupt früh beim

---

[43] Gemeint ist wahrscheinlich das viel gesungene Lied „Sah ein Knab ein Röslein stehn, Röslein auf der Heiden, war so jung und morgenschön […]“, Text Johann Wolfgang von Goethe (vgl. Rölleke 1993, S. 146 f.).

Abbildung nächste Seite: Manöverkarte 1876. Eingetragen sind alle lokalisierbaren Orte, die Karl Helbig im Zusammenhang mit den Truppenbewegungen seines Regiments im Spätsommer 1876 erwähnt. In einigen Fällen war eine zweifelsfreie Identifizierung nicht möglich, aber eine gewisse Wahrscheinlichkeit sprach für die vorgenommenen Eintragungen. Fünf Ortsnennungen mußten unberücksichtigt bleiben, da die gewählte Umschrift bzw. der geographische Kontext keine hinreichenden Anhaltspunkte gaben, und zwar Heinrichsdorf, Gehershausen, Gergus, Großbürsten bei Weisenburg und Weitschich.

Dienst ausgeben der hatte nemlich ein Gesicht wie so ein erfrohrner Holzäpel Feuerrot u. die falden, sehe ihn heute noch,

Also dort drüben es war blos bar schritte gegen über in Flügel D. da war bald alle Tage einer bei Fuken Karle, wegen *Eichent. Urlaub*, oder blos *Nächtchen* ohne *Nachtzeichen* u.s.w. die *Berittführer* waren alle so gut gegen der ersten, meiner hieß Fritsche, also es muste nur alles so sein, ich dachte will erst den Sommer lassen rann komen. Nun da bin ich gleich bar Tage auf *Eichent. Urlaub gemacht*, den Helm mit, fehlte blos der weise *Roßschweif* aber die waren auf der Kammer, bin in die Kirche gegangen in meiner Heimad, auch in die Schenke, u. gedanzt, u. hatt mich nimand geholt. Den Alten Gemeinde Vorstand in N.wernsdorf Meier habe ich es gesagt so u. so.

[72] Ich bin nun einmal drüber u. will gleich noch was von meinen Urlaub erzählen, mein Helm war eher in Dresden wie ich, das war so, der Zug war schon abgegangen, u. hielte doch zu der Zeit noch allemal hinten beim Entladegleis, um noch Langholz u. dergl. anzuhengen, es gingen dazumal gemüschte Züge, das giebt es schon lange nicht mehr, wir kamen in der Saueke rein gerannt gerade nüber u. in Zug rein, beim Entlader ich u. auch Tittmann Hermann der war auch wider dabei, auch sein Bruder, u. meine Brüder, u. in der geschwindichkeit, hällt Br. Heinrich den Eingebakten Helm in der Hand es waren auch 2. Stükchen Butter drinne, u. wie *mir* ein stük fort waren sehe ich das mein Helm fehlte, u. sie haben ihn aber gleich als Eilgut aufgegeben, also wie ich in die Kaserne kam brachte mir der alte Krug *Wachm.* den Helm entgegen, er hatte 25. Pfenche verlecht, nun hatte ich es aber *Verschittet* bei ihn, hieß mich ein Lump u. noch mehr solche kose Näme, so gebrauchen sie ihre Waffe u.s.w. Pension wollen sie haben, ein Arschloch solln solln sie krichen, auf Urlaub könnse gehen, ich war ja zur Zeit schon zur Untrsuchung wegen mein Schaden[44], u. konnte ja blos das Lachen nicht *erhalten.* Ich war schon zufor in Stube 33. wo die *Verhaunsten* drinne waren die der alte *Knax* gefressen hatte, aber da baste ich ja dazu, also wie es in Stube 33. zu ging werde ich später Erzählen, daß war ja die schönste Zeit.

---

[44] Gemeint ist der Leistenbruch von Karl Helbig, der zu seiner vorzeitigen Entlassung führte.

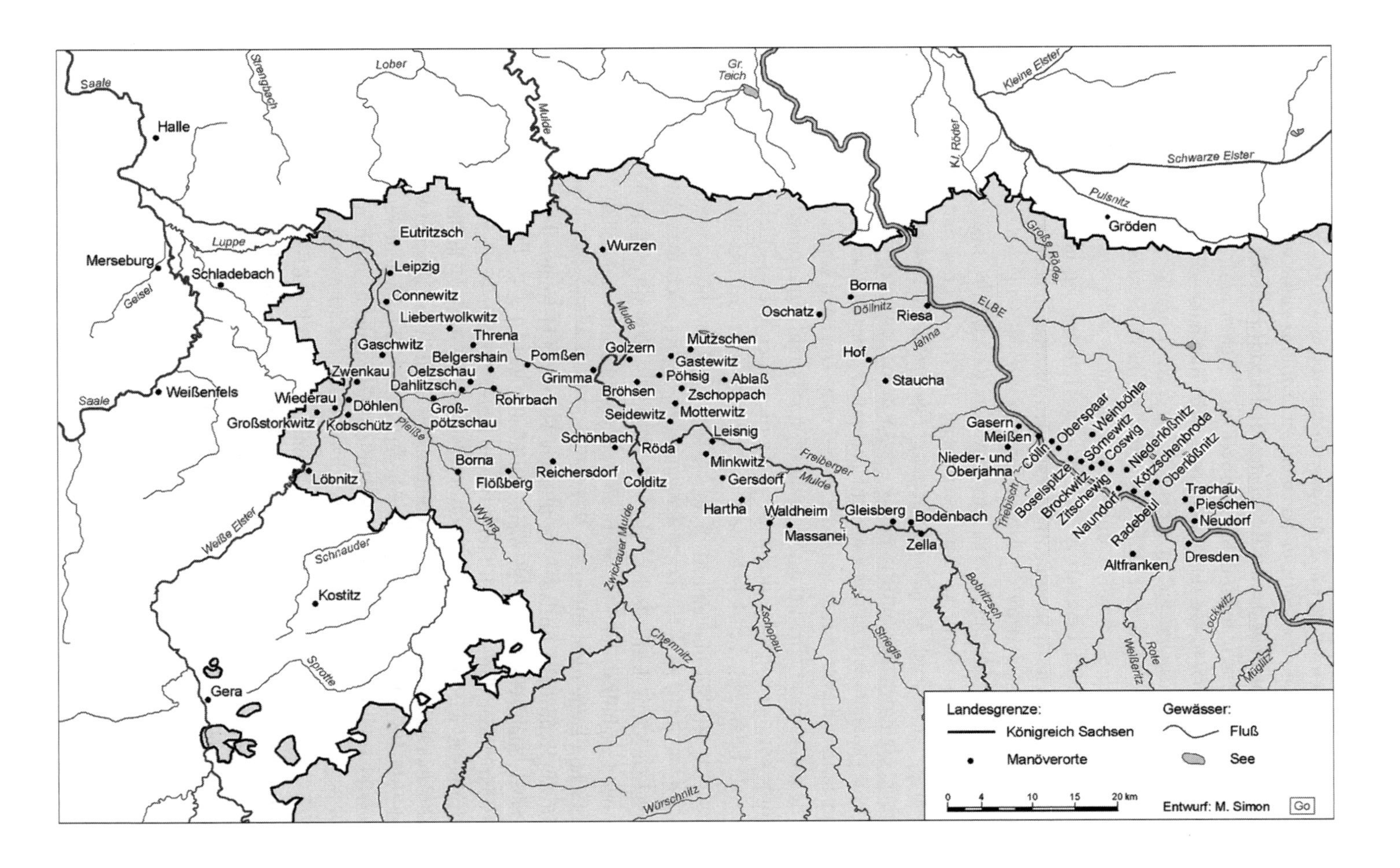

Halle
Merseburg
Schladebach
Weißenfels
Großstorkwitz
Wiederau
Zwenkau
Döhlen
Kobschütz
Löbnitz
Gera
Kostitz
Eutritzsch
Leipzig
Connewitz
Liebertwolkwitz
Gaschwitz
Threna
Belgershain
Oelzschau
Dahlitzsch
Groß-
pötzschau
Rohrbach
Pomßen
Grimma
Borna
Flößberg
Reichersdorf
Wurzen
Golzern
Bröhsen
Seidewitz
Schönbach
Colditz
Mutzschen
Gastewitz
Pöhsig
Ablaß
Zschoppach
Motterwitz
Röda
Leisnig
Minkwitz
Gersdorf
Hartha
Waldheim
Massanei
Gleisberg
Bodenbach
Zella
Oschatz
Borna
Riesa
Hof
Staucha
Gasern
Meißen
Nieder- und
Oberjahna
Cölln
Oberspaar
Boselspitze
Brockwitz
Weinböhla
Sörnewitz
Coswig
Zitschewig
Naundorf
Niederlößnitz
Kötzschenbroda
Oberlößnitz
Radebeul
Altfranken
Trachau
Pieschen
Neudorf
Dresden
Gröden
Saale
Strengbach
Lober
Mulde
Gr.
Teich
Kl. Röder
Kleine Elster
Schwarze Elster
Pulsnitz
Große Röder
Luppe
Geisel
Pleiße
Wyhra
Weiße Elster
Schnauder
Sprotte
Zwickauer Mulde
Chemnitz
Würschnitz
Zschopau
Freiberger
Mulde
Striegis
Bobritzsch
Döllnitz
Jahna
ELBE
Triebisch
Weißeritz
Rote
Lockwitz
Müglitz
Landesgrenze:
Königreich Sachsen
Manöverorte
Gewässer:
Fluß
See
0 4 10 15 20 km
Entwurf: M. Simon
Go

[73] Nun wollen wir erst mal ins Keisermannöver, es war 76. bei der ersten *Schwadron*, Montag ging es fort, u. Sonabent, u. Sonntag zufor war der Kasernhof, u. sämtliche Stuben foll, lauder Reserfisten und Landwehrleude ersten *Aufgebots*, die einberufen waren u. auch daß Mannöver mit machen musten, aber dieses Leben, u. diese Sauferei, u. Gesang, da sagten welche hier habe ich auch 3. Jahre Zuchthaus weg gemacht, ein andrer wider daß war mein Schrank, u.s.w. im Stall suchten sie ihre Pferde auf, die sie früher Geritten, meine Liese, u. Lotte, hieß es immer, welche hatten grose Bärde u. düke geworten andre wider schmächtich u. blaß, sie waren in Dresden Einquartirt auch Bruder Hermann lag in der *Annenstraße*, u. besuchte mich noch Sonntag, wir hatten den Sonntag blos mit den Sattelpaken zu dun [74] wo die *Berittführer* dabei stanten, was da alles auf den Sattel kommt hatt ja nimand eine Ahnung, also so schwer wie der Reiter, Kriegsmäsig, alles weis ich ja nicht mehr, also vorne auf beiten seiten am Sattel zwei grose *Sattelpaktaschen*, die waren voll, Striegel, *Kardätsche*, Putzzeug, *Faschirleine*, u. Holzpflok mit Eisernring oben, Hammer, das wurde in *Piwak* gebraucht, da von einen Pferd zum andern die Leine gezogen, u. der Pflok eingeschlagen wurde, aber alles schnur gerade ein Pferd an andern, diese Akuradesse [Akkuratesse] sollte einer mal sehen, da gab es Stallwache unter freiem Himmel u.s.w. nun kam noch drauf Futterpaksak, u. Futterdarm, forne auf den Sattel bei den seiden hing die runter, wie so Quersak mit Hafer u. dergl. Feldkessel, Leibwäsche, auf der rechten Seide den Karabiner, angeschnalt forne u. hinten an *Sattelzwisel*, u. *Sattellefel*, auf der linken seide den 9. Pfunt schweren Sebel [75] am Leibe hengen, oben drüber noch die schwere *Frießkotze* über alles gedekt, änlich wie ein groser Pelz, balt hätte ich vergessen den gerollten Mandel[45] hinten auf den *Sattelleffel*, da stekte mann nun so drinne, wenn da welche stürzten bei Attakiren, den Sattel musten allmal zwei Mann aufs Pferd heben, u. war Vorschrift, denn sonnst wirde sich die sechsfache Deke die unter den Sattel liegt zusammen schieben u. falten machen, u. den Pferd schmerzen, die Deke ist stets unter den Sattel, als Rekrut sind wir auch auf derselben geritten, ehe es auf Sattel los ging, die Deke muste stets von zwei Mann gelegt werden, anders ging es gar nicht, jeder hatte ein Ende, als wenn mann ein stük Wäsche legt, u. das ganz ortentlich, u. nicht blos zum Manöver, sondern stets, in Stall. Gleich besinne ich mich auf einen fall in Manöver, hatte ein Pferd ein loch in den Rüken gekricht, u. wenn das arme Pferd nicht so geschwizt hätte for schmerzen, hätte es Simonn der es hatte, gar nicht *weis gegricht* es hatte ein Stein unter der Deke, der schwere Sattel, u. die Schmerzen die das Tiehr gehabt hatt, Simonn bekam ein ander Pferd, u. daß kranke wurde nach Dresden geliefert, es war in *Biwak* pasirt, wo es nicht so genau ging, der Mann bekam 10. Tage Arest wie *mir* widerrein kam, Bruder Hermann der mich noch Sonntag besuchte und [76] den Sattel mal mit auf hob, hatt

[45] Mantel, Mantelsack zur Unterbringung des dem Kavalleristen gestatteten Gepäckes (vgl. Dienst-Reglement 1860, S. 148).

sich so gewundert, was so ein Pferd bei einer Attake for eine Last auf den Rüken hatt.

Oswald von Carlowitz 1871 in der Uniform des Garde-Reiter-Regiments.

Nun ging es Montag früh fort, das ganze *Regiment* 5. *Schwadron* über den Neustätermarkt mit Regiments Musik, diese Menschen die da stanten, wir konnten balt nicht durch, zu dreien, wie immer, die Verheiradeten Frauen von die *Berittführern* stanten da, Kinder auf den Arm u. Weinden als wenn es in Krieg ginge, und wir waren so froh das es mal aus der Kaserne naus ging. Wir hatten unsre Pfeife u. Dabak mit, wurde auch gleich geraucht als wir von Dresden naus waren, es war ja erlaubt, Ich Pitsch, u. Ulemann Ritten neben einander, Ulemann sagte was Helbig u. wenn es in Krieg ginge es wär uns egal nur nicht wider in die Kaserne, und wahrhaftich in den Jahren ist einen alles egal, überhaupt als Soldat. Nun ging es der grosen *Meisnerstraße* naus mit Musik u. Gesang, so kam wir den ersten Tag nach Neundorf, Bischen, Drachau, Radebeul, nider u. ober Lößnitz, Kötschenbroda, Naundorf, Zitschewich, Koßwich, Brukwich, Sernewitz, Weinböhle, Berg Bosel, nieder u. ober Jahne, Kelln, ober Spar, Stadt Meisen, Einmal Schritt, einmal Trapp, einmal Kallopp u. so vort in nieder Jahne mein [77] erstes Quartir blos 1. Tag. Da ging es gut los ein Pferd war der Nacht nach Meisen u. früh auf der Straße gestanden, das hatt gewust daß da drinne die andern sind, weis aber nicht wem es war, meins nicht, den andern Tag ging es nach Minkwitz, Gaschwitz, Gehershausen, Gosern, Staucha, u. Löbnitz, u. in Borna daß zweite Quartir, u. lagen da 7. Tage, von 20. August an, u. hatten das *Brigade* Exeziren, u.

dann Vorstellung forn Prinz Georg von Sachsen. *Brigadekommantür* war Major von Karlewitz, da ging schon sachte daß Attakiren los, in den *Direng* waren viel Gräben u. schon welche gestürzt, aber nicht so schlimm wie es später war, da ist ja macher gestürzt u. schaden genommen.

Ich habe mir wärend den Manöver alles aufgeschrieben, in mein Taschenbuch was ich heute zufällich noch in meinen Utensilien habe, habe aber nie wider in daß kleine Buch gesehen, biß jezt, hatte es noch zufällich, u. die Schrift mit Bleistift war noch so gut zulesen, als hätte ich es gestern geschrieben, alles habe ich ja nicht aufschreiben könne, habe aber noch vieles in meiner Erinerung, das kleine Buch in Waffenrok ist mir nicht verloren gegangen aber die Tabakpfeife ist mir aus der *Sattelpaktasche* raus gesprungen, u. mir der Kaltofen in Röda wo ich 3. Tage allein in Quartir lag u. das hibsche Freulein das war die Einziche Tochter, hatt mir eine andre Tabakpfeife gegeben, die ich dann noch lange hatte.

[78] Nun weider in Dext! In Borna waren wir auf den Rittergut gleich neben Gasthof, 5. Garde Reiter, u. so 15. bis 20. *Hasen*, sagten wir alles, über die Infantrie, also da war Sonntag Erntefest, u. der Saal foller Militär, im anfange war gar nicht viel von *Zifiel* zu sehen aber dann später, die Musikkapele war ganz hoch oben, es war ein hoch gewölbter Saal, u. spielten daß Stück was zu der Zeit mode war, Schmeist doch den Köllner [Kellner] das Bierglaß an Kopf, Bierglaß an Kopf, u.s.w.[46] Nun kurtz gefast, der Saal war Untertessen foll geworden *Zifiel* viel Knechte, u. Mägte, auch Ulanen kamen von den Ortschaften her, jezt auf einmal wurde ein Krach fertich, das *Ziefil* hatten die Mützen die am Fenster hingen welche zum Fenstern runter geschmissen, u. das ist ihn ja schlecht bekommen; Nun ging die Hauerrei los, erst auf den Saal, dann zur Treppe runter, auf den Hof u.s.w. Musik war Natirlich gleich aus, wir hatten alle den Sporrn in der Hand, da gabs ja nicht zu Feixen, ich habe nicht mit zugeschlagen, ich hatte ja meine Mütze noch, u. hatte auch bar Tourn gedanzt, aber wie daß in den Hof zu ging, da ist ja Blud zusehen gewesen.

Gleich den andern Tag früh Montags ging es weider, die 7. Tage waren um, nun auf der Straße am Gasthof wurde gestellt. [79] Jetzt kam der alte *Rittmeister* von Bug, guten morgen *Schwadron* guten morgen Herr *Rittmeister*, erschall es, die Herrn Unteroffizir mal for Reiten, Leutnant v. Müller kam auch noch,

Was ist gestern Abent u. der Nacht hier im Gasthof for gegangen? schmeiserei ist gewesen Herr *Rittmeister*, daß *Zifiel* hatt den Leuten die Mützen zum Fenstern raus geworfen, habt ihr Euch lassen Unterkriegen, nein Herr *Rittmeister* haben gesiegt, recht so, denke jeder an seine *Instruktion*, die Waffen ortentlich gebrauchen nicht blos damit spielen. *Eskatrang* zu dreien rechts *brecht ab*, Marsch und ging weider nach Mutschen u. Oschatz, sehe die Straße heute noch von Gasthof weg. Nun gleich noch ein Spaß unser *Unterwachmeister* Wolf was auch der beste nicht

---

[46] Textzeile aus einem zeitgenössischen Lied.

war, schmiß uns stets die alten Reitstiefeln in die Stuben zum blank machen, u. das auch wider auf den Rittergut, die alten Manschaften sagten, das nimand die Latschen wichst, wir haben nicht mal Wichse für uns, gut, einer hatte doch einen blank gemacht, früh als wir abrükten hatte Wolf einen drekchen u. ein gewichsten Stiefel an, wie *mir* auf den Marsche waren, wär hatt den Stiefel gewichst? aber daß hatt er nicht raus gegricht, diese Wut, also hatte er zweierlei Stiefel an, einen drekchen, u. einen blanken, u. wir haben gelacht.

[80] Wir hatten immer schöne Quartire, hatten immer bischen Vorzug, auf den grosen Gütern lagen immer blos bar Gardisten, u. ein haufen *Hasen*, oft 15. bis 20. Grenadire, oder Jäger, Schützen u. dergleichen, die wurden stets in der grosen Stube abgespeist, u. wir kamen in die gute Stube wo die Herrschaft war, da gab es ja übral Schüssel voll Schinken, u. immer Gurkensalad mit Sahne,

Einmal ging der Gutsbesitzer mit uns Abents zu Biere in die Dorfschenke, es war wohl in Pommsen, blos daß wir nicht über seine zwei hibschen Töchter solten herziehen, also bis bald Mitternacht war, dann gab er uns die Schlafstelle an, wir waren 2. Mann zwei Tage dort, u. keine Infantrie, und den andern Abent den lezten, war doch der andre Pinkert bei einer gewesen, er wuste die Kammer, wo die eine schlief. Wie *mir* nach Röda kam muste ich ganz ins Oberdorf naus Reiten, mein Quartirzettel 1. Mann 1. Pferd, Haus 1b. Gutsbesitzer Kaltofen, der kam schon entgegen, kommen sie bei mir?, nun haben sie die Haus 1b. ja, ich war 3. Tage allein dort, und hatte doch denselben Tag meine schöne Tabakspfeife bei der lezten Attake verloren aus der Paktasche im Sattel raus gehupt, u. der Kaltofen machte mir eine Pfeife zu recht, gab mir auch was Tabak, u. war [81] sehr hibsch gegen mir, er hatte eine einziche Tochter schönes Mädel, war es, und in den blos 3. Tagen hatten wir uns balt verliebt, beim Essen sah sie mich stets an, u. wurd rot im Gesicht, früh wenn ich auf stant hatte sie mein Pferd gepuzt, u. den lezten morgen den lezten dritten Morgen hatte sie den Helm in Händen u. wischte dran rum, und wie ich Abschid genommen u. zum Hofe naus Ritt, stand sie an der Haustür und Weinde, im Dorfe drinne bliesen sie schon Signal zum Sammeln, muste noch in einen Trapp schnell machen das ich rein kam, ja daß konnte mal meine Liebste werden.

Die nächsten Tage wurde tüchtich Manöverirt daß Sächsische u. Breusische *Armekorps* gegen einander, da ging es ja in die follen, diese Attaken mit der Breusischen Kavallrie bei Oschatz, Wurzen, Kröten, Gera, Riesa, u. Grimma, u. ging von früh bis Nachmittag spät, alle Tage, dann kamen wir nach Tschubach u. Weitschich, und hatten Rasttag, in Tschubach hatten wir gutes Quartir, blos bar Mann von uns, und mehere Jäger, auch war Trompeter Breunling mit bei uns, u. musten wider in der Herrschafts Stube Essen, da gabes ja sache, gutes Essen, u. wider Gurkensalad mit Sahne wie übral, u. den Schinken in meinen Leben ist mir daß nicht wider passirt, u. der Kartoffel Schnaps schmekte nicht u. war nicht so gut bekam aber übral welchen mit.

[82] Diese Brodschnitten die mann immer mit krichte aus den Quartir, gab ich immer mein Pferd fiel davon, war immer froh daß es nicht gestürzt war, u. ich drank meinen Kartoffel Schnaps.

Aber zwischen Elschau u. Rohrbach geschah ein groses Unglük, da stürzten so viele, wir kamen bei der Attake in eine Sumfe Wiese, die Pferde im ersten *Zuge* überschlugen sich welche, u. blieben mit den forter Beinen steken, hatten ein bar die Beine gebrochen, u. bar Mann schwerbeschädicht, einer hatte auch den Arm gebrochen, manche Bludich in Gesicht die Leute kamen in Grimma ins Lazeret, die Pferde wurden Abgestochen es waren doch *Roßarzt,* u. *Ober Roßarzt* dabei, auch *Oberstabsarzt* u. *Unterärzte* waren da, auch ein Verbandskasten zur ersten hilfe, alles war da, ich war in den dritten *Zuge,* u. wenn wir die Pferde nicht so schnell parirten, flogen wir auch mit auf den Haufen, denn wenn einer stürzt stürzen die andern mit drauf, die Pferde sind doch ganz enge neben einander, u. hinder einander, u. daß zu Hunderten, jede *Schwadron* über hundert Pferde u. das 5. mal, das kann sich nimand Vorstellen wie das zu geht, da ist gleich der haufen fertich, ich sehe den Wagler hieß er, heute noch wie er an Steichbügel hing, u. das Pferd schlug ihn mit den Hinderpfoden an Kopf, daß das Blud nur so raus lief [83] der Wagler war auch lange in Lazeret, ein Pferd hatte den Sattel untern Bauch u. raste darum, schlug mit den Hinderpfoten in den geballten Sattel, alles kurtz u. klein runter, u. Schiß, u. *Sechte,* dazu.

So wie daß Signal geblasen wurde zur Attake konnte man die Pferde nicht *erhalten,* so wissen, u. verstehen sie es, da dritt mann in die Steichbügel legt sich forne for, um den Pferd leicht zumachen, ist auch Vorschrift, mit der linken Hand die Zügel, u. mit der rechten Hand die Sebelklinke for gestrekt, das heist *auslage* Vorwerts, wird Komandirt, u. die Sporren rein, ich habe immer den Helm ein stük rein gezogen forne u. wenn mann auch nichts sah, da einen Steine, u. alles ins Gesicht geflogen kam, dieser Drek, das schlechste war noch wer nicht recht Spornte u. ausriß, springt der hinterste *Zug* den fordersten in die Fesseln, u. das ist gefählich, mann fühlt es auch gleich wenn es klappert, und wer die Fesseln hatt lassen aufreiten der konnte ja beim *Ober Roßarzt* was erfahren, wenn mann *blanke Pferde* hatte, bei jeden *Roßtag,* also bei der Kavallrie geht es eben *Verhaun* zu, da ist es bei der Infantrie lange nicht so schlimm, aber doch hatt es mir gefallen, Also ehe eine Attake los ging musten stets 6. bis 8. Mann for Reiten u. das grose *Dereng* absuchen, jeder in gleichen Abstant von einander. ob Akergeräde oder sonst was in den Gelende lag. [84] Da kam allemal zufor das Komanto *Echlerer* for, die das *Dereng* absuchten dann ging es los, drunter u. drüber, was daß Pferd springen kann, bis wir an den Markirten Feind stanten, for der Breuschen [Preußen] Kavallrie, da erschall das grose hallt, nach diesen musten allemal Mannschaften zurük u. die holen die gestürzt waren, meist über Gräben, oft sah mann daß der Kopf Bludete, das weise Lederzeug was mann über die Brust hatt, wo mann hinten auf den Rüken die Patron Tasche hatt, sah das Lederzeug rot oft brachten sie einen geführt,

u. ging lahm, aber die *Echlerer* hatten die sumfche [sumpfige] Wiese doch übersehen. Auch einmal waren wir mit den Br. Ulan [preußischen Ulanen] so in einander rein gespren[g]t zu weid, daß auf den linken Flügel Hauerrei wurde, die Ulan hatten mit der Lanse welche gestreift von unsren Leuten, da Ritten die *Rittmeister* u. Leutnants da zwischen u. stiebte sie auseinander.

Spaß gab es oft über die vielen Hasen in der Leipzicher Gegent, da ist bei uns im Gebirge nichts dagegen, wo doch kein bischen Wald ist, gegen bei uns Hier, immer 6. bis 8. Hasen stets beisamen, wollten immer ausweichen u. fanden kein ausweg, sie konnten hin Rennen wo sie wollten, waren eingespert immer runtrum, bis es drüber weg ging, u. zusammen geritten wurden, auch so fiel Räbhüner gab es in der Gegend, übral ganze Herden, was mann hier noch nicht gesehen hatt.

[85] Einmal wie das ganze Hallt geblasen wurde, u. wir in ein Meisfeld fielten da waren so fiel Junge Hasen und bei welchen daß Fell runter gedreten lagen Nakent da, schrien wie die kleinen Kinder, es war zum Absitzen Komantirt, das hatt uns *gedauert*, es nahmen welche die noch lebten mit in die *Sattelbaktaschen*. Auch einmal Ritten *mir* auf der Straße das Manöver war vorbei, da kam ein schwarm Grenadire über das Feld rüber auser der reihe, und Tittmann Hermann *rufte* mich, der wüste schon wo er hin kam ins Quartir, ich aber noch nicht, daß war ja zufall unter so fielen einen zu sehen.

Nun nochmal zurük, Es war in Belgerschein da kam wir bei einen grosen Bauer, rings um war Mauer, u. ein groses Tohr ging rein, den Stall foller Vieh, 4. Pferde stannten da, also kurtz, der Mann brachte gleich erst die Wage, u. wigte uns alles ab, Fleisch, Gemüse, auch dann den Hafer for die Pferde, u.s.w. Er hatte 4. Jahre beim Husaren gestanten, u. wuste da bescheid, wir lagen 4. Mann dort, auch Trompeter Marschner mit, u. blos 2 Tage, aber den haben wir die lezte Nacht ausgewischt, den Futterkasten in der Nacht auf gebrochen, da haben die Pferde die ganse Nacht gefressen, früh wurde uns Angst die Pferde waren wie die Trommeln, es wurde höchste Zeit das sie in Gang kom, der Geizhals hatte uns blos for jedes Pferd 3. Pfund abgewogen, Täglich wie in der Kaserne

[86] Dann haben wir noch früh ehe wir abrükten die Hünernester gestürmt u. die Eier in die *Sattelpaktaschen* getan, u. da war Brei geworten alles durch einander Putzzeug u. dergl.

Dann kamen wir durch Bösich, Kastewitz, Ablaß, Seidewitz, Oschatz, Mottowitz, Bressen, Golzern, Bomsen, in dieser Gegent waren wir 7. Tage, dann nach groß Pölschau u. Liebertwolkwitz. wie *mir* durch Leisnich Ritten war ein groses Hallo, es war den langen *Wachmeister* Zimmermann seine Heimad, der jezt dort Pezonirter *Schankdarm* ist, wird aber nicht mehr Leben. In die Ortschaften wo wir waren, war allemal ein Heiden Leben, es war doch schön, es wurde doch auch wie in der Kaserne zum *Futterschitten* u. Abfüttern geblasen, da waren in Mittel, unter, u. ober, Dorf doch Trompeter, auch zum stellen wurde Signal geblasen, u. zum Abrüken Abents der *Zapfenstreich*, ja da war Leben wie im Sommer spricht mann,

Alle die Signale habe ich heute noch im Kopfe, u. könnte wider los gehen, Noch muß ich bemerken das wir die schönsten Pferde hatten beim G. R. Regiment, es war ja auch den König Albert sein *Regiment*, hatten auch den Namenszug auf den *Achselschupen*, auch bei die Grenadire war er Scheff [Chef]. war ein Pferd Dienstunfäich Kaput, so bekam es die Atallrie oder *Trenk*, u. lauder braune[47] eins wie [87] das andre, und sahen alle gut aus, bei der andren Kavalrie sah mann keine solche schöne Pferde, wie bei uns, u. alle Formen Rappen, Füchse u.s.w. Wir bekamen die Pferde ganz Jung drausen rein aus der Pf. Züchterrei weis aber nicht mehr wie der Ort hieß.

Nun wider zur Sache! wir kamen in die Leipzicher Gegent, aber in Gosern hatte ich Pech es war ehe *mir* hier her kamen, Ich und Gefr. Wünsche hatten bei einen kleinen Wirtschaftbesitzer Quartir, u. da war Lumperei da, baste es nicht mit die 2. Pferden, u. holten beim Nachbar erst eine Stange daß wir einen *Stantbaum* konnten einhängen, u. der war bischen zu kurtz, dachten aber es muß gehen, Kurtz, wir schliefen über unsern Pferden, was auch Vorschrift ist, auf eimal geht der Nacht ein Grawall unten los, wir runter, da hing mein Pferd zwischen den Hinderbeinen in den *Stantbaum*, weil er bischen zu kurtz war, hatte ihn gefang u. daß *Geschäftniß* den *Sack beschunden*, da wir aber gleich dazu kamen war es noch nicht so schlimm, aber beim nächsten *blanken Pferden* da hatt mich aber der *Ober Roß-arzt* runter gemacht alles geheisen wir kein Herrn, ich könnte kein solch Pferd ersetzen u.s.w. da hatte er auch recht, aber das ging zu der Zeit zu einen Ohr nein zum andern raus.

Also auch einmal ehe es nach Leipzig ging, das Manöver war aus, wir Ritten [88] auf der Straße hin, u. her kamen Preusische Ulanen, wir in Trapp u. die auch, also wir <u>hin</u> u. die <u>her</u>, allemal 6. Pferde neben einander, da kamen die Ulan mit ihren Lansen in die Pflaumbäume, war auch noch dazu eine Kurfe, jezt daß gepraßle hatten viele die Lansen abgebrochen u. einen wirchte [würgte] es runter u. hing noch an Steigbügel und musten Halt machen, das gab ja einen Spaß, die Straße war ja nicht breit genuch.

Wenn wir Tag Täglich von früh bis Nachmittag nicht von Pferd kam hatten wir es oft tüchtich satt, wenn auch barmal zum Absitzen Komandirt wurde, oft haben wir gesagt zu einander, wenn mann nach den Manöver noch Stunten lang auf der harten Straße Reiten musten ehe man ins Quartir kam, haben wir oft gesagt, wenn mann könte mal laufen u. die Pferde führen, daß gabs ja nicht, und war mann

---

[47] Das Garde-Reiter-Regiment erhielt nur braune Pferde mit einem Minimalmaß von 1,65 m. „Pferdehändler Rose in Connewitz bei Leipzig stellt die Pferde alljährlich im Herbst einer Kommission vor, welche aus dem Remonteinspecteur und drei Rittmeistern besteht. Diese Kommission prüft die Pferde, bezeichnet diejenigen, welche als Remonten ausgehoben werden sollen und theilt dieselben den einzelnen Regimentern zu. Der Transport der Pferde von Leipzig nach Dresden erfolgt per Bahn. Als Durchschnittspreis wird für das Pferd seit 1870 900 Mark bezahlt, seit 1878 für die als Chargenpferde ausgehobenen Remonten 1050 Mark“ (Schimpff 1880, S. 572).

abgesessen stant mann da wie so ein Holzbok ganz steif, mann konnte bald nicht laufen, Dazu die schweren Sachen wog doch der Sebel schon 9. Pfunt den mann am Leibe hengen hatte, der wurde immer zu erst schnell in winkel gehaun, so wie mann in Stall kam.

Wir kamen nun in die grose Leipzicher ebne, *seidhals* lings von Leipzig wo wir in Konewitz Massen Quartir hatten, u. war daß Sächsische und Breusische *Armeekorps* zusammen, da war eine Attake über die andre, [89] da ging es laud her auf den grosen *Tereng*, wo zur Zeit anfangs des achzehnten Jahrhundert Ano dazumal, die Völkerschlacht[48] gedobt hatte, u. wurde mal daß ganze Halt geblasen, u. war mal ruhe, erklärten uns die *Rittmeister* jeder seine *Schwadron*, auch hohe Offizir waren dabei, von den schwarzen Denkmälern[49], da übral welche stanten, was die

Kaiserparade

am 6. September a. c. betreffend.

Von den zur Veranstaltung eines festlichen Empfanges Ihrer Majestäten des Kaisers von Deutschland und des Königs von Sachsen zusammengetretenen Rittergutsbesitzern und Gemeinden der amtshauptmannschaftlichen Bezirke Leipzig und Borna ist die Erbauung dreier **großer Tribünen auf dem ca. 5 Minuten** vom Bahnhof Böhlen (Station der westlichen Staatsbahn) entfernten **Paradeplatze** zur Aufnahme der Zuschauer beschlossen worden.

Der Billetverkauf für diese Tribüne wird

Sonnabend den 19. dieses Monats Vormittags

eröffnet, und zwar kostet ein Billet zur **Mitteltribüne**

I. Abtheilung 9 ℳ,
II. " 7 "
III. " 5 "

ferner ein Billet zu einer der mit **„Kaisertribüne"** und **„Königstribüne"** bezeichneten **Seitentribünen**

I. Abtheilung 2 ℳ 50 ₰.
II. " 1 " 50 "

Der Verkauf der gedachten Billets findet zunächst statt durch
Dr. jur. **Meinert** in Leipzig, Burgstraße 10, I.,
Freiherr **v. Streit** auf Medewitzsch,
die Canzlei der königl. Amtshauptmannschaft Leipzig,
die Canzlei der königl. Amtshauptmannschaft Borna,
Regier.-Rath Dr. **Anger** auf Cythra und
Bürgermeister **Ahnert** in Zwenkau.

Wegen Errichtung weiterer Verkaufsstellen, insbesondere zum Verkauf von Billets für die Seitentribünen, sowie von solchen in den Städten Dresden, Chemnitz, Altenburg ꝛc. wird s. Z. weitere Bekanntmachung erfolgen.

Ein aus dem Billetverkauf etwa erzielter Ueberschuß wird mildthätigen Zwecken zugewendet.

Pulgar, am 15. August 1876.

Das Comité.

Dr. jur. **Meinert** (Imnitz — Leipzig), Frhr. **v. Streit** (Medewitzsch), Bezirks-Assessor Dr. **Haberkorn** (Leipzig), Regier.-Rath Dr. **Anger** (Cythra), **v. Gralsowsky** (Zöpen), Gemeindevorstand **Schiedt** (Löbschütz), Gemeindevorstand **Zschocher** (Pulgar), Gemeindevorstand **Metzsch** (Wiederau), Bürgermeister **Ahnert** (Zwenkau).

Anzeige zur Vorbereitung der Kaiserparade bei Leipzig am 6. September 1876 aus dem Leipziger Tageblatt vom 18. August 1876 (Nr. 231).

zubedeuten hatten, u. was for so fiel Jahren hier vorgegangen war, gewiß stehen sie heute auch noch, übral wo wir hin kamen war so ein schwarzes Denkmal, mann hatt in den Jahren kein grosen wert darauf gelegt, heute wirde mann sich mehr dafür Intresiren.

Zweimal sind wir durch Leipzig Geritten u. sagten zu einander das alte schwarze Näst, gegen unser schönes Dresden, soll aber jezt schöner sein, hab es auch schon for bar Jahren selber gesehen, in Leipzig kam ich 1. Tag bei einen Baumeister ins Quartir, dann in Trähna hatten wir es wider sehr gut, wider bei einen

---

[48] Karl Helbig meint natürlich die Völkerschlacht von 1813 im 19. Jahrhundert.

[49] Bis heute erinnern auf den Schlachtfeldern in und um Leipzig Denkmäler an das Kampfgeschehen 1813 (Preil 1996, S. 88 ff.).

Abbildung nächste Seite: Die große Parade bei Pulgar am 6. September 1876, gezeichnet von H. Lüders für die Illustrierte Zeitung. Festgehalten wurde der Augenblick, in dem der Kaiser sein Regiment, das 2. Grenadier-Regiment Nr. 101, an König Albert vorbeiführt.

Bauer 5. Mann von uns, u. ein haufen Grenadire, wir wurden wider Extra in einer Stube aufgenommen u. bekösticht.

Nun war for Leipzig die grose Keiserbarade[50], also mann sah blos Himmel u. Menschen, daß ganze Sächsische, u. Breusche Militär, diese Könige, u. Keiser, u. Fürsten, so 30. bis 40. waren es, von allen Ländern, die verschidne Helme die mann da sah, auch berittne Damen dabei, u. das Zifiel Volk wie das zu ging.

[90] Der alte Keiser Wilhelm (der erste) an der rechten Seide bei die Monarchen, habe ihn da richtich gesehen da ich bei der 1. *Schwadron* war u. mit voran war, also das erste, u. leztemal gesehen, ein Untersetzter Mann mit seinen Keiserbart, nun das Hura schreien dreimal, dann sezte sämtliche Militär Musik ein das war ja als solte die Welt untergehn, mit einen schlage den König segne Gott[51], sowas bleibt einen in Erinnrung.

Als die Barade los ging und unser *Regiment* zu erst bei die Monarchen vorbei Ritt in schritt, war alles schnur gerade, eine Pferde Nase an der andren, u. in Trapp das selbe, in den kurzen Augenblik, aber in Kalopp konnte man for Drek nichts mehr sehen, kaum den fordersten *Zug*, es war nur eine Wolke, man sah sein Vordermann nicht mehr, es hatte doch 4. bis 6. Wochen nicht geregnet, diese Hitze, u. dieser Drek, zufor Ritten *mir* durch daß Rittergut Hof da brachten viele Leute Töpfe, u. Kriege [Krüge] Wasser raus, aber Natirlich griffen die Unteroffizir zu erst zu, Halt wurde nicht gemacht sie liesen die Gefäse sachte runter fallen.

Und auf einmal wie die Barade forbei war, ein Gewitter was nur von Himmel runter ging, wo es so lange kein Tropfen geregnet hatte, das Wasser lief uns aus den Stiefelschäften raus, da kam das Komando in [91] die Quartire zurük, da sind wir unsre *Schwadron* die wir in Trähna lagen es war schon eine hibsche streke über Stok u. Stein aus der reie über alles weg geritten, einmal Trapp wider Kalopp, der weise *Roßschweif* Pfatschte nur so um Kopf rum, bis wir daß Dorf Trähna ein hatten, aber wie aus den Dreke gezogen, u. durch naß, den andern Tag Rasttag, Nachmittag 3. Uhr *blanke Pferde* wie immer forn *Ober Roßarzt* diese Arbeit blos mit den Pferden, das war der Rasttag. [90] Das war ja ein Bild for Leipzig, Himmel u. Menschen, Militär, u. Zifielzuschauer.

---

[50] Die große Kaiserparade der sächsischen Truppen wurde am 6. September 1876 bei Pulgar vor Leipzig abgehalten. Am folgenden Tag fand bei strömenden Regen ein Korpsmanöver der sächsischen Truppen vor Kaiser Wilhelm I. statt (vgl. Dittrich, König Albert-Jubel-Kalender 1898).

[51] „Den König segne Gott, / Den er zum Heil uns gab." Anfangszeile der offiziellen sächsischen Königshymne, die auf die Melodie von „God save the King" gesungen wurde; zur Geschichte s. Böhme 1895, S. 14 f., Renn 1979, S. 146.

[91] Noch muß ich erzählen ein bar Tage nach der Barade musten wir Einzeln beim *Wachmeister* forbei Reiten, u. bekamen jeder ein Viergroschenstük von wem daß Geld war weis ich nicht wie sie zu der Zeit waren, in die Hand gedrükt, weil unsre Barade for sämtlichen Truppen die schneidichste gewesen war, was auch in der Leipziger Zeitung gestanten hatt, u. erfuren wie *mir* in Eitritsch im Gasthof zum Helm lagen. Das war ja auch mit recht da wir doch den ganzen Sommer auf der *Reitbahn* den *Barademarsch* geübt hatten, erst zu Fuß, dann zu Pferde, u. uns zum Halse raus hing dieser verdammter *Kutz.*

Nun kam ich mit nach Eitritsch hinter Leipzig zu liegen im Gasthof zum Helm, wider blos bar Mann von uns, u. fiel Jäger, es hing über der Haustür ein Helm ganz oben, u. ist heute noch zu sehen, es war mal ein Sommergast hier der sagte ich Verkehr öfters in Gasthof zum Helm, ein Leipzicher.

[92] Von Eitritsch ging es nach Rosental, Zwenkau, u. bei Schladebach hatten wir *Biwak*, in Breuschen [Preußen], 2. Tage u. 2. Nächte, 4. Tage hatten wir blos Feldzwibak, schmekte ganz gut, aber Hart musten den Zwibak mit den Hammer zerbochen, u. nahmen auch mit ins Quartir, die freuden sich über daß Zeug u. bekamen Brod dafor.

Also so ein *Biwak* solte einer mal gesehen haben, ringsum der Himmel Feuer rot, auf einer seide lag das Säsische *Armeekorps*, auf der andre Seide daß Breusische, diese Fuhren Holz u. Stroh, dieses Feuer übral, die Pferde sind angepflökt, die *Forschirleine* gezogen von einen Pferd zum andern; alles schnur gerade, den dausenten von Pferden wurde Stroh unter gestreut, u. alles in gröster Ortnung, unser Pferde warens doch nicht allein, Ulan, Husarn, Atallrie, u. *Tränk*, u.s.w. Infantrie, auch gab es Stallwache, hatten sich mal der Nacht bar Pferde los gemacht u. rannten darum da kam der alte *Wachmeister*, wer hatt hier Stallwache? ich Herr *Wachmeister* u. haute den Neubert eine tüchte *Schelle* rein, geschlafen hamse, es war ein kleiner Kerl mit mir eingetroffen, die losen Pferde konnten einen *erlatschen* es schliefen doch welche, vielen ist kein Schlaf angekomen vor Kälte, mir auch nicht, Ich u. Kamrad Pitsch gingen Stiwizen [stibitzen] in die *Sattelpaktaschen* bei die Freiwillichen, die waren nicht da, u. mit die *Berittführer* ins [93] Dorf rein gegangen, da fanden wir Fläscheln Koniak, da doch ein Sattel an andern lag so ging das schnell, Auch wurde Signal geblasen wenn die Zeit da war zum Füttern auf beiden seiden hüben u. drieben, u. die fielen Zifielleute die auch ringsum stanten bei Tage, es war ein groses *Dereng* u. in jeder reie [Reihe] Hundert Pferde angepflökt, es war ein Bild was mann einmal gesehen u. mit gemacht hatt, u. ist immer noch eine schöne Erinerung.

Nun wurde früh 4. Uhr geblasen zum Satteln u. Paken, u. um 5. Uhr rükten wir ab aus den *Biwak*, u. sind Geritten bis Halle a. der Saale, und war bestimt über die Saale zu schwimen, es war ein Nebel u. Kälte in den grosen Tal dahin es war doch schon Oktober u. daß Manöver dauerte 7. Wochen, die Saale war nicht ganz so breit wie die Elbe, wir sagten zu einander als wir dort ankam, es wird wohl bischen kalt sein, weider haben wir uns nichts dabei gedacht mit den Pferden durchs Wasser schwimen,[52] es konnte uns auch so gehen wie seiner Zeit den Ulanen bei Posta in der Elbe, wo wohl 4. oder 5. Mann mit den Pferden ertrunken waren, wo den Böner Robert von Hier, sein Sohn mit ertrunken war.

Gedenkstein in Pirna-Posta für elf Reiter vom 1. Ulanen-Regiment Nr. 17 aus Oschatz, die am 13. September 1911 beim Versuch, die Elbe zu durchschwimmen, ertranken. Unter ihnen befand sich auch Otto Börner aus Neuclausnitz, dessen Familie Karl Helbig kannte. Das Denkmal am Elbeweg zwischen Posta und Stadt Wehlen überlebte die DDR-Zeiten mit der hinzugefügten Aufschrift: „Hier ließen für imperialistische Kriegsvorbereitungen 11 Deutsche ihr Leben" (vgl. Misterek 1996, S. 69; Pirnaer Kulturspiegel, September 1956, S. 15; Sczepansky 1961, S. 3-5).

Also jezt erschall der Offizirschruf u. sämtliche *Rittmeister* u. Offizire kamen zusamen, u. es wurde Kontemandirt [kommandiert], wegen der Kälte, aber uns war es egal wir wären mit den Pferden rein *gemacht* ins Wasser.

[94] Jezt wurden von die Pionir Schifsbrüken angeschlagen, u. sämtliche Truppen nüber befördert, daß dauerte bis Nachmittag also daß ganze Sächsische *Armekorps*, wir zu dreien der mitelste Mann blieb sitzen u. die auf beiden Seiden führten die Pferde, die *Pionir* hingen an Seiden der Schifsbrüke dran, u. Schaukelte so rüber u. nüber.

Aber ehe die ganze Kavallrie drüber war daß dauerte lange, wir daß ganze *Regiment*, Ulan, Husarn, Atallrie, *Trenk*, *Pionir*, u. die ganze Infantrie, und wie die Atalleri drauf war riß die Schifsbrüke ab, u. schwamm den Wasser nach, was drauf war, war drauf, u. *machten* am Ufer runter, u. wurde wider frisch angepflökt, das war ja ein Theater, über der Saale drüben war ein groses *Dereng* u. ein Berg den

[52] Hier irrt Karl Helbig, da die Übungen schon im September stattfanden.

mann nicht übersehen konnte, aber kein bischen Wald, da wurde gelagert, sämtliches Militär alles neben, u. unter einander, das wär ja was zum Photografiren gewesen, u. war Indresant. Von dort weg ging es ins Thüringsche, Gergus, Storchwitz, Kostitz, Wiederau, Großbürsten bei Weisenburg, hatten wir ein schönes Quartir auf Rittergut Dölen, da mochte der Breuse *weg gekricht* haben das ich *Gebirkschesprache* hatte, und Erzählte daß er 66. durch Marschirt war, durch ein schönes Stätel es müste Sayda geheisen haben u. [95] durch Deutsch u. Böhmisch Einsidel, das wuste er noch genau. Nun muß ich gleich noch mit bemerken, als ich als 11. Jähricher Junge immer mit nach Sayda gehen muste zogen so fiel Breusen nach Östreich in Krieg, die Straße war foll u. hatte kein Ende, ich u. Mutter stannten da, u. alle Leute, die wurden nicht alle, diese Atallrie u. Reiter, Staubich, u. drekich, alte Soldaten mit Bärten, waren dabei, weis ich noch genau, also ich bin da 11. Jahre gewesen, da ich 55. geb bin.

Noch muß ich einen Spaß erzählen, in Heinrichsdorf lagen wir zwei Mann bei einen kleinen Bauer ich u. Tannhäuser, lagen in einer Kammer da roch es so gut nach Äpfeln, wir stanten auf u. suchten, u. in Komodenschieber waren welche, nun tüchtig gegessen, u. stekten früh die Hosentaschen, voll, es ging aber nicht fiel rein, u. als wir in der Stube die Reitstiefel anzogen purzelten bei mir auch bei Tannhäuser die Äpfel raus, bar in die Stube for. Die Leute sagten ja nichts aber es war uns sehr fatal, wir Verschwanden, da wir blos 1. Tag dort lagen das war noch gut. Nun kam der lezte Tag, der Haupttag bei Merseburg[53] wo *mir* von früh bis Nachmittag 4. Uhr nicht von Pferd gekommen sein, höchstens mal Abgesessen, hier stannt das grose Schloß Merseburg hoch oben, ich sehe es heute noch, also daß Schloß soll eingenommen werden, da Schossen die Breusen rüber u. wir nüber, das dauerte bar Stunten. [96] Auch wir mit die Karabiner musten mit schiesen, ein Mann muste beiderseitiche Pferde halten, u. sitzen bleiben, daß die andern konnten mit for gehen u. Schiesen,

Jezt auf einmal wurde das ganze Hallt geblasen, was war nur los? und alle wurden Untersucht, Patrontaschen u.s.w. es war von unser seide aus scharf geschossen worden, u. bar Breusen Verwundet, kam aber nicht an Tag, also unter den fielen Dausenten ist doch einer drunter gewesen der den bösen Streich gemacht hatt, u. bar scharfe Patron nüber geliefert, es wurde nach diesen Vorkomniß schluß gemacht, wir daß G. R. Regiment hielten gerade neben der Atallrie, u. hatten gar keine Anung auf einmal ging daß Gedonnre los von mehren *Pattrien*, wir waren den ganzen Tag daub, hörten gar nichts mehr, mann konnte nicht mal mit einander Reden, weil mann nichts verstant, es war nun der lezte Tag der haupttag von den Manöver, der liebe leser wird sagen es wird auch bald Zeit.

---

[53] Gemeint ist an dieser Stelle das Feldmanöver des XII. Armeekorps gegen das IV. Armeekorps vor Kaiser Wilhelm und König Albert am 12. und 13. September 1876 bei (Bad) Dürrenberg (siehe Dittrich: König Albert-Jubel-Kalender 1898; Schuster und Francke 1885, S. 322 f.).

Aber doch muß ich noch eine rohheit Erzählen was vileicht heute doch nicht mehr forkomen darf, wie daß so in der Gegent war [97] übral die Straßen foller Pflaumbäume, so das einen daß Zeug förmlich ins Gesichte hing, nun wär wird da nicht mal bar Pflaum runter rupfen, also *mir* Ritten in schritt der Straße entlang, es war wohl noch bei Wurzen, da verbot der alte *Wachmeister*, wer nochmal welche runter reist bekommt Arest, u. doch wird noch einer, es war ein stük for mir, nochmal nauf langen, der Lump sprengte hin u. haude ihn mit der flachen Sebelklinke übern Rüken daß die hälfte Klinke in der Luft fort flaterte, u. die hälfte in die Scheite[54] stekte, war daß auch richtig? Daß war doch gewiß strafbar, er hatte wenichstens nicht mit der Schneide zugehaun, als *Wachmeister* haben ja ein leichten Sebel Offizirssebel, war daß nicht eine roheit, u. Gemeinheit sondersgleichen, der Lump wird nicht mehr leben, war aus Leisnich u. dort Pensonirter *Schankdarm*, dazu hatt er ja gebast.

Nun zum schluß sind wir noch auf den Returweg in Sachsen durch Kobschitz, Flößtal, Deltsch, Reichersdorf, u. Quartir Schönbach, Golditz, Gärschdorf, Harta, Masanni, Quartir Gleisberg, Waldheim, Bodenbach, u. Zella. u.s.w. Das lezte u. Intresandeste war noch ehe wir nach Dresden rein kam, wie uns Graf Lukner Empfangen hatt, als wir bei seinen Schloß. [98] oder Besitztum rein kam, ich weis nicht mehr genau, sein Schloß heist wohl ~~Scharfenstein~~ [sic!] Alt Franken [Nachtrag], da kam uns der Lukner entgegen Geritten in einen Kalopp u. daß ganze *Regiment* schrie 3. mal Hura, die Offizir wusten gewiß schon davon, Jezt wurde Hallt gemacht u. mann sah die Bescherung, auf freien Felde unweid von seinen Schloß waren Tafeln auf gerichdet, mit Delikatessen, u. diese Flaschen, gewiß Wein, oder sonst was Schnaps, das war for die Offizir, u. Unteroffizir, u. für uns *Gemeinen* waren Deken auf den Felde ausgebreidet, ein groser Haufen Wurst so ungefär ¼ Pfunt stüken, der Mann 1. St. Brod u. ein stik Wurst so auch grose Haufen ¼ Pf. stiken Brod, u. ein Bierfaß an andern *auf geschrenkt*, Schnaps nicht, kurtz u. gut, jezt muste eine *Schwadron* der andren die Pferde halten, u. ging Schwadronsweise rüber, wir die 1. *Schw.* waren die ersten, die 2. te *Schw.* hielte unser Pferde u. so ging das fort, das dauerte schon eine lange Zeit ehe alles durch war das ganze *Regiment*, Bier konnte mann drinken so fiel mann wollte, da haben wir ja gesoffen was nur rein ging, hatten ja Durst, u. war doch auch umsonst, was nicht alle wurde, wurden die Fässer auf den *Krimgerwagen* geladen u. mit in die Kasernen genommen, daß war ja ein Dink, aber blos unser G. R. Regiment.

---

[54] Scheide: gemeint ist wohl, daß der Wachmeister den zerbrochenen Säbel mit der halben Klinge wieder in die Scheide zurücksteckte.

Schloß Altfranken aus dem Album der Rittergüter und Schlösser im Königreiche Sachsen um 1854. Über das Schloß heißt es dort: „Auf der linken Höhe des Thales [des Plauenschen Grundes] erhebt sich das prachtvolle Schloss Altfranken, Eigenthum des Herrn Grafen von Luckner, mit seinen stattlichen Zinnen, hochüberragt von einem Wartthurme, auf dessen Plateau eine aufgehisste Flagge flattert. Umgeben von den reizendsten Gartenanlagen, schaut das kolossale burgartige Gebäu weit hinaus in die herrliche Gegend, die ein unbeschreibliches Panorama vor dem Auge des Beschauers aufrollt" (S. 20).

[99] Die andern Truppen machten das sie nach Dresden rein kam, es war doch gewiß schon ausgemachte sache, u. haben die Offizire schon gewust was los ging, für uns war es eine grose überraschung.

Wie alles durch war wurde Komandirt an die Pferde, fertich zum Aufsitzen gesessen, u. fort ging es, nochmals in *Zügen* bei Graf Lukner vorbei, der auch zu Pferde war, u. uns gegenüber stannt, als wenn es der alte Wilhelm wär, Die Regiments Musik sezte ein, u. spielte den *Barademarsch*, u. Lukner schwenkte seinen kleinen Hut, rauf u. runter, es war überhaupt ein kleines Männechen.

Dann zu dreien rechts *brecht ab*, u. fort ging es, es war noch ein groses stük bis Dresden rein und wir alle konnten balt nicht mehr sitzen so fiel gesoffen, alle sagten was soll denn hier werden noch durch das lange Dresden, bis Neustatd, es ging in schritt u. alle wollten Absitzen, es ging bald nicht mehr, den *Berittführern* ging es auch nicht besser, jezt kames for die Leutnants, u. *Rittmeister.* u. kurtz for Dresden wurde Halt gemacht Abgesessen u. 10. Minuten pause, dann durch Alt u. Neustatd, da hatt aber noch mancher in die Hosen *geschifft*, und wir waren wider in der Kaserne, die alten Mannschaften gingen raus, u. wir sangen wider die alten Lieder.

[100] Unser Oberschaffner Sperling *sagte* mal *über* mich wissen sie denn auch Helbig, das daß Keisermanöver das gröste war, was jemals gegeben hatt, zufor u. nach diesen kein solches wider gewesen ist, und 7. Wochen gedauert, hatt, er hätte es auch in der Leipzicher Zeitung gelesen, ich will darüber nicht Urteilen, es kann ja sein.

Sperling hatte auch mit gemacht als Unteroffizir bei meinen *Regiment* er war schon hier in B.mühle 1887. wie ich her kam, als Schaffner, und wohnte auch gleich beim Obren Übergang rauf wo jezt Fleischer Löebe ist. Vor 10. Jahren ist er hier gestorben, u. wurde nach Markranstätd bei Leipzich geschaft, was seine Heimad war, u. seine Frau *machte* auch dahin, u. in kurtzer Zeit war sie auch gestorben, immer haben wir wenn eins so lange Jahre hier war, erfahren daß sie nicht mehr leben, es waren auch solche hibsche Leute so gemeinschaftlich nicht stolz.

Nun wider zurük! in der Kaserne hatten *mir* wider strammen Dienst die alten Manschaften gingen raus, und die Pferde die sie Geritten durften doch keinen Tag stehen bleiben, blos Sonntags, also musten wir alle Tage zweimal auf die *Reitbahn*, u. die Pferde Reiten die keinen Mann mehr hatten, jedesmal 2. Stunten 4. Stunten Reiten, aber der Drill war nicht mehr. [101] Trotztem hatten wir noch Fußdienst, Turnen, auch *Instruktion*, die Herrn wollten doch auch was zu dun haben, auch Futterfassen Hafer, Heu, u. Stroh, wenn daß grose Futterfassen war muste mann mit naus fahren der *Wiesentorstraße* naus in das grose Futtermakezin, bald bei die *Infantrie Kasernen*, waren immer 10. bis 12. Mann Komandirt, also ganze grose Fuhren Zentner Säcke Hafer, Heu, u. Stroh, kam aber nicht oft for, dann rein in unsre *Furaschenkammer* 3 Treppen die Säcke nauf schaffen, das war immer ein *Wichser*, ich habe es bar mal mit gemacht, zur Zeit war mann ja Stark auch hatten wir noch Wache zu dun.

Es war nun blos um bar Wochen zu dun, da kam die armen Rekruten wider rein, u. wir krichten es besser die schlechte Zeit war forbei, u. ausgestanten, haben dann oft zugesehen zum Fenstern oben raus, wie die Rekruten gedrillt u. rum *Schurrigelt* wurden, wir waren nun die alten Mannschaften hieß es wenn mann Komandirt wurden zum Dienst auf Wache u. dergleichen.

Doch muß ich nochmal zurük kommen, ehe *mir* ins Manöver *machten* hatten wir noch auf den *Heller* eine Übung, die sich gewiß auf das Manöver bezog, es hieß Abreiten, u. so musten *mir* allemal zweie neben einander über den ganzen *Heller* nüber Reiten, es war ein groses stük, von der *Moritzburgerstr* ab wo *mir* in der Front hielten, also [102] die zweie musten beisamen bleiben bis nüber wo der *Heller* ausging, dann kurtz kehrt u. wider rüber, dann wider die andern zweie u. so fort, aber in Attake was daß Pferd laufen konnte, mann legte sich forne for mit *auslage* vorwärts, das heist die Sebelklinke for gestrekt u. mit der linken Hand die Zügel wie immer wenn es zur Attake ging die Sporen rein u.s.w. in der Mitte auf den *Heller* stannt eine Figur so will ich sagen wie ein *Krautgescheche* aber in grösren Maßstabe, ein Mann konnte nicht umfallen, das gestell wurde mit den *Krimgerwagen* raus u. rein gefahren, kurtz u. gut, auf den Mann musten wir beim vorbei Kallopiren nüber zu einen rechts Hieb, u. rüber zu einen lingshieb hauen oder Kopfhieb, daneben war der Leutnant zu Pferde ob wir es auch richtig machten, es wurde barmal geübt, u. war eine Lust über den *Heller* so nüber zu fliegen in bar Minuten, da freude mann sich allemal drauf, mann hätte doch können denken wie bald stürzt mann, wie es for zwei Jahren wie erzählt wurde passirt war, einer gestürzt u. daß Genik gebrochen, u. hatt das lezte Jahr gehabt, zum raus gehen, Heute möchte ich es nicht machen, for keinen Preis, hätte fiel zu fiel Angst.

[103] Gleich muß ich noch was nach holen von Graf Lukner, da ich gestern zufällich in *Dresdner Neusten Nachrichten* seine Erlebtnisse gelesen habe, daß sein Besitztum sein Schloß nicht Scharfenstein, sondern Altfranken geheisen hatt, u. das er seiner Zeit in roten Frak und sechs Pferde forgespannt in Dresden rum gefahren ist, u. später verboten worten ist, u. noch mehr.

Nun weider in Dext, jezt waren Weinachten da, u. es kam 15. Mann zur dritten *Schwadron* nüber, u. 15. Mann rüber zur ersten, u. da war ich mit dabei, wie ich schon bemerkte war es bei der Dritten viel besser, u. war allgemein bekannt, bessre Vorgesetzte, u. den guten *Rittmeister* von Posern.

Also wieder lauder fremte Gesichter u. *Berittführer*, in der Stube 36. wo ich rein kam waren auch wieder 20. Mann, die *Schwadron* zählte über 100. Mann, hatte auch wieder ein hibsches Pferd Nr. 40. hatte es aber nicht lange u. meins bekam ein Rekrut, ich Nr. 74. das war ein Luder ich hatte auch immer Brustschmerz Brustschmerzen u. ging so hartes Tempo in Trapp, in Kallopp ging es schön wie eine Wiege, sprang auch gut über Hindernisse Gräben u. Stämme da flog es nur so drüber, aber es wurde doch mehr Trapp als Kalopp geritten, u. so hatt mich auch die 74. Kaput gemacht, *Bruch* gegricht. Der *Oberstabsarzt* Dokter Zügler sagte, sie haben das Pferd geritten wo schon zwei Mann einen *Bruch* gekricht haben, warum wird die 74. nicht Ausrangschirt und wollte mit den *Rittmeister* drüber sprechen.

[104] Ich habe mich noch Intressehalber erkuntícht wie ich in Dohna war nach den Pferd da ein gewisser Tannert bei meiner *Schwadron* war, also es war noch nicht ausrangschirt, gewiß weil es in Dienst noch gut war. Aber bei der 3.ten *Schwadron* war es schön, den andern gefiel es auch es war gemütlicher gegen der ersten, auch hatte ich einen guten *Berittführer* Fritsche, der war so ruhich wenn er uns Reiten lies u. sagte kein unschönes Wort, daß war mann doch gar nicht

gewönt, weil bei der ersten stets gebrillt u. geflucht wurde, wir freuden uns allemal wenn daß Reiten los ging. Aber der gute Mann der Fritsche hatte eben auch gewiß sein Leiden, als ich mal Kasernwache hatte kam ein junges Frauchen ob ich nicht gelegenheit hätte u. den *Unterwachmeister* Fritsche mal lassen her kommen, sie hatte daß Kind auf den Arm, das sie nicht rein durfte das wuste sie, gewiß schon öfters dagewesen, ich lies durch ein Kammraden die doch stets dort ein u. ausging, beim Fleischer u. s. w. meistens nach Fett, ich auch oft nüber auf die *Hauptstr.* blos bar schritte, lies mit nauf sagen in seine Stube, aber er kam nicht, da Weinde die Frau, er hätte ihr schon immer Geld versprochen, u. lies sich nicht sehen, nun hörte ich von Kamraden er hätte nicht blos eine sondern mehre zu bezahlen, er war Unverheiradet, ich wuste daß nicht, da ich noch Neu war bei der 3. ten.

[105] Ich bekomme heute noch zwei Eier von Fritsche bezahlt, er schikte mich mal ins *Bütchen* haben sie Geld, ich sagte ja, es waren doch blos 10. Pfenche, und dann daß zweitemal solte ich wider zweie holen, da sagte ich das ich kein Geld hätte, hatte auch keins, es war mir nicht recht, mann konnte es doch immer nicht versehen mit die Vorgesezten wie das so ist.

Aber es war doch schön bei der 3. ten *Schwadron*, es war eine kurtze Zeit aber eine schöne Zeit, die ich erlebt habe, es waren auch bar *Lanser* mit hier, Richter Paul Gefreiter aus Sayda, u. Beerfranz Fleischer war er, und waren früher in Neuwernsdorf, Beer war mit in meiner Stube, for den alten *Wachtmeister* Krug hatte nimand Respekt wie ich schon schrieb, und so waren immer welche bei Fuken Karle, machten immer fiele *Nächtchen* u. *Eichentums Urlaub*, ich dachte willst noch bar Monate warden dann rikste auch wider mal ab, Das kommt hier nicht drauf an, u. wegen bar Tage *Kasten* erst recht nicht, was ich später noch schreiben werde.

Also unser alter *Wachmeister* Krug war 66. Jahre Alt, u. mit 17. Jahren erst Gefreiter geworten, u. wollte wie es hieß noch Leutnant werden, der war so Überspannt, auch unser *Rittmeister* von Posern der gewiß gut war hatte ihn auch gefressen, u. deshalb meldete er fieles nicht, wir hatten auch zwei gute Leutnants, der kleine Graf Rex, u. von Polenz.

[106] Die Unteroffizir u. *Berittführer* Feixten u. lachten blos hintern Rüken, sonst war er nicht schlecht, einmal in der *Instruktion* Erzählte er uns wie die dritte *Schwadron* in den 70. u 71. Krieg ist von den Franzosen überfallen worden, u. 5. Mann ihr Leben haben müssen lassen, Die Gedenktafel hing noch hier aus, also blos die 3. te *Schwadron*, haben der Nacht in einen Dorf gelegen, u. haben müssen einen hohen Berg naus auf allen vieren müssen kriechen, u. die Pferde müssen führen, u. von hinten ist geschossen worden. Nun weider! Abents um 9. Uhr waren die Manschaften alle da zum *verlesen*, da fehlte nimand, u. dann ging es aber zum Stallfenstern naus, u. auch wider rein, wie es in der alten *Reiter Kaserne* war die Fenster ganz tief, das wird es ja drausen nicht mehr geben in den neuen Kasern, hatte mann Stallwache da kam immer erst der Sebel, dann die Beine forne weg u.

die Pferde wurden *schüchtern*, da gab es oft Krach, da oft die Pferde die Halfter am Kopfe zerissen,

Montags gegen morgen war es am schlimsten, oft legten sich die Pferde rekten alle viere in die höhe, u. welzten sich rein, war oft Intresand.

Ich bin nicht einmal zum Fenster raus oder rein gekrochen, habe auch kein *Nachtzeichen* nie gehabt, ich kam ja Abents nicht fort, gar nicht, [107] da waren fiele die alle Sonntage *Nachtzeichen* hatten, hatten gewiß Verwande in Dresden oder einen Schatz, wir sind blos wenn Tittmann Hermann kam Sonntag Nachmittag auch manchmal aber selten in der Woche daß heist das zweite Jahr nach Altstatd bei liebs Wilhelm, Hegewald genannt, er ist for bar Jahren in Chemnitz wo er war Verbrannt[55] worden, er war Kutscher bei einen Bezirksarzt, auf der *Amanstraße*, wohnte in einen Restrang [Restaurant] oben 4. Treppen, bei Knaut, er spielte immer Sonntags unten Billard ich u. Tittmann Hermann sasen mit da, u. bezahlte uns stets bar Glas Bier u. Zigaren, ging auch mit uns öfters fort. Abends 7. Uhr war ich pinklich zum Abfüttern wider in der Kaserne, auch besuchte er uns manchmal, in seiner Livree u. *Dressenhut* u. machte fein, der war gut, er war ja auch aus unsrer Heimad sogar Hausnachbarn waren wir früher.

Nun zog die Infantrie 77. naus in die neuen Kasernen, u. 78. die Kavallrie da die Ställe 77. noch nicht fertich waren, ich war da schon raus, so daß ich nicht mit naus gezogen bin, nun besuchte ich Tittmann Hermann da drausen, in der neuen *Grenatirkaserne*, er war in der Küche Komandirt paterr, wir gingen immer nach den Waldschlößchen[56] spaziren, auch einmal hatte er mir *Gewigtes* versteckt unten in Kamin in einen Darm, ich stekte es geschwind in die Hosentasche, u. brachten unterwegs den Darm mit den *Gewigten* nicht raus [108] aus den kleinen engen Hosentaschen *Eichentumshosen*, der Darm zeriß u. musten das *Gewigte* so raus angeln, das war ja sache, Hermann hatte immer noch eher bar Pfenche zum Bier als ich, haben aber auch mal eine Zigare geteilt zerschnitten, u. auf die *Vogelwiese* gegangen, wie er noch hinne war in der Alten Kaserne, hatten alle beite keinen Pfenich, wir waren sehr gute Freunde, u. Kamraden nun ruht er schon lange Jahre unter der Erde, Heuer Moritz u. Schab Karl die beim Schützen Rg. waren sind auch barmal zusamen gewesen.

Also wie ich schon bemerkte habe ich nie ein *Nachtzeichen* gehabt, wir waren etliche solche Stubenhoker die Abents zuhause blieben, wo wollte mann aber auch hin?, wir Erzählten einander von unsren erlebtnissen, von der Heimad u.s.w. es wurde Schnaps geholt von Johann wer *halbege* noch bar Pfenche hatte, auch schrieben manche Briefe, noch muß ich bemerken das ein gewisser Lehmann Herman

---

[55] Verbrennen im Sinne von feuerbestatten.

[56] Ehemaliges Jagdhaus des Grafen Camillo Marcolini zwischen Radeberger und Bautzner Straße. Um 1830 wurde dort ein Schankbetrieb eingerichtet, der aufgrund seiner wunderschönen Lage zu einem der beliebtesten Ausflugsziele der Dresdner wurde (Heise 1994, S. 155 ff.; Kukula, Helas 1997, S. 165; Stimmel u. a. 1998, S. 446).

aus Neuwernsdorf beim Schützen Reg. war, er war gelernter Müller, habe ihn aber nie wider gesehen, ob er solte noch Leben.

Auch hatte uns liebs Wilhelm zu seiner Hochzeit eingeladen, aber daß wurde eine dumme Sache, wir fanden das Haus nicht richtichmehr wo die Hochzeit war hatten es nicht aufgeschrieben, u. musten umsonst wider in die Kaserne. [109]

Ja mann könnte noch fiel schreiben, wir haben dann noch nach Hochzeit gefeiert, ich u. T. Hermann, seine Albine war ein hibsches Frauchen, wir Logirten dann auch dort, ich Arbeidete beim Baumeister Bakofen u. Hermann war Fleischerbursche auf der *Rosenstraße*.

Da sind wir alle Sonntage fort gegangen, da doch Wilhelm bekannt war wo es Sehenswirtigkeiten gab, Er war überhaupt ein Lebemann, er war doch beim Leutnant Diener gewesen auch beim Grenetiren, da ist er mal in seinen Leutnants Uniform nach Leipzig gefahren, wo ihn zufellich sein Scheff. Leutnant der in *Zifiel* gewesen trifft, da hatt er müssen tüchtig Brummen, u. auch dann Aktiven Dienst dun, und hatt müssen 3. Jahre dienen, da er auch fiel bei Fuken Karle war.

Muß noch mal zurük kommen auf die Stallwache, mann legte sich da immer bischen auf den Futterkasten, mann nikte auch oft ein, wie es in den Jahren ist, in jeden Stall stanten 50. Pferde, mann lief öfters mal hin u. her u. Intressirte sich wie sich die Viecher so rum welzten, da war mann in Drillsachen, die Latternen wurden bei Tage forgericht Öl fassen u. aufgiesen *hatte* der Tagesdienst *über*, Wenn mann auf den Futterkasten lag u. eingeschlafen war, da stanten immer 6. bis 8. Pferde for einen, knebelten so lange mit den Maul an der Kette bis sie los waren, u. nun for den Kasten stanten, waren doch alle so Hungrich zogen immer daß alte Stroh aus der Streu, jeden Hallm, sie bekamen doch blos [110] Täglich 3. Pfund Hafer, u. 1 Pf. Heu, kurtz u. gut, wenn sie so da stannten u. schnoberten an einen so rum, da winkte mann mit der Hölzernen Streugabel die mann gleich mit hin gelegt hatte, Mistgabel gab es da nicht, oder klatschte mann in die Hände, und in einen Moment flohen sie alle in ihren Stand, wuste jedes wo es hin gehörte, rutschten förmlich auf den Arsch, auf den Pflaster hin, es wurde keins angehangen es nutzte nichts, es waren ein u. dieselben, die das geschike hatten u. sich los knebelten, es dauerte gar nicht lange waren sie wider da, Waren die 3. Stunten um u. der andre kam, es ist doch alles in Ortnung? kein Pferd los, nein alles in loth, nun legte sich der abgelöste in *Kahn* der war ganz hinten, bis mann wider drann war, aber da war mann kaum hinter ging das Theater getrapple wider los forne, der schlug nun wider nein, u. daß gefluche, u. das ging die ganze Nacht sofort, kein Luder hing die Viecher an, bis derjeniche der früh die letzten Stunten hatte, das gab ja manchen Spaß, in Stall war das Rauchen verboten aber mann rauchte der Nacht sein Pfeifchen, es hieß 3. Tage Arest wär Raucht in Stall, ist aber keiner erwischt worden, noch muß ich bemerken jedes Pferd hatte zwei Ketten, bei Tage wurde die eine Kette nauf gehangen, das sie sich nicht legten, u. Abents runter gehang.

[111] Das erste war wenn mann früh um 7. Uhr in Stall kam die Kette hoch hengen, u. die Stallfenster auf machen, Dieser scharfer Dunst früh das biß einen in Augen u. diese wärme, die ganze Nacht der Stall zu. wie einen das die erste Zeit als Rekrut wenn mann früh in Stall kam auf fiel, als hätte mann die Nase foller Schneeberger schnupf Tabak[57], das Niesen.

Nun noch eins ich hatte auch mal Stallwache, es war schon bei der 3.ten *Schwadron*, da fing ein Pferd an Unruhich zu werden, kratzte mit den forter Pfoten daß die Streu bis aufs Pflaster raus flog, legte sich, sprang wider auf u. so fort, ich meldete es den Diensthabenten Unteroffizir, u. der holte den *unter Roßarzt*, er wohnte mit in der Kaserne, ich muste es raus führen auf die *Reitbahn*, u. Reiten biß es zum Misten kam, hatte die Kulik [Kolik], aber nicht auf Sattel, *auf Deke* ohne [Steig-] Bügel, also ununterbrochen Trapp, es muste durch gearbeidet werden, der *Roßarzt* stannt mit da, das Pferd schwizte schon in Stall gewiß for schmerzen, nun stets in Runtzirkel geritten, es war noch dazu ein *Remunte Pf.* noch nicht alt u. nicht zugeritten, vieleicht 3. Jahre, nun kurtz gefast ich war doch in Drillanzug, da hatten sich die Hosen rauf *gekobert*, konnte balt nicht mehr sitzen for schmerzen, es dauerte doch immer mehr wie 1. Stunte den andern Tag fielte ich es erst richtich, am diken Beinen, ich konnte doch auch nicht erst nauf in die Stube gehen u. die Reithosen anziehen, wo mann doch da Hosenstege dran hatt unten.

[112] Nun kommt erst das schönste noch, es war im halben Sommer da bakte mich die Sehnsucht wider mal auf Urlaub zu gehen, so gab es ja keinen, blos *Eichentums Urlaub*, wer nun die *Kurasche* hatte, ich machte mir doch nichts draus, u. war mir alles egal, wegen bar Tagen *Kasten* wider, es war doch erst voriche Woche auch einer ausgeknigen [ausgekniffen], u. bei Fuken Karle war es doch auch ganz schön, wenn es auch blos Brod u. Wasser gab, mann konnte aber mal ausruhen.

Nun wie gedacht, so gemacht rükte ab auf bar Tage, u. bekam auch bar Tage mehr wie daß erste mal, das wuste ich schon forne weg, also wie ich schon forne geschrieben, war mein Helm eher da wie ich, beim alten *Wachtmeister*, da mein Bruder den eingebakten Helm in der Hand behalten beim in Zug einsteichen, u. der Zug schon in gange war, 25. Pfenche hatte der alte müssen bezahlen, er machte mich ja tüchtich *lappich* aber das rirte einen ja nicht, da war mann ja abgebrüht da war mann darüber weg, u. schon andre *Stauben* erlebt.

Kurtz u. gut. ich kam mit in Stube 33. wo alle die waren die der alte gefressen hatte, lauder *verhaune* u. Sünder, nun da in der Stube 33. war es schön, ein Leben ich baste gerade noch dazu, sofort in Stube 33. grunzten, sie Lump, auf *Eichentumsurlaub* gehen, u. die Waffe so gebrauchen.

---

[57] Schneeberger Schnupftabak: „Niesmittel aus gepulverten aromatischen Pflanzenteilen, besonders von Haselwurz, Quillajarinde, Veilchenwurzel, evtl. mit medizinischer Seife, wurde zuerst in und bei Schneeberg bereitet" (Meyers Lexikon, 7. Aufl., Band 10, 1929, Sp. 1390).

[113] Wir waren 22. Mann in der Stube aber lauder *Verhaune*, die der alte gefressen hatte, aber alle gut u. gemütlich, wir hielten so zusammen, er konnte doch Singen nicht *erhören*, da machten wir die Stubentür auf und Sangen, ging der alte forbei ja Stube 33. grunzte er, das kein Luder raus kommt, wir machten bar mal der Woche *gute Stube* die Tafeln zusamen gerükt, da wurde gegessen u. getrunken, da gabes Bier, u.s.w. waren ja welche die Geld hatten, u. dann wurde gesungen, da ging es ja Lustich her, Benade hieß er, spielte dann die *Zugharmonie*. Das war auch ein guter Freund von alten, er war schon länger in der 33. u. ging zum Herbst raus, die *Berittführer*, u. Unteroffizir sagten kein Wort ging der Stube förmlich aus den Weg u. Feixten, auch hatten wir zwei Stubenälteste Mehnert, u. Kunze, dienten schon das dritte Jahr, u. was die sagten wurde gemacht, die hatten gewiß auch schon was erlebt mit den alten *Wachmeister*, auch hatten wir einen mit da, daß war ja eine *verhaune Gurke* ich weis seinen Namen nicht mehr, er hatte einen ganz andern Dialekt, der brachte mal Sonntagabent ein Kanikel mit war noch Lebentich, auch mal Abents eine Huhn[58] die war Tot, u. der eine der Fleischer war, dat das Vieh schlachten, u. wurde in Schrank gestekt, das Fleisch wurde mit zur *guten Stube* benuzt, u. gebraden.

[114] Ob der das Viehzeug drausen wo *gemaust* hatt, oder wie das war, kann ich nicht sagen, wie ich von Fukenkarl wider kam stannt Bitsch u. Altmann, an der Stubentür u. brachten mir ein Ständchen, einer gab mir *Prim*, der andre schenkte mir Schnaps, was es doch in *Kasten* nicht gab. Die mir das Stänchen brachten waren die zwei *Singelisten* die zum Füttern bliesen, *hausen* for der Stalltüre, früh, zumittag, u. Abents, ganz pinktlich, das schallte auch von der ersten *Schwadron* rüber,

Wenn das Signal zum Füttern erschall, wie das in den Stall zuging die Pferde konnten es doch nicht erwarten, u. stannten alle der quäre in Stand, fiele hatten die *Stantbäume* hinten ausgehoben, die blos hinten eingehangen waren, u. lagen die Bäume auf den Pferde Rüken, mann konnte bald nicht nein, dieser grawall wenn zum Füttern geblasen wurde sie hatten ja alle so Hunger.

Nun weider es solte alle Sonntage *Stubenbarade* sein, blos bei uns in 33. der *Wachmeister* hätte es bestimmt, da sagten die zwei Eltesten Mehnert, u. Kunze wär ein Griff macht gricht den *Schafft*, um 2. Uhr soll die Barade sein, also jezt schafft Wasser rein hieß es, da wurde so viel Wasser in die Stube gegossen das alles schwamm, nun kam der Alte forne weg u. die Unteroffizir her nach, u. Feixten die wusten doch schon was kommen wirde.

[115] Also sie konnten gar nicht rein, Der alte *Wachmeister* grunzte da haben sie das Lumpengesindel, ich mache die Herrn *Berittführer* verandwortlich das keiner aus der Stube raus geht, u. auch mit Kasernbeschrenkung.

---

[58] Eine Huhn, mundartlich auch in der femininen Form gebräuchlich (vgl. Müller-Fraureuth 1911, S. 536).

Den andern Sonntag haben wir kein Wasser rein geschaft, aber um die Zeit das sie kam saßen wir alle da u. Sangen, auch Mehnert, u. Kunze mit, u. auf ihr geheiß wurde gar nichts gemacht, die zwei alten hatten ja stannt [Stand] bei die *Berittführer* sahen einander an, und sagte keiner etwas, u. der alte war der Dumme u. muste wider abrüken.

Stubenbarade ist weider nichts von bedeutung, u. war im algemein sehr selten, wie ich bei der ersten *Schw.* war hatten wir blos barmal welche, jeder Mann steht an seinen Schrank aufgemacht, also das er alles hatt, u. nichts fehlt, u. in der Stube alles in Ortnung ist, die Tafeln u. Benke wurden ja alle Sonnabente gescheuert unten in Kasernhof, mit Bürste u. Seife bei der *Wasserplumpe* Wasserleidung hatten wir noch nicht.

Nun kommt noch so ein Erlebtniß, u. das mit Kartoffelbrei der sah immer ganz schwarz mann konnten bald nicht Essen, so eine schweinerei, erstens alte Kartoffeln, fiele sahen ja nicht sehr drauf beim schälen wo immer alle Abente zwei bis drei Pferdeeimer in jede Stube kam, nun bestimmte Mehnert u. Kunze, wir schälen keine mehr, u. der Mist kommt wider runter [116] in die Küche u. wurde auch so gemacht, die Köche holten den andern Tag früh die Eimer Kartoffeln wider runter, u. wir bekamen 3. Tage zu mittag nichts aus der Küche, aber geholfen hatte es doch, es wurde bischen besser, da war ja ein Krach nein gekommen, u. war nicht nur für uns gut für alle, der alte *Wachmeister* draute sich gar nicht mehr an uns ran, bei der ersten *Schw.* hätte ja sowas nicht dirfen forkommen, bei den *Wachm.* Zimmermann, for den hatten ja alle grosen Respekt, u. war auch kein guter.

Nun wider mal andre Bilder! also wie ich forne Erzählt hatte, von unsren kleinen Lehmann, der sich bei Fuken Karl gehangen an Hosenträger, u. Taschentuch, ein hibscher Kärl sehe ihn heute noch, Nun kurtz gefast, wir hatten ein gewissen Zerche mit in Stube 33. er war Schmid, das war erst ein *Verhauner*, ein Ausbunt, aus was for eine Gegend der sein mochte? ein groses breides Gesicht, aber sonst ganz gemütlich also es war Sonntag vormittag, da sagte Zerche jezt werd ich mich mal Hengen, wie unser Lehmann, nam ein stük Band, u. machte es oben am Fensterwirbel fest, u. mit den Kopf nein, u. wenn ich die Engel werde singen hören schneitst du mich ab, es war Mäke der mit den Messer da stant u. Abschneiden sollte, ja der rirte sich nicht, *mir* brillten alle schneid nur durch, der schneid durch, u. Zerche fiel runter u. rirte sich [117] nicht als wär er Tot, da haben bar Mann gerieben u. rum *schurichelt* bis er wider zu sich kam, er war schon halb hinüber, u. den ganzen Sonntag halb krank, lag stets auf der Bank, wir fragten wie war es denn? ganz schön hätt mich nur hengen lassen, es hatt aber nimand was davon erfahren in andern Stuben, Zerche half manchmal mit Pferde beschlagen beim *Fahnenschmid* Ekert, da waren oft 2. auch 3. Gardisten die Schmied waren, auf Tage Komandirt, die Schmiede war in einen winkel an der *Reitbahn*, wo wir stets wenn wir Exeziren hatten forbei Ritten, u. stannten stets Pferde da zum beschlagen, auch von der ersten *Schwadron*, auch von der *Reitschule*, beschlagen war nicht allemal der fall, wenn in Hüfen bischen was nicht in Ortnung war Hufkrankheit, *Kronendritt* u.s.w. sovort in die Schmide, da wir alle Wochen *blanke Pferde* hatten wurden sie grintlich durch gesehen, überhaupt die Hüfe. u. da war *Ober Roßarzt* D. Tümmler auch kein guter, es war blos manchmal bischen dran rum zu feilen. Wir hatten ein Pferd was sich nicht beschlagen lies konnten machen was sie wollten, es war ein junges *Remunte Pferd*, das wurde auf der *Reitbahn* gegnebelt, Beine zusammen gebunten, u. um geworfen, in liegen beschlagen, erst fiel Sand noch hin geschmissen, musten auch Mannschaften das Pferd noch halten in liegen, aber da standen die Leutnants, u. *Rittmeister* alle dabei, u. sahen den Schmiden zu, war auch der Ekert *Fahnenschmid* dabei.

[118] Ich kann mich noch besinnen wenn wir bei der Schmide forbei Ritten also in Runtzirkel, *Wollte* hieß es, u. die Schmide handirten auf den Amboß da sprangen die Pferde auf die Seide, u. mann muste fest sitzen, die waren ja alle sehr *schüchtern*, u. da kam mann ja oft forbei, nicht blos einmal.

Nun muß ich immer noch von Stube 33. Erzählen, u. das schöne kommt noch, also wie ich schon geschrieben daß ich Abent nicht fort kam, auch nie *Nachtzeichen* hatte, war ich aber doch mal mit dabei, u. das war nicht von Pappe, nun los, wir beratschlagten der ganze *Beritt* nach dem *Verlesen* aufs Schillerschlößchen[59] auf der *Pautznerstr.* zu gehen, da soll es sehr schön sein, fiel *Zifiel* u.s.w. wir *machten* nicht durch das Kasernhoftor sondern beim *Jägerhof* naus, da war eine Tür, drieben bei der ersten *Schwadron*, dort war das Kasino für die Offizire, u. kamen an Wiener garten[60] bei der Elbbrüke raus, da ging es immer raus u. rein, zumal als ich bei der ersten *Schw.* war, mann kam da nicht in Konflikt, mann war ja gleich aus der Kaserne raus, auch bin ich dort raus wie ich zweimal auf *Eichentumsurlaub* machte. Ich bin sogar einmal Intresse halber dort hin gegangen, wie ich in Dohna u. mal in Dresden war, kommt mann zu der Jägerhoftür raus da ist eine [119] kleine Gasse, *Asterngasse* und geht direkt in die Elbe, blos bar schritte, u. gleich davon nauf ist die Elbbrüke, ich bin auch bar mal wie ich in Dohna war in den Kasern gewesen, auch in den Ställen auch wo meine Pferde gestanten hatten, u. in den Stuben, in den grosen Stuben machten die Frauen Strohhüte[61], u. sagten es kämen alle Sonntage Männer die früher in den Stuben gewesen weren, es war aber schon fiel weg gerissen bar Flügel, es sah alles anders aus, seid das Militär raus war, aber die *Reit-*

---

[59] Gaststätte auf der Schillerstraße Nr. 48 (nach dem Dresdner Adreß- und Geschäftshandbuch von 1878). Die Schillerstraße in der Antonstadt war die Verlängerung der Bautzner Straße, was erklären kann, warum Karl Helbig vom Schillerschlößchen auf der Bautzner Straße spricht.

[60] Restaurant an der Elbe nahe der Augustusbrücke (vgl. Heise 1994, S. 119; abgebildet auf einer Postkarte bei Taupitz 1994, S. 44).

[61] Zur Geschichte der Strohflechterei in Sachsen und insbesondere im östlichen Erzgebirge siehe Anger o. J.

bahnen waren noch, überhaupt drüben bei der ersten *Schw.* da bin ich eine weile stehen geblieben u. zurük gedacht an die schlechten Zeiten.

Also nun wider Zurük! Sonabent war Löhnung gewesen Geld war da, und ging sehr Lustich zu auf den Schillerschlöschen, es wurde gedanzt und gesoffen das ich so sagen muß, und mann hatte das gefühl wie früher da mann noch nicht Soldat war, mann war eben mal freier Mann, u. war einen alles egal, Mehnert war auch mit dabei, aber Kunze nicht, der war in andern *Beritt* u. hatte auch Wache, *Schenkhausdienst* hatte ein *Unterwachmeister* von der Trenk, der war auch sau gemühtlich u. drank auch mit uns an Biwett [Büfett], da dachte kein Mensch an zuhause gehen, es hieß alles Bruder Herz, wie gesagt es war schön, jezt waren wir doch blos noch zwei Mann ich und Neubert, die andern alle schon fort, das konnte doch gar nicht sein, wir wollten noch [120] lange warten, die Musik war doch auch balt aus, das war ja nichts, nun eilichst die Sporren raus angeln aus den Biwett, hatte aber doch keine 10. Pfenche mehr zum auslösen, die ganse Löhnung war weg von Gestern. kein Pfenich mehr. u. wie der Wirth mal den Rüken wande die Sporrn raus u. die Treppe nunter gerant, und unten stant so ein *Doffel* ein Brezelmann mit den Korb forne heng, ich Natirlich Renne den Mann um auf der grosen breite Treppe for der Tür und die Brezeln lagen auf den Treppenstufen rum, Ich bike mich u. nähm noch eine Hand voll mit, also so eine Dummheit weil mann eben einen *aufgehokt* hatte, Neubert auch dabei u. die *Pautznerstraße* rein, u. durch den *Jägerhof* zu der Türe rein, nicht durch die Wache. Aber nun frü kam das düke Ende, o. schrek was war nur daß wie *mir* in Stall kam zum Satteln u. ausrüken, da stannt ja der *Schenkhausdienst* von der Trenk, in Stall bei den alten *Wachmeister.*

Nun *mir* raus auf die *Reitbahn*, einer hatte noch kein Sebel um und muste nochmal nauf in die Stube, Fritsche unser *Berittführer* forne an der Front sagte was ist aber los? Der *Schenkhausdienst* war nicht mehr zu sehen, jezt kam der alte, Herr Fritsche wo waren denn ihre Leute die Nacht? ich weis nicht, ich war selber nicht da, hatte *Nachtzeichen*, auch noch dazu, sagte der alte *Wachmeister*, so ein Lumpen [121] gesindel, u. sie Mehnert waren auch mit dabei? zubefehl Herr *Wachm.* den Brezelmann übernhaufen gerant, u. auch noch *bemaust*, wer ist der Lump gewesen? Das krunzte er nur so, brillen konnte er gar nicht, er sang alles nur so, ich kann das hier nicht so wider geben, wenn ich das den *Rittmeister* melden wollte alle käm zur Strafkompanie, aber Melden dat er *leichte* nichts, er wuste auch warum, der *R. meister* hatte ihn tüchtich gefressen weil er so überspannt war in sein Alter von 66. Jahren.

Also raus gekricht hatt er es ja nicht, nimannt Antwordete, wurde nichts veraden, Neubert hatte ja auch unterwegs bar mit gegessen, Herr Fritsche Komantiren sie ihre Leute heute Nachmittag zur Strafe zum grosen Futterfassen, das ich das Gesindel mal nicht mehr sehe, und auf immer Stuben arest, u. daß kein Luder aus der Stube 33. raus geht.

Als der alte weg war *sagte* Mehnert unser Stubenäldeste, der bald raus ging zum Herbst, *über* Fritsche aber schön war es doch auf den Schillerschlöschen, Fritsche Feixte u. sagte was ist denn das von den Brezelmann u. wer soll denn welche *gemaust* haben, Mehnert von uns keiner werweis wer das gewesen ist, u. das Reiten ging los.

Nachmittag wurde der grose *Krimgerwagen* eingespannt u. sind alle mit naus gefahren in das Futtermakezin, das war noch ein Vergnügen u. den Schpaß.

[122] Was ich in Stube 33. erlebt habe u. wie daß zu ging könnte ich ja noch fiel Erzählen, was einen Heute immer noch Spaß giebt.

Nun noch eins, neben unsre Stube 34. war ein Mann der hatte ein solchen festen Schlaf u. war nicht zu erweken, der war in der ganzen *Schwadron* bekannt, und eines Abents brachten zwei Mann den Kerle auf einer Bank liegent in unsre Stube, u. setzten ihn in die mitte der Stube, er wekte eben nicht auf, u. Zerche von den ich erzählte sich mal gehangen hatte, füllte eine Bierflasche mit Wasser u. stekte es ihn in die Hosenschlitze, wir gingen alle bei seide, der Kerl auf springen, ich weis nicht mehr wie er hieß, und haute die Flasche in die Stube hinter u. zum Fenster naus die Bank fiel auch um, und unten geht gerade ein Unteroffizir von die *Pommper*, wir sagten nicht anders wie *Pommper* wenn einer von der Atallrie unten vorbei ging, es war doch die sechste *Pattrie* gleich daneben, da ging es immer zum Fenster runter Pum, Pum, Pum. Also die Flasche war neben den Unteroffizir nider geschlagen aber nicht getroffen, der geht rein u. Meldet das, es war auch denkbar mit recht, darauf kam das ganze Gefolg, der *Wachmeister* mit die andern Herrn, in die Stube, der alte mit den Tittel, [123] den er immer gebrauchte, was for ein Lump hatt die Flasche zum Fenster runter geschmissen? Die Fensterscheibe ist auch durchgeschlagen, der *Viezewachmeister* wär ist denn das gewesen?

Jezt ging aber die zwei Eltesten los Mehnert u. Kunze, hier haben sie uns den *Schlafdunzel* so hieß er alles, hier rein gebracht aus der 34. auf einer Bank hier liegt sie noch, wir schaffen sie nicht *num*, die ihn rein gestellt haben rannten wider *num* in ihre Stube, er war auch nicht zu erweken, (war aber nicht war.) haben alles versucht, da hatt ihn Zerche eine Flasche Wasser in die Hosen gestekt, darauf hin ist er aufgesprungen, u. die Flasche dahin geworfen, er konnte uns noch an Kopf treffen, Zerche sagte wenn sie den Kerle nochmal rein bringen hauen wir ihn das Lederzeug foll, nein denen die ihn rein gebracht haben, u. nicht den verschlafnen, sagte einer, wen war denn die zweie fragte einer, ja die waren ja schnell wider naus, und bei der Funzel die wir hier hengen haben, kann mann überhaupt nichts sehen, sagte Mehnert, nun *machten* alle in Stube 34. da ging es aber laud her, wir horchten *hausen*, beim naus gehen krunzte der Alte na was hier noch alles pasiren wird.

[124] Nun lagen wir doch auf den Schlafsaal neben der Atalleri 50. Mann auf einen Saal, und war blos ein Lattenverschlag for, zwischen uns und der Atallrie, aber dieses Manöver u. der Grawall, Abents ehe da ruhe wurde die schimferei uns hiesen sie alles *Gurkenreiter* u. *Pfefferkuchenmäner*, bei uns ging es immer stink

Pomper, pum, pum, pum unaufhörlich, da wurde keine ruhe, u. war zum Totlachen, wenn der Lattenverschlag nicht war da wär oft priglei [Prügelei] geworten, auf den Schlafsaal war Dach u. grose Dachfenster, wie es in der alten Kaserne noch war.

Also nun wider mal andre Bilder, wie ich schon forne geschrieben hatte ich doch das Pferd Nr. 40. nicht mehr, bekam ein Rekrut, u. ich die 74. die so hartes Tempo ging, u. mit der Zeit bekam ich schmerzen in *Geschäftnis*, hatte mich aber an den schmerz gewöhnt, u. dachte es miste so sein, in den Jahren ist mann ja nicht so Empfintlich, nun waren *mir* mal Baden in der Elbe, wir hatten ja noch unser Schwimmzeichen von der *Pionirübung*, da sagte Simonn zeichmal her das ist ein *Bruch*, ich wuste ja noch nichts von einen *Bruch*, hatte noch keinen gesehen, wolte es aber auch nicht gerne Melden, u. dachte ich miste dann blos Innern Dienst dun, Wache u. dergleichen, [125] und Ritt doch zu gerne mit auf den *Heller*, jezt auf einmal bekam ich solche schmerzen auf den *Heller* so das ich es nicht mehr aushalten konnte, wir hatten Schwadrons Exeziren, ich sagte es mein *Berittführer* Fritsche, der meldete es weider so das ich forn *Rittmeister* raus Reiten muste, nun sie Gardist was ist denn mit sie, ich kann for schmerzen nicht mehr sitzen Herr *Rittmeister*, Reiten sie rein oder führen sie das Pferd, u. gehen sie beim *Oberstabsarzt*, bin aber noch rein Geritten, u. das Pferd nicht geführt.

Nun bin ich nüber beim *Oberstabsarzt* Dr. Zügler auf der *Weisenhausstraße*, der Untersuchte mich genau, muste mich aufs Sopha [Sofa] legen, sie haben einen lingsseidichen *Bruch*, sie sind schon der dritte der von den Pferd einen *Bruch* bekommen hatt, warum wird die 74. nicht ausrangirt? ich sagte habe auch stets Brustschmerzen gehabt so lange ich das Pferd geritten habe, er fragte mich nun was sind denn ihre Eltern? sind sie Vermögent was haben sie for eine *Profesion*? u.s.w. ich werde sie mit Monatlich 6. Mark Pensioniren, u. Reiten nicht mehr mit, da horchte ich ja auf, hatte davon keine Ahnung, bekam ein *Bruchband* aus den Lazerett, nun solte ich die bar Wochen for meinen *rausgehen* [126] leichten Dienst dun, Wache u. dergl. Das ging auch hatte bar mal Wache, u. auf der Kammer beschäftichung, jezt Komandirte mich der Alte durch den Diensthabenten Unteroffizir zum Futterfassen Mehnert sagte Helbig bin [sei] nicht dumm, das machste nicht, gut habe den Befehl aus geführt, mich nicht geweichert, mit naus *gemacht* und wider rein in die Kaserne, den Waffenrok angezogen u. den Sebel um gehang u. nüber beim *Oberstabsarzt*, aber sie haben doch den Dienstweg überschritten das ist doch Strafbar ja ich weis das wohl Herr *Ob. Stabsarzt* mich hatt der *Wachmeister* zum Futterfassen Komandirt zum schweren Dienst, u. konnte es for schmerzen nicht mehr aushalten, habe es auch versucht. Also gehen sie mal mit nüber *sagte* er *über* den Lazerettgehilfen Sokulafskie, u. ich komme dann nach, in kurtzer Zeit hielte der *Oberstabsarzt* auf den Kasernhof, u. lies den *Wachmeister* runter kommen, ich war in der Stube, u. hörte blos, sie haben mein Befehl nicht ausgeführt Gardist

Helbig ist nicht mehr zum schweren Dienst rann zu ziehen, auch nicht zum Reiten. wenn es wider for kommt muß ich sie Melden, da hatt ja der Alte eine *Nase gekricht.*

[127] Darauf hin hatt mir der Alte kein Wort gesagt u. ging mir förmlich aus den Weg, aber in Stube 33. ging es so weider immer schikeniren, wir waren ja alle seine guten Freunde, u. machten uns gar nichts draus aus den alten *Knax*, wir konnten ja das Lachen nicht *erhalten* wenn er so angegrunzt kam, einmal kam er auch rein u. an mich rann, es war das erstemal wider seid ich ihn beim *Ober St. Arzt* gemeldet hatte, und sie wollen Pension haben, ein Arschloch solln sie kriegen auf *Eichentums Urlaub* ja da können sie gehen.

Nun wollte ich doch einen *Zifielversorgungsschein* haben, die Stubenäldesten sagten auch du hast deine Gesundheit hier zugesezt drike nur drauf, wenn sie dich forne naus steken, kommste hinten wider rein, sie haben aber auch nicht gewust das ich als Halbinvalid keinen zu beanspruchen hatte, und laud Gesetzlich war, nun kurtz u. gut. Ich dat noch bar Tage Dienst, u. legte mich dann auf den Schlafsaal ging gar nicht runter, Beer Franz der auch mit in der 33. lag brachte mir immer ein stük Kommißbrod rauf, mir wurde ja die Zeit langweilich, aber es half nichts, da kam barmal der *Unterarzt* auch Sokulofski Lazerettgehilfe nauf, auch Untersuchte mich nochmal der *Unterarzt.*

[128] Und sagten sie haben einen leisten Bruch, weider fehlt sie doch nichts, da sind früher fiele auf *Disbesitzsion* naus geschikt worden, u. das kann sie auch noch pasiren, wenn sie nicht runter gehen, ich sagte ich habe solche schmerzen wie will ich meine *Profesion* wider bedreiben, ich bin ja Gesund rein gekommen, ich bitte um einen *Zifielversorgungsschein* u. gehe nicht eher raus, Ja das giebt es nicht bei Halbinfaliden, u. ist Gesetzlich war die Andwort, und den vorlezten Tag wo ich raus ging kam aus den Biro der Frike rauf bei mir, u. sagte bei uns liegt dein Militärpaß u. Quittungsbuch mit 6. Mark Pension kanst es in Empfang nehmen, da bin ich wider runter, u. war nichts zu machen. Es war Gesetzlich u. hatte keinen zubeanspruchen, als Halbinfalid. später wo ich noch gar nicht lange an der Eisenbahn war, also doch 7. Jahre später. haben sie das Gesetz fallen lassen, und bekam ein Halbinfalid ein *Zifielversorgungsschein*, u. gleich mit Anstellung.

Hier kam einer von Militär raus, weis nicht mehr wie er hieß, hatte auch einen *Bruch*, Logirte hier bei Kunze wo ich jezt wohne, wurde Briefträger u. gleich mit Angestellt, wo sich die andern [129] Briefträger die schon Jahrelang in Dienst waren u. noch nicht Angestellt sich sehr darüber Ercherten [ärgerten], weis ich heute noch, er war aber nicht lange hier und wurde Versezt, also gleich von ersten Tage an Angestellt, u. war nun Gesetzlich. Nun hatte ich doch auch die 7. Jahre das ich auf der Post war meine Pension von Monatlich 6. Mark eingebüst, und das war unsren Oberschaffner Hillig nicht einleuchtend, der arme ist auch schon lange Tot, wurde nach Pirna Versezt u. Verunglükt, er bod sich an mir ein Gesuch zu machen, an das Kriegsministerium, um Entschädichung der 7. Jahre das wir die bar Mark entzogen worten waren, es war doch immer Geld 7. mal 72. Mark, also Monatlich 6. M. wo ich es so Notwentich brauchte bei allen Krankheiten, Totesfällen, u. Schiksalsschlägen, da schrieben sie ganz höflich raus das zu der Zeit die Gesetze so gelauden [gelautet] hätten, u. ich doch über 300 M. Jährlich einkomen gehabt hätte, u. die Pension zu ruhen hatte u. muste mich damit beruhichen, also ich hatte Jährlich 450. Mark sage u. schreibe, also monatlich runt 37. Mark Anno dazumal, Täglich 1. M. 50 Pf. mit Abzügen.

Hillig machte mir darauf noch ein Gesuch, was Hände u. Füße hatte, da sich doch die Gesetze nicht gerade geändert hätten, bei den Übergang, von der Post zur Eisenbahn, u. noch rükwirkent eine Summe zu beanspruchen hätte, u. das machten sie unmöglich, Hillig wurde unterdessen Versezt, u. sagte hier handelt es sich um einen Rechtsstreit [130] lassen sie sich ein *Armutszeuchniß* austellen u.s.w. da war ich aber nicht geschaffen dazu, also imer Pech.

Oberschaff. Hillig war so ein netter Mann, wenn er nur jemanden konnte ein gefallen dun, das dat er, es gab kein zweiten, ein untersezter kleine Mann, u. wie ein Wiesel, ich muste barmal in seine Wohnung kommen wohnte in Beamtenhäusern, mich mit aufs Sopha [Sofa] setzen, sie können gleich drauf warden, u. in so kurtzer Zeit ein Gesuch fertich, habe sie heute noch hier in meinen Papiren, er hatt mir Gesuche gezeicht die er mal an König auch an Keiser gemacht hatte, u. wie fiele Gesuche er für die Eisenbahner gemacht hatt, die gerne wollten zur Anstellung u. zum Fahrdienst kommen, wie das zu der Zeit war, jezt ist es ja ganz anders geworten seid Jahren, wie er Hillig Versezt u. von Inspektor Abschied genommen, hatt der Scheff gesagt, wer wird denn nun die Gesuche machen?

Hillig hatte zwei kleine Hunde das waren seine Kinder, da er keine hatte, und war hier so beliebt, u. ein begabter Mann, war beim Gemeiderat, auch Militärvereinsvorstand, Wie er fort *machte* kam er nochmal in die Übergangsbude[62], u. gab mir seine Adresse, wenn sie sollten mal was haben wegen ein Gesuch, da schreiben sie mir, können mich auch Persöhnlich mal besuchen. es war am Postplatz die No. weis ich nicht mehr. [131] und der gute Mann war kurtze Zeit in Pirna u. Tot, in Pakmeisterwagen zerquetscht, ein Zug auf den andern gefahren, das hatt mich ja sehr *gedauert.* Der hiesiche *Militär Verein* war mit zu Grabe, Ja mann hatt auser den fielen Garstichen Menschen, auch rechte gute Menschen kennen gelernt, in der so langen Zeit.

Der liebe leser wird mir es nicht übel nehmen, wenn ich noch erzähle von anfang an wie sich das zugedragen hatt, wie ich nach Dohna kam, wegen die bar Mark Pension, als ich mich *fest gemacht* hatte als Landbrieftr. mit so wenichen Gehalt, kam den dritten Tag das schreiben von Kriegsmisterium, sofern der Unterbeamter Helbig ein Quittungsbuch hatt wegen Pension sovort daß Quittungsbuch

[62] Gemeint ist das Bahnwärterhäuschen in Bienenmühle, in dem Karl Helbig mehr als zweieinhalb Jahrzehnte lang seinen Dienst als Übergangswärter versah.

einzuschiken, muß noch mit bemerken, hätte ich das zufor gewust, u. gekannt, hätte ich mich gar nicht verpflichten lassen, und hätte der Post den Rüken gekert, also mein Quittungsbuch lag zur Zeit in Freiberg auf der Bezirkssteuer Einahme, u. bekam alle Monate die 6. M. perr Post, Quittiren daten sie dort selbst, also hatte ich das Buch nicht bei mir, es war dazumal so übblich, unser Postverwalter war nicht Militärisch, u. sagte aber Helbig bei den wenichen Gehalt auch noch die bar Mark einbüsen, haben sie denn ein Quittungsbuch?

[132] Ja das liegt in Freiberg auf der Bez. steuer Einahme, nun sagte er wir wollens nur lassen hin gehen, sie haben ja keins hier, gut ich bezog die Pension ½ Jahr so weider, nun sagte der Postverwaltr mal Helbig die sache geht mir jezt im Kopfe rum, wollen lieber mal hin schreiben ans Ministerium, das ihr Buch in Freiberg liegt, hatte aber kaum hin geschrieben, kam gleich der Bescheid zurük, das das ich die unrecht erhobne Pension von 6. Monaten zurük zu zahlen hätte, also 36. Mark. Der Postverwalter machte mir ein kleines Gesuch um erlaß der Unrecht erhobne Pension, aber da gab es nichts, sie wollten mir es erleichtern, u. muste alle Monate 2. Mark zurük zahlen, von den wenichen bar Mark die ich hatte 45. mit abzügen 40. M.

Nun muß ich leider nochmal zurük kommen, u. geht sachte zum schluß, acht Tage zufor ehe ich raus ging muste ich noch mit auf den Schießstant, u. meine 5. Patron naus schießen, sagte mir der *Vizewachmeister*, wenn sie nicht laufen können fahren sie auf den *Krimgerwagen* mit naus, mit den das Schießgeräde naus gefahren wurde, aber ich bin mit naus Marschirt, den Karabiner um [133] gehang, es war die lezte Schießübung, u. deswegen muste ich gewiß noch mit machen, es war ja schön dort drausen in Kieferwald, wo wir schon so oft waren, nicht auf den *Heller*, es war mehr in der *Dresdner Heide*, die erste Zeit wurde auf 500. Meter Dißdangs [Distanz] geschossen, dann später auf 1000. Meter, also in stehen geschossen, u. das leztemal wo ich eben mit naus muste auf 1.500 Meter das heist dieses mal in liegen auf den Bauch, es war das weideste was unser Karabiner ging, die 5. Patronen wurden gleich auf einmal hinter einander geschossen.

Muß auch noch mit bemerken das unsre damalichen Karabiner, jezt die Grenzaufseher haben, Also die ersten 3. Patron gingen forne nicht weid von mir in Sand, der Unteroffizir wissens denn Helbig, wo sie hin geschossen haben, ja sagte ich habs schon bemerkt, sie ist es wohl egal wo es hin geht? ich sagte das gerade nicht, aber mir war es ja gleich wo es hin ging, wo ich doch in 8. Tagen raus ging, das gab mir ja alles Spaß die ganse *merde*, nun noch dazu kam mir der Helm immer forne rein, ins Gesicht, ich hatte nemlich den ersten besten Helm erwischt, u. meinen nicht, ich konnte nicht sehen wo es hin ging, da sagte der kleine Leutnant Rex nehmen sie nur den Helm ab, haben doch sonst gut geschossen. [134] Und die lezten zwei Patron gingen noch richtich in die Scheibe der Helm war mir nicht mehr in Weg, es war also die lezte Schießübung in liegen, u. gewiß deswegen muste ich noch mit machen.[63] Ich war in der zweiten Schießglasse[64], was auch in meinen Militärpaß steht, kann heute noch jeder sehen.

Nun den lezten Tag muste ich doch meine Sachen auf der Kammer abgeben u. hatte zufällig einen guten Kammer Unteroffizir, der erst kurze Zeit auch auf der Kammer war, Seibt hieß er, das war ja kein solcher Schweinehund wie bei der ersten *Schw.* Silbermann war, der hatt es uns armen Rekruten ja for ein Geld gemacht, nun kurtz gefast. die neuen Halbstiefel behielte ich, die ich bekam wie ich zur 3. ten rüber kam, und mit den neuen *Trillrok* der mir gleich *gemaust* wurde, wie ich schon geschrieben, ich habe die Stiefel noch lange gehabt in *Zifiel*, gute Stiefel die Schäfte noch rot, ich ging in die andren Stuben, die Manschaften waren drausen, die Türschlösser in allen Stuben ging doch alleine auf waren ja alle Kaput, u. *verwircht*, mann brauchte blos bischen zu reisen, da suchte ich mir bar alte Stiefel hinter den Fronten, u. gab sie ab, Seibt sagte haben sie denn in den Stiefeln können laufen [135] sehen doch gar aus wie zweierlei, ich sagte schlecht, haben mich stets gedrikt, u. wollte sie schon immer abgeben, auch habe ich einen ganz alten *Trillrok* von meinen Schranknachbar abgegeben, der hatt meinen genommen weil der besser war.

Nun muste ich noch den lezten Tag beim alten *Wachmeister* kommen u. bekam das Fahrgeld, 1. Mark 70. P. steht heute noch in mein Militärpaß, also ich muste Quittiren, da zog er noch sein Buch aus der Brust raus, also noch Extra sein Daschenbuch u. sagte Quittiren sie gleich nochmal in meinen Buch, sie sind im stante u. kommen noch mal und verlangen das Fahrgeld, sie sind kein guter.

Nun es war der letzte Tag, und der lezte Abent das wir so fröhlich bei sammen waren, u. wir machten nochmal *gute Stube*, es war auch den Tag noch Löhnung gewesen, da gab es noch Bier und Schnaps, zur *guten Stube*, ich gab auch noch 50. Pfenche zum Abschied, hatte ja fiel Geld, das Fahrgeld auch die Löhnung was wollte mann mehr, es war noch sehr schön, haben noch alle Lieder gesungen zum

---

[63] Die Unzweckmäßigkeit des repräsentativen Gardereiterhelms auf dem Schießstand beschreibt auch L. Renn (1966, S. 289 f.) im Gespräch mit einem Leutnant des Regiments: „‚Auch unser Helm ist ein Wahnsinn. Über euren will ich ja nicht sprechen […] Wir können mit unserm Helm auch dann nicht schießen, wenn wir den Löwen herunterschrauben […] Der Nackenschutz hier ist in der Zeit erfunden worden, als man noch zu Pferde mit dem Säbel focht. Dazu taugt er allerdings auch nicht. Denn das Blech ist zu dünn, um einem starken Säbelhieb standzuhalten. Aber jetzt kämpfen wir doch zu Fuß. Und wenn ich mich hinwerfe und den Kopf zurückbiege, drückt mir der Nackenschutz den Helm ins Gesicht.‘ ‚Aber‘, erwiderte ich, ‚ihr schießt doch auf dem Schießstand. Und einige der Schießübungen müssen nach der Schießvorschrift mit Helm gemacht werden.‘ Er lachte. ‚Wir tun so, als wüßten wir das nicht, und setzen einfach Mützen auf.‘“

[64] Zweite Schießklasse: „Dem Zweck der fortschreitenden Ausbildung [beim Schiessen] dient d. Eintheilung in Schiessklassen, deren jede bestimmte Bedingungen zu erfüllen hat, bevor das Aufrükken in d. höhere stattfindet […] Die unterste, 2. Klasse umfasst natürlich neben den unzureichenden älteren d. jungen Mannsch., d. 1. Klasse im allgemeinen d. ausgebildeten Schützen. Offzre, Uoffzre, Kapitulanten, welche alle Bedingungen der 1. Klasse zweimal erfüllt haben, bilden eine besondere Schiessklasse“ (Frobenius 1901, S. 764).

Abschied die wir immer gesungen hatten, ich war ein groser Singfreund. [136] Auch das reserver Lied haben wir runter gepeitscht.

Was blinkt so freundlich in der Ferne, es ist das teure Vaterhaus, ich ward Soldat auch ward ichs gerne, doch jezt ist meine Dienstzeit aus, drum Brüder stost die Gläser an es lebe der Reservemann, der treu gedient hatt seine Zeit ihn sei ein volles Glas geweid. Den nächsten Posten den wir stehen, stehen wir for unser liebchens Tür, da haben wir auch nichts zu sehen, u. keine *Ronte* stehrt uns nie, drum Brüder stost die Gläser an usw.[65]

Den lezten Tag gleich früh muste ich runter kommen auf die *Reitbahn*, u. *Rittmeister* von Posern langte mir mein Führungsattest von Pferde runter, mit den Worten, sie Gardist haben bar Tage Arest gehabt, habe es aber nicht mit drauf gemerkt, Sie werden sich gewiß mal in Statsdienst wenden, auf Eisenbahn, oder Post, da sie ihre Gesundheit zugesetzt haben. also Gott zum Zeuchen. ich bedankte mich, es ist heute noch in meinen Führungsattest zu sehen, den guten Posern seine Schrift, geführt gut.

Es war ja der beste *Rittmeister* von ganzen *Regiment*, das war algemein bekannt, u. habe davon forne schon geschrieben.

[137] Als ich entlassen war bin ich noch bar Tage ab und zu in die Kaserne gegangen, da ich doch in Dresden Arbeit suchte, habe noch mit gegessen in meiner Stube, bekam von vielen, u. konnte es nicht aufessen, habe auch noch zwei Nächte in meinen *Kahn* geschlafen, der alte *Wachmeister* hatt mich nicht gesehen, nun stant ich mal beim Kaserneingang beim Wachposten hatte ja meine *Eichentums Uniform* an ohne Sebel das dat nichts zur Sache, war doch nicht mehr in Dienst, u. war nicht strafbar, und da Ritt gerade der *Rittmeister* durch, Sie Gardist können sich wohl gar nicht drennen von der Miliz, ich sagte ich will in Dresden Arbeiten Herr *Rittmeister*, recht so sagte er.

Ich habe auch dann beim Baumeister Bakofen gearbeidet bis in *Toten Herbst* schrieb den Klemm Karl der kam auch gleich, u. Logirten beim liebs Wilhelm, zufor *machte* ich erst zuhause holte mein Handwerkskasten u. Anzüge, Mir hatt es dann noch *bange* gedan nach den Kamraden, auch noch wie ich dan in meiner Heimad war, ja es war doch schön und habe noch oft an die schöne Zeit gedacht, u. an Stube 33. mann hatte ja auch zu der Zeit gar keine Sorgen, u. wär ich früher einmal zur Wiedersehnsfeier gegangen, hätte ich blos dürfen rufen St. 33.

[138] Ich kam nun nach bar Jahren nach Dohna als Landbriefträger u. hatte Rittergut Gamig mit in meinen Bestellbezirk, wo der *Rittmeister* öfters *hausen* war oft in *Zifiel*, u. habe ihn öfters gesehen, auch einmal mit ihn gesprochen, denn

---

[65] Bei Erk und Böhme (Band 3, 1894, S. 238 f., Nr. 1367) als Lied der Reservisten aufgeführt, von Steinitz (1954, S. 402) als ein die Militärzeit idyllisierendes Reservistenlied bezeichnet. Der Refrain lautet: „Drum Brüder, stoßt die Gläser an! Es lebe der Reservemann! Der treu gedient hat seine Zeit, ihm sei ein volles Glas geweiht.“ Vgl. Müller 1891, S. 31 f.; Sachsenlieder S. 116 f.; Weber-Kellermann 1957, S. 396.

seine Schwester von Posern war den Kamerherrn von Lüttichau seine Frau, eine Bildschöne Frau, die Gnädiche hieß es alles, u. sie stellte mich mal for bei ihn, wie er *hausen* war, u. in den grosen Garden sasen, u. waren noch mehr Herrschaften dabei, wenn sie in Garden waren gab ich meine Postsachen da ab, Da sagte sie zu Ihnen das ist unser Briefträger der auch bei deiner *Schwadron* gedient hatt, er fragte mich welchen Jahrgang, er konnte sich Natirlich nicht mehr besinnen, ich sagte, Herr v. Posern hatt mir mein Führungsattest ausgestellt, so, und Ich muste aus seinen Zigaren Etui eine raus nehmen. Rittergut Gamig war der erste Ort den ich bestellte von Dohna aus 20. Minuten, auch bekam Gamig sehr fiel Postsachen u. von da weg ging ich nach Bosewitz, Wölkau, Garknitz, Sürsen, u. Tronitz, also 6. kleine Ortschaften, alle Tage zweimal jedes Dorf. u. das 7. Jahre lang, langte auch zu, u. wurde zu der Zeit tüchtich [139] geschunten auf der Post, da gab es keine Hillfsstellen, u. Achenturen [Agenturen], bein alten Geizhals Stephan, von früh 6. bis Abents 8. Uhr Dienst alle Tage, u. in 6. Wochen mal frei, für die bar Pfeniche, schluß davon sonst komme ich wider von der *weise*, doch muß ich noch bemerken das der *Pirnar Anzeicher* in jeden Haus, u. von jeden Bauer gehalten wurde, war auch ein schönes Blatt, alle Tage so 70. Stük, auser die andern Zeitung u. Postsachen, Briefe u. dergleichen,

Stephan war zur der Zeit an der Spitze der Reichspost. Auf Gamig war Rittergutspachter Petsch mit fielen Leuten, auch ein Inspektor, Scholarn, viel Gesinde, ein Braumeister, Breumeister, Schafmeister, Milchvorwerk, auch ein Restrang, da konnte ich Bier u. Schnaps trinken so fiel ich wollte, wurde mir gleich im Anfang gesagt, aber der Schnaps war Kartoffel fusel u. schmekte nicht, es waren in der Gegent solche gemütliche Leute, u. gut, die mann in Gebirge nicht trifft, Die Bauern hatten doch alle grose Obstgärten[66] was ich da immer gekricht habe, konnte nicht genuch rein schleppen, war mal rechter Sturm gewesen nahm ich die Frau mit, mit den Dragkorb ging durch die Obstgärten durch u. las zusammen, sagte kein Mensch was, das Obst hatte bei den Leuten gar kein wert, mit den Wein war es [140] auch so, es hatte doch jeder Bauer am Gebäuten Wein, wenn der im Herbst abgenommen wurde bekam ich übral welchen, ich war aber kein Freund von Weintrauben, u. heute noch nicht, ein Glasbier war mir lieber, ich habe da manchmal ein Kistchen zuhause zu meinen Eltern geschikt, ich hatte ja immer fiel schleperei durch die Dörfer durch, es half aber alles Haushalten es wurde ja gebraucht.

Ich will hier mal auf hören u. später noch Erzählen was ich die 7. Jahre in meinen lieben Dohna verlebt habe, das Papier langt ja noch zu u. habe auch Zeit genuch, bitte den lieben Leser um Verzeiung weil ich alles bischen durch einander geschrieben.

---

[66] Bis heute ist das Gebiet südlich von Dresden-Lockwitz ein wichtiges Obstanbaugebiet.

Herrenhaus mit Treppenturm zu Gamig 1890. Hier trug zur gleichen Zeit wie Karl Helbig ein armer Waisenjunge Zeitungen aus, dessen Leben allerdings beruflich sehr viel erfolgreicher verlaufen sollte: Georg Höntsch stieg zum Großindustriellen auf und betrat am 11. November 1917 „das Gut Gamig erstmals als Besitzer, nachdem ich etwa acht Jahre auf dieses Gut, letztmals am 31. März 1886, den ‚Pirnaer Anzeiger' als Zeitungsjunge hinaufgetragen habe" (Höntsch 1941, S. 261; zur Geschichte des Rittergutes vgl. Arbeitskreis Heimatgeschichte 1995, S. 21-23; Meiche 1927, S. 72; Pirna und seine Umgebung 1965, S. 66ff.).

Nun nochmal zurük zur Miliz. Wir hatten zweimal Schwadronsball bei der ersten *Schwadron* auf der Wallhalle[67], u. bei der 3. ten *Schw.* auf der Centralhalle[68], wo mann doch gar keine Intresse daran hatte, ich nicht allein, andre auch, es muste aber jeder mit machen u. was wollte mann da davon machen, es gab eben kein zurük, bei jeder Löhnung wurde uns was abgezogen zu den Ball, es gab gute Uniform von der Kammer 4. te *Ganadur* u.s.w. die neuen *Achselschuppen* u. alles plitzte, auf den Saal, u. das Sebelgeraßle [141] das war ja ein Bild, sämtliche Offizire u. Unteroffizire die Leutnants, *Rittmeister*, die Ärzte alles war verdreten, stark über 100. Mann, und das Trompeterchor, das dreiben hätte mal einer in der Hei-

67 Möglicherweise „Zur Walhalla", nach dem Dresdner Adreß- und Geschäftshandbuch von 1878 Schenk- und Speisewirtschaft in der Freibergerstr. 33.

68 Gaststätte und Veranstaltungshaus am Fischhofplatz in der Wilsdruffer Vorstadt, 1866 errichtet (Stimmel u. a. 1998, S. 89; Kukula, Helas 1997, S. 143).

mad sollen sehen, wir haben uns blos gezwungen, u. hatt uns gar nicht gefallen, ja bei vielen war es das Gegenteil, die stets Sonntags nicht da waren u. *Nachtzeichen* hatten, u. ihren Schatz in Dresden hatten, meine Gedanken waren in der Heimad auf den Saal wo mann früher so Lustich unter seinen Jugendfreunden gewesen war, u. hier doch alles fremt u. ganz anders war, bei mir hieß es wie in den schönen Lied andre Stätdchen andre Mädchen[69], doch die eine ist es nicht.

Nun sollte auch jeder ein Mädchen mit bringen, aber woher nehmen? Da hatte mir Simonn eine *versorgt*, es war kein übles Mädchen, habe auch bar Toren [Touren] gedanzt aber mehr gezwungen, wo ich doch früher so danzlustich war, Nun gab es noch ein Gefecht, das Mädchen nahm mich mit, u. ging über die *Marinbrüke*, es war schon spät hatten doch freie Nacht, da geselte sich noch einer dazu u. wollte mir das Mädchen abspenstich machen, es war auf der Brüke, ich zog meine Klinke [Klinge] u. haute ihn in die Beine, u. der draf mich auf die Hand das ich Bludete, sie Weinde wie *mir* über der Brüke nüber waren ging er ab, das Mädchen nahm mich mit bis for die Haustüre, weis aber nicht wo das war.

[142] Des Morgens frü um Dreie[70] wekt uns der *Singelist*, da heist es alle munter ihr Jungen aus den Nest. Hali, Holo Hali Halo Hali Hali Hali Halo Hali Halo Hali Halo Hali Hali Halo. Mitt Strigel u. *Kartätsche* geht nun das Putzen los, zwölf *striche* muß mann *schlagen*, sonst ist es nicht genuch. Hali Halo Hali Halo Hali u.s.w. Und ist es dann um fünfe, da ist nun der *Raport* ihr Leute habt was neues so meldet es sofort. Hali Halo Hali Halo, Und ist es dann halb sechse dann wird gerüket aus, wer da nicht fertich ist, der wird geschmissen raus. Hali Halo Hali Halo, Von sechsen bis um elfe da gehts in follen takt, ihr Leute ihr mist Reiten das Euch die Schwarde knakt. Hali Halo Hali.Kommt mann von Exeziren, dann heists ihr Leute all, reibt eure Pferde troken bleibt eine Stunt im Stall. Hali Halo Und kommt mann aus den Stalle, so fragt doch jeder schon was giebts den in der Küche, nur keinen sauern Bohn. Hali Von einsen bis um dreie begint das Putzen schon, [143] Ihr Leute Putzt recht reine, um für Uhr weist es schon, und ist es dann um füre sind *planke Pferde* schon, u. sind sie nicht ganz reine so wolln sie uns verkohln. Hali Halo Hali Halo Hali, Und ist es nun um sechse denkt jeder es ist aus, da komm noch planke Sattel und planke Zeumung raus. Hali Halo Hali Da denkt doch nun ein jeder, nun aber lekt mich Fett, wird er noch Komandiret, um sieben auf *Piket*, Hali Halo Hali Und ist es nun um achte dann gehts im follen lauf, ja über Stok und Steine zum *Jägerhof* hinaus. Hali Halo Hali Und ist es dann um Zehne geht das *verlesen* los, u. wär nun da nicht da ist, der wird gemeldet blos. Hali Halo Hali Halo u.s.w. Und kommt mann dann in *Kahne* u. rechnets for sich aus,

---

69 Sprichwörtlich, siehe Lipperheide (1907, S. 818).

70 Der Text entspricht nicht dem als „Reveille“ oder „Wecktrommel“ bekannten Soldatenlied mit einem ähnlichen Liedanfang (vgl. Erk und Böhme, Band 3, 1894, S. 217-220, Nr. 1338-1340).

was mann den Tag geleistet, komm 19. Stunten raus. Hali Halo Hali Halo Hali Hali Hali Halo Hali Halo Hali Halo Hali Hali Halo. Das haben wir sehr viel Gesungen.

[144 Vakat, 145] Das Komando der Kavallrie.

Stillgestanten an die Pferde, fertich zum Aufsitzen, auf gesessen, fast *Drensen* an, *Eskatrong* zu einen rechts *brecht ab*, Trapp. *Wollte* marsch, kert marsch, lings schließt euch, rechts schließt Euch, *Brawer*, durch die halbe Bahn *schangschirt*, *Däde* lings schwengt, mitten in der *Walle* rechts Marschirt auf, *Däde* halt, rirt Euch. Dädist der vordeste Reiter. Richt Euch Gewehr auf, *Eskatrong* zu einen rechts *brecht ab* Kallopp, rechts Hieb, lings Hieb, Kopf Hieb, nach unten Hieb, Stich, *auslage* vorwerts, Doppelhieb, Stich, rechts hieb Stich, lings hieb Stich, Kopfhieb Stich, aufsetzen, *Eskatrong* Trapp *Däde* rechts schwengt lings Maschirt auf halt, Gewehr ein rirt Euch, fertich zum Abspringen ab gesessen, von hinten auf gesprungen, von vorne Abgesprungen, also 1. 2. 3. hinten drauf auf den Sattel stehent den Pferdekopf nider driken, u. durch die Beine durch, forne runter.

[146 Vakat, 147] Durch den Husarensprung aufgesprungen, richt Euch Gewehr auf, *Eskatrong* marsch, Husarensprung heist, die Mähne erfassen mit der linken Hand u. so frei aufspringen, hatt schon mancher ein *Bruch* gekricht. Die Pferde unterdreten lassen, rükwerts richt Euch, rechts um, lings um, *Brawer* Trapp leicht Reiten, Kallopp zur Attake. leicht Reiten heist, mehr in Steichbügel stehen, u. bei jeden Sprung sich erheben, den Pferde leicht machen, wie bei Attakiren (in Manöfer). nun weider, beim Herrn *Rittmeister* vorbei, nach unten Hieb Stich Gewehr ein, die Zügel zusamenbinden Trapp. Arme vorwerts, Aufwerts, Rükwerts, Abwerts strekt, Steichbügel los lassen, im Trabe abgesprung, aufgesprung, Pferde führen,

Regiments Exeziren! *Regiment* mit *Zügen* rechts umkert schwenkt, rechts *brecht ab*, Trapp, mit *Zügen* lings umkert schwenkt, *Barademarsch* erster *Zug* gradaus, mit *Zügen* rechts *brecht ab* Kallopp also Naturgetreu wie es war.

[148] Freiübung zu Fuß.

Stillgestanten, rechtes Bein aufwerts hebt, Vorwerts strekt, rechten Fuß lingsum rollt, aufwerts beucht, abwerts stellt, lings desgleichen, rirt Euch, Hüften fest, Hüften los, Arme aufwerts, seitwerts, rükwerts, Vorwerts, Abwerts strekt, Schlußsprung auf der stelle springt.

Eskatrong kehrt, Rechts schlüst euch, lings schlüßt Euch, rirt Euch. Stillgestanten, Langsamschritt nach Zählen 1. 2. 3. Laufschritt marsch, marsch, *Däde* halt, rirt Euch, gestanten rechts um, lings um, halb rechts um, halb lings um, kert Fronnt. Versen hebt, rechten Fuß vorwerts stellt, Gruntstellung, Füße schließt, Füße auf, rechten Fuß hebt.

Mann könnte noch mehr Übungen verzeich[n]en, so mit den Pferd, musten wir über Hindernisse springen, über Stämme waren mit Stroh umwikelt, bar Meter davon über Gräben springen. [149] Die Stämme erst ½ Meter hoch, dann immer höher, auf beiden seiden stant ein Unteroffizir mit der Peitsche, da wurde zu geschlagen, es gab Pferde die zurük prelten, wenn mann an gesaust kam, Natirlich ging das nicht in Schritt, oder in Trapp sondern in starken Kallopp mit grosen anlauf, dahinder die Gräben da ist manches Pferd u. Mann gestürzt, u. ging drunter u. drüber, auch muste das Pferd ganz gerade drüber springen, nicht schief, was uns der Leutnant zufor erklerte, das es ihn selber pasirt wäre, u. sein Pferd ein forter u. auch hinter Bein gebrochen hätte, durch quäre drüber springen, also hängen geblieben, auch musten wir daß erste Jahr alle Tage 2. Stunten Turnen, übern Sprungkasten, *Forterschirbok*, springen, hatten auch ein Rek, u. Barn [Barren], u.s.w. bei jedenmal Turnen wurde ein Pferd rausgezogen, da wir doch Turn in Stall hatten, wurd quär rüber gestelt u. musten übern Rüken frei drüber springen, mit freien [150] Anlauf u. auch Sprungbrett, Hände hoch, auf der andren seide hinder den Pferd hielten 4. Mann eine grose Deke, jeder hatte eine Zipfel fest angebakt, da flog mann nein, bei den schmiß lies einer manchmal den Zipfel los, u. mann kollerte aufs Pflaster, das gab immer fiel Spaß.

Nun will ich aber sachte schluß machen, mit der Soldaten Erlebtnissen. es ist doch auch schon so sehr lange her, aber immer noch eine schöne Erinnrung. ja lang ist es her, lang ist es her. Ich habe es ja schon manchmal bereut, das ich frühr nicht einmal zur Widersehnsfeier nach Dresden *gemacht* bin, aber wie das so war, mann hatte ja andre Sorgen, u. zu Kämpfen um das liebe Leben, so das mann wirklich gar nicht drann gedacht hatt. und nun ist es leider zu spät, ich hätte ja blos brauchen rufen Stube 33. u. hätte ich noch bar Kamraden gedroffen, diese Freude u. Schpaß.

[151] Wo es mir, wie ich raus war von Militär manchmal *bange* gedahn hatt nach den Brüdern, in Gorknitz ein gewisser Küchler war auch bei der *Schwadron* gewesen, u. auch in der Stube gelegen, war aber schon 4. Jahre raus, er hatt mir immer fiel Erzählt und sagte es wär schon zu seiner Zeit so gewesen, er wär auch durch *Eichentumsurlaub* von den alten *Wachmeister* dort rein gekomen in Stube 33. u. wären lauder *Verhaune* da drinne gewesen.

Wie ich noch in Dienst war for 4. Jahren, sagte unser *Ober Wachmeister* Knauk ob ich nicht zur Wiedersehnsfeier wollte mit *machen*, ich sagte ihn, das ich doch zu Alt wäre u. wirde kaum noch einen treffen von meinen Jahrgängen, u. solte es der fall sein wirde ich mich doch blos aufregen for freude, wie das so ist, u. sagte das ich nicht feste wär mit den Herz, Knauk war auch beim G. R. Regiment b. der 4. *Schwadron*, u. kam nach den Krieg hier her als *Wachmeister*, hatt auch [152] for bar Jahren hier geheiradet, von Obervorsteher Seifert die Tochter, als Knauk von der Wiedersehnsfeier zurük war, sagte er ich solte mal in seine Wohnung kommen er hätte bar Bücher mit gebracht von Militärvereinbunt, u. solte sie mal lesen, es waren zwei ganz nachelneue Bücher, fein eingebunden, ich hätte sie lieber nicht genommen weil sie ganz Neu waren, aber er dat es nicht anders, ich solte sie lesen, oben drüber stant auf beiden Büchern das G. R. Regiment im Weltkrieg.[71] In den einen Buch sind sämtliche gefallene die Photografin, aber wie fiele, das ganze Buch balt foll solche schöne junge u. auch alte Manschaften, als wenn sie noch lebten, Offizire, Unteroffizire *Wachmeister*, u. so viel *Gemeine*, wenn mann die schönen Uniformirten G. Reiter so sieht das ist ja so traurich u. Herzzereisent, Knauk sagte es hätte sich der General weis den Namen nicht mehr, bar Jahre lang mühe gegeben um das Werk fertich zu stellen, an die Verwanden geschrieben [153] um die Photografin zu erlangen, u. hätte ihn sehr fiel mühe gekostet, es sind zwei starke Bücher, ich habe sie so Vorsichtich in Papier eingeschlagen u. gelesen.

In den zweiten Buch ist der Krieg beschrieben, wo das G. R. Regiment in Rußland blos war, meist in Schützengräben, und waren alle angegeben die Ausgezeichnet, also Orten gekricht haben. unser Knauk war bei der Maschingewehr Abteilung und ist 3. mal Ausgezeinet worten, diese grose Listen das ganze Buch foll. Ich habe mit den Bleistift kleine pünktchen gemacht, bei Knauk daß er gesehen das ich ihn gefunden habe. Nun war auch in den Buch der Einzug nach den Krieg in Dresden, wie die bar Mann wider in die Kaserne eingerükt waren, u. wo waren die, die for 4. Jahren mit Ihnen ausgerükt waren in Krieg? alle die Kamraden hatten ihr Leben müssen lassen. Und dann zum Abschied aus der Kaserne sind sie immer noch mal in Stall gegangen u. konnten sich nicht von ihren Pferden trennen, u. immer noch mal hin u. beim Kopf genomen, u. gestreichelt, sie hatten den Kopf immer noch mal nach ihren Reiter rum gewand, als wenn sie es wisten.

[154] Und mit Trähnenten Augen waren sie aus den Stall gegangen und keiner hatte sich geschämt als Soldat zu Weinen, und gesagt wo ist unser schönes Garde R. Regiment, es ist nicht mehr. ich kann das nicht wider so geben, wie so traurich

---

71 Bei den beiden nagelneuen Büchern, die Karl Helbig von Gnauck zu sehen bekam, wird es sich zum einen um die Ehrentafel und Stammliste des Garde-Reiter-Regiments 1906-1919 gehandelt haben, die von Major z. D. Ernst-August v. Hinüber zusammengestellt wurde und 1926 mit vielen Abbildungen der im Weltkrieg Gefallenen erschien. Zum anderen wird Helbig die Regimentsgeschichte von Börries Freiherr von Münchhausen zu lesen bekommen haben, die ebenfalls 1926 veröffentlicht wurde. Dort findet sich auf den S. 291-293 eine kurze Schilderung der Heimkehr des Regiments aus dem Ersten Weltkrieg, das am 21. Januar 1919 nach 1633 Tagen im Feld durch Dresden zur Kaserne zurückmarschierte. Der Text endet mit einem vierstrophigen Gedicht unter dem Titel „Abgesessen", das der Auflösung des Regiments gedenkt. Der letzte Absatz des Textes und die letzte Strophe des Liedes hatten Helbig offensichtlich am stärksten berührt. Zumindest geben seine Ausführungen den Inhalt dieser beiden Passagen – durchaus treffend – wieder: „Als wir unter dem hallenden Torbogen durchritten, ist manches Auge naß gewesen. Keiner braucht sich dessen zu schämen. Man sprach von den Pferden, um nicht zu ersticken. Nicht davon reden, das ist das beste! [...]

Nun schnaubt mein dampfendes Pferd im Stall mir zu,
Müde schaukeln sich Gurt und Zügel in Ruh,
Ich zögre am Stalltor - wie ist der Abschied schwer, [...]
Heute noch Garde-Reiter und nimmermehr!" (S. 291).

Schwierigkeiten bereitet die zeitliche Einordnung der im Text erwähnten Wiedersehensfeier, die nicht vor dem Erscheinungsjahr der beiden Bücher, also 1926, gelegen haben kann, von Helbig aber auf 1923 datiert wird, als er noch im Dienst war, vier Jahre vor der Niederschrift seiner Erlebnisse (1927).

das gegeben war. Unser *Ober Wachmeister* Knauk ist so ein gemütlicher Mann kein bischen stolz, der andre *Wachmeister* Delling ist was jünger aber auch ein hibscher Mann. beim Knauk seiner *Schwadron* ist einer aus Hermsdorf gewesen, u. sein Bruder ist hier an der Bahn, u. hatt mir Erzählt, das er als *Wachmeister* so gut gewesen wär, u. hätte nimanden Unrecht gedan.

Was hatten wir for einen Tirann von *Wachmeister* b. der 1. *Schwadron* ein Miserables Subjekt ein Baum langer Mensch Zimmermann ist in Leisnich Pensonirter *Schankdarm*, dazu baste er wenn der Hund noch leben solte, glaube nicht.

Noch muß ich bemerken, es ist nicht mehr wie früher, was war for den *Schankdarm* früher for ein Respekt u. Furcht wenn sie mit ihren planken Helme ankam, ich weis noch war einer in Neuhausen, in meiner Jugend. der hieß nicht anders [155] als wie die Bulldoke, was war das for ein gefährlicher Mensch for den *hatten* alle *aus*, das giebt es ja alles nicht mehr, auch die Helme sind in wegfall gekomen.

Unser *Ober, Wachmeister* Knauk geht fiel in *Zifiel*, u. ist so gemütlich auch geht er mit zu Grabe wenn einer aus den *Militär Verein* gestorben ist, in *Zifiel*, Wir sind nur zwei Mann in *M. Verein* die beim G. R. Regiment waren, ich, und Knauk, wo der Verein 122. Mitglider zählt, ja bei unsern *Regiment* warens ja aus allen Himmelsgegenden her, meist Stanten [standen] auch *Polaken*, konnten welche gar nicht richtig Deutsch Reden, u. was for *grobe Rasse von Stok weg*, u. es war nicht so Einfach mit solchen Menschen umgang haben, bei der Infantrie giebt es so was nicht.

Also nochmal zurük, ich meine das wir nicht mehr solche Babarische Hautegen haben wie früher, von *Schankdarmen*, hatt wohl der Krieg auch mit sich gebracht, da doch die alten Krieger, u. Mannschaften, Infalieden u.s.w. ja alle musten Untergebracht werden, u. ist da nicht so genau genomen worden, ausnahme mag ja sein in groß Städten, da ist es ja weid gefährlicher wie auf den Lande.

[156] Noch kann ich nicht umgehen ein klein Erlebtniß zu erzählen, wenn gleich schon lange her, aber ist einen immer noch in Gedächtniß, es war noch bei der 1. *Schwadron* wo ich mal ein Kind von Tote gerettet habe, was vieleicht 1½ bis 2. Jahre alt sein konnte.

Und das war so, Ich komme von die *Ökonomiehandwerker* die eine Treppe höher lagen runter, gewiß beim Sattler oder Schuster gewesen, es war Nachmittag, also bei jeder Stube gerade rüber an der Wand stand eine Wanne mit Wasser, u. das bis hinter auf den grosen breiten Koritor der weid hinder ging auf Flügel L. Wasser wurde doch bei uns immer viel gebraucht, wie ich da die Treppe runter komme stekte das Kind mit den Kopf in der Wanne u. Gugelde, hatte das Übergewicht gekricht, ich reise es raus, wurde auch Natirlich gleich lärm, u. waren gleich Leute da, erst kein Mensch, der *Unterarzt* Weber hielte den kleinen Wurm eine weile mit den Beinchen in die höhe, das [157] daß Wasser raus lief, und kam wider zu sich.

Das Kind war den *Quartirmeister* Burkert sein einziches Kind er wohnte in Stube 8. er war zur Zeit nicht da, u. seine Frau einen Augenblik ohne aufsicht, es war noch dazu ein Junge.

Es solte den alten *Wachmeister* oder mein *Berittführer* sein Kind sein, denn von Burkert hing ich ja nicht ab, Verstanden? aber Burkert hatt sich auch abgefunden, wenn gleich wenich denn als Soldat hatt ja jeder nichts übrich, kurtz u. gut, er war mir sehr dankbar, er gab mir öfters mal eine Zigare, auch muste ich der Woche bar mal in Keisers Hottel[72] gehen auf den Neumarkt. u. for 20. Pfenche *Ruschen Salad* u. ein Glas Beirisch, Bier holen, wo ich stets eine Zigare krichte, oft *rufte* er mich aus meiner Stube raus, wo ich doch oft keine Zeit hatte, aber half weider nichts, auch ging seine Frau manchmal u. ich muste beim Kind bleiben, und wie ich zu Weinachten zur 3. ten *Schwadron* kam, muste ich nochmal bei Ihnen kommen [158] bedankte mich mit der Hand, sie haben mein Einziches Kind gerettet, u. gab mir noch 5. St. Zigarn, lassen sie sichs dort drüben bei der 3. ten *Schw.* gut gehen.

Die Wasserwannen waren dazu da weil wir fiel Wasser brauchten zum weiß machen, ein Kübel Ton stant bei jeder Wanne, das weise Lederzeug muste oft getont werden den breiten Gurt über die Brust wo hinten auf den Rüken die Patrontasche hing musten getont werden, und dann mit Weiß Wachs glanz drauf machen, u. fein ab bürsten, u. die Patrontasche wurde Lakirt, da durfte kein bläschen drauf sein, muste sein wie Glaß. so zogen wir auf Wache, oder Parade, auf den Waffenrok die Porte musten *mir* mit Zahnbürsten das weise auf frischen das war eine eichensinniche Arbeit, da man das blaue nicht mit draf, da die Porte weiß u. blau sah. [159] zu den Lederzeug am Sebel (Sebelkoppel) wurde gleich die Bürste genommen das ging schnell, zu den Waffenröken hatten wir kleine Tonküchelgen so gros wie früher die fünfmarkstüken waren aber fiel düker, u. mit der Zahnbürste den Ton bearbeiten, auch das weise in der Mütze, auf den grosen Koretor hing sämtliche Helme u. Sebel, neben einander, das sah schön, aus, Natirlich in Stall wurde nichts weiß gemacht, sondern schwarz. Da hatten wir for unser bar Pfeniche *Kühnelwichse* zum Sattel u. Zeumung, u. muste mann oft von einander borgen, mann krichte nicht viel für 20. Pfenche, und ehe mann Lak kaufte, da muste erst ein Päkel *Prim* gekauft werden, das konnte kommen wie es wollte, ohne *Prim* war keiner, alles *Primte,* u. wer bischen Lak hatte der muste allen for halten, ich habe balt gar kein gekauft, blos Bettelns beholfen. und ehe *mir* ausrükten wenn *halbege* möglich erst einen *Northeuser* saufen bei Johann in *Büdchen*, für 3. Pfenche.

[160] Meine zwei Brüder Hermann, Gott hab ihn Seelich u. Robert waren auch Soldat, beide bei die Grenadiere, Hermann war 1. Jahr bei die Büchsenmacherei Komandirt, u. hatt es ein Jahr gut gehabt, so ein Komandochen beim Militär ist ja schön, wir hatten auch Büchsenmacherei, das kam weil Br. Hermann gelernter Schmied war.

Und Bruder Robert war Schuhmacher, nun der wird wohl auch bischen geschustert haben, denn Schuster u. Schneider, Sattler, wurden gebraucht, kurtz u.

---

[72] Kaisers Hôtel, Inhaber nach dem Dresdner Adreß- und Geschäftshandbuch von 1878 C. Alex. Wetzel, Neustadt, Am Markt 10.

gut. die habens ja alle beide bischen besser gehabt wie ich, ich habe ja die blos zwei Jahre, müssen stets Aktiven Dienst dun, alle Tage Reiten, blos Sonntags nicht Fußdienst Exeziren u.s.w. was ich forne schon alles erzählt habe. mir ist es ja bischen dreckcher gegangen, aber hatt nichts geschadet lebe ja Gott Dank heute auch noch. aber bedauern wirde ich keinen der auch das durch machen müste.

Die jeziche Jugend ist ja heut zu Tage schöne raus, spielen gleich den grosen Herrn u. werden nicht bischen *geriffelt.*

[161] Nun noch eine kleine Erinnrung! Nach dem Schwadronsexeziren auf den *Heller,* hatten wir auch Regiments Exeziren, da kam die zwei *Schwadron* die 4. u 5. die zur Zeit noch in Pirna lagen, oben rum geritten über Pillnitz, auf den *Heller,* so das wir alle 5. *Schw.* zusamen waren, also jede *Schwadron* so 110. Mann mit Pferden zusammen, bald 600. Reiter mit die Offiziere, in jeder Front 50. ein Pferd an andern, u. hinter einander, es hieß da in *Zügen* u. nicht Front, ein *Zug* hinter einander. Nun wurd das Signal geblasen mit *Zügen* rechtsum kehrt schwenkt, u. dann auch lingsum kehrt schwenkt erst in Trapp. dan in Kallop u. das wider holen, wir nahmen bald den halben *Heller* ein, nach jeder schwenkung musten wir wider gerade auf der Stelle halten wie zufor ehe es los ging, wohlverstanten? Und was geschah da, als daß Komanto erschall mit *Zügen* Rechtsum kehrt schwenkt in Kallop [162] da war die 4. u. 5. *Schwadron* zwischen die zweite, u. dritte, rein gekommen, und es wurde ein *Fitz* und eine wirtschaft, es war alles durch einander, wir haben die Zähne zusammen gebissen was hier werden soll es war blos ein groser haufen, u. keine *Züge* mehr, und das gebrille, Major von Nostitz der Regimentsführer, Herr *Rittmeister* von Widebach wo ist ihre *Schwadron*? es war ein Baumlanger Kerl der Widebach, sie sind dümmer wie ein Rekrute, er hatte die 4. *Schw.* u. der kleine *Rittmeister* von Ejidi hatte die 5. te *Schw.* den sah mann gar nicht der hatte sich verkrimelt, von Widebach gab die schuld auf die Leutnants, u. die wider auf die *Wachmeister,* auf die rechten Flügel, kurtz u. gut es war alles verpfuscht, u. alles durch einander ein Haufen u. ging dann wie alles geordnet war wider von neuen los, u. klappte alles.

[163] Unser Ober Inspektor Fritsche hier an der Bahn, der in Pirna bei der Atallrie gewesen als Feldwebel, wuste doch das ich beim G. R. Regiment gewesen war, fragte mich mal ob ich den langen Rittm. von Widebach, u. den kleinen von Ejidi der die fünfte *Schw.* hatte gekannt hätte, ich erzählte ihn den Spaß von den Regiments Exeziren auf den *Heller,* da hatt der Insp. düchtig gelacht, er sagte er hätte sie zur Zeit in Pirna alle Tage gesehen, und wären jezt in Dresden alle beide in Pension.

Nun noch eine kleine Erinnrung! als ich mal auf *Schloßwache* war, sahen wir doch immer zum Fenstern raus auf die *Schloßstraße,* u. zu der Zeit noch keine Eisengütter am Fenster drann waren, hatten ja auch 4. Stunten Zeit ehe *mir* wider aufzogen, kurtz u. gut. da stürtzte mal auf der *Schloßstr.* ein Firmabrett von 3. oder 4. Stok oben runter u. unter die Menschen rein, es war ein stük drausen wohl bei der *kleinen Brüdergasse* rüber, wir sahen blos von weiden das bar [164] Leute in die Häuser nein gedragen wurden, wie schlimm es mit den Leuten war, ob welche Tot waren oder blos schwer verlezt das erfährt mann doch in so einer Stadt nicht überhaupt wir auf Wache, es ging auch noch bar unten vorbei die mit den Daschenduch Blud von Kopf u. Händen ab wischten.

Auf der Weld da hatt mann keine Freude,[73] da mann gar so viel hatt müssen leiden, beim Militär da war das schwerste los, denn die Mißhandlung war groß. Ja die ersten 4. b. Wochen[74] na da ists bald gar zum fluchen. Da will a jeder Saujung Komantiren, u. oben drein noch *schmiren.* Nun gleich die ersten Tage da wird mann angesaust, hohl euch das Donnerwetter ihr Luders habt *gemaust,* Ihr Gottverdammten Lumpen euch kriegen wir schon rum, verfluchten Lausejung.

[165] Ist nun die Luft oft reine das es kein Leutnant sieht, da setzt es auch noch öfters einen tüchten hieb, ja einer sagts den andern warum bin ich geboren, u. bin auf dieser Weld, ich werde mir erkohren den selbstmort in der Elb.

ach Gott den lieben Vieh gehts besser als wie es uns Rekruten geht. möchte fliehen, möchte Eilen dort hinauf zu jenen Stern. Reiten wir dann zur Übung auf die Felder, da sind stets die Daschen ohne Gelder, Es kommt so mancher *Markidenter* her, u. fragt was kauft das Militär, da kreift mann gleich begirich in alle Daschen ja mann weis nichts drin sich zu erhaschen, denn hier u. dort ist ja alles leer, ja so gehts beim Militär, und kommen wir von Übung dann nach Haus, da ist die *Monarsch* für uns der beste schmauß, sauer Bohn und a stükel Fleisch das ist gewönlich unser Speiß.

[166] Endlich kommt die Löhnung dann heran, da kommt der *Wachmeister* wie a. Tirann, er ruft Stillgestanden und schaud grad aus, sonst zahl ich Euch mit Donnerwetter aus, und hatt mann die bar Groschen in die Hände, da weis mann nicht sie zu verwenden, ein groschen Tabak ein groschen Wäsch, da bleibt halt gar nix in der Dasch, Da braucht mann Putzzeug groß u. klein, *Trippel,* Lak, Spiritus *Pinsenstein,* a Greid [Kreide], Farb, Seif u. Wichs, dazu. Nun meine lieben, was meint ihr dazu?

Rüken wir dann zur Parade aus, da wird *Visendirt* na das ist a grauß, u. hatt mann da nicht alles plank geputzt wird mann noch tichtich angefurzt, und führt uns der Leutnant zum Exeziren, da müssen wir ja wie die Hunde pariren. Wir hatten alle 11. Tage das hieß *Degade* 2. Mark 70. Pf. Infantrie 2. Mark 20. Pf. wir hatten was mehr weil *mir* mehr Putzmatärial brauchten. u. was bekommt jezt ein Reichswähr Soldat?? es war eine Schande. –

---

73 Der Textanfang erinnert an ein bekanntes Liebeslied, in dem eine Dienstmagd die Trennung von ihrem Geliebten auf Schildwache besingt (vgl. Erk, Böhme, Band 2, 1893, S. 395 f., Nr. 569).

74 Die ersten vier „beschissenen“ Wochen, in denen der Drill beginnt.

[167] Drum meine lieben bildet Euch nicht ein, beim Militär ein groser Herr zu sein, der lohn ist zu gering, und die *Sekierei* zu groß, u. es sezt auch manchen Rippenstoß.

Aber trotzdem waren wir so lustich und *Verhaun*, wir 20. Rekruten die wir in einer Stube lagen, und sich schon zweie das Leben genommen hatten, wegen so schlechter behandlung was ich schon forne geschrieben habe, der 18. Jähriche Schneider freiwilliger aus Potschappel, und unser Lehmann aus Dresden gebürtig, ich meine wär bei der Kavallrie nicht Rekrut war und Reiten gelernt hatt, hatt ja keine Ahnung was es heist Soldat zu sein, wir haben aber trotztem alle Abente gesungen das die Mäuse hätten mögen an den Wenden in die höhe laufen, u. liesen uns keine schwachheit spieren und waren lustich u. *verhaun*, alle die alten Soldatenlieder [168] wurden runter gepeitscht, ich war ja auch groser Singfreund, es kam auch manchmal ein Vorgesezter zur Stube rein so ein *Wendisches* Kuhbein blieb forne an der Tühre stehen und mochte sich doch freuen über den Gesang, ich habe die Lieder heute alle noch in Kopfe, u. will Spasetwechen [Spaßes wegen] noch welche hier bemerken.

Auser den alten Soldatenliedern, haben wir Gesungen,

An der Weichsel gegen Osten[75] stand ein Gardist auf seinen Posten, sieh da kam ein junges Mädchen brachte Blumen aus den Städtchen u.s.w.

Drei Lilien, drei Lilien[76], die pflanzt ich auf mein Grab da kam ein stolzer Reiter und brach sie ab, ach Reitersmann, ach Reitersmann, laß doch die Lilien stehn, sie gehören mein feins liebchen aufs Wiedersehn, u.s.w. u. sterbe ich auch heute so bin ich morgen Tot, so begraben mich die Leute ums Morgenrot.

[169] Wenn ich den Wandrer frage[77] wo gehst du hin, nach Hause nach Hause, spricht er mit frohen Sinn, wen ich den Wandrer frage was krämt dich sehr, ich

---

[75] Viel gesungenes Soldatenlied, das in zahlreichen Varianten belegt ist. Im Deutschen Liederhort bei Erk und Böhme (Band 3, 1894, S. 286 f., Nr. 1427) ist es unter dem Titel „Auf Posten" nachgewiesen mit der Vermutung, daß das Lied bald nach 1815 entstanden sein mag (vgl. Marriage 1902, S. 222 f.; Meier 1906, S. 58; Stockmann 1962, S. 360 f.).

[76] Im Deutschen Liederhort bei Erk und Böhme unter der Nr. 740 (Band 2, 1893, S. 542) aufgeführt mit Text und Melodie aus Thüringen und Sachsen: „Drei Lilien, drei Lilien die pflanzt ich auf ein Grab, da kam ein stolzer Reiter und brach sie ab. Juviheirasasasa [...] Ach Reitersmann, ach Reitersmann, laß doch die Lilien stehn, sie soll ja mein Feinsliebchen noch einmal sehn. Juviheirasasasa [...] Und sterbe ich noch heute, so bin ich morgen todt, dann begraben mich die Leute ums Morgenroth. Juviheirasasasa [...]." An gleicher Stelle heißt es: „Das Lilienlied scheint erst um 1830 als besonderes Lied aus alten Fragmenten entstanden zu sein, und wurde zuerst von Studenten in Heidelberg, Jena, Göttingen gesungen" (vgl. Dunger 1915, S. 242; Müller 1891, S. 85 f.; Pröhle 1863, Nr. 80; Sachsenlieder, S. 112 f.: Stockmann 1962, S. 376 f.).

[77] Die beiden von Karl Helbig zitierten Strophen werden bei Böhme (1895, S. 493 f.) nachgewiesen. Der Verfasser des Textes soll unbekannt, die dazu gehörige Melodie 1837 von dem preußischen Militärmusikmeister Friedrich Brückner in Erfurt komponiert worden sein (vgl. Weber-Kellermann 1957, S. 625 f.).

kann nicht nach Hause, hab keine Heimad mehr. u.s.w. dann. Wenn aus donnerten Geschütze[78] furchbar wie des Himmelsplitze, Tot den Feind entgegen brillt, die lange Nacht ist nun herum wir Reiten still, wir Reiten stumm, u. Reiten ins verderben, wie weht so scharf der Morgenwind vorn Sterben, du junges Gras was stehst so grün, must bald wie lauder Rosen blühn, mein Blud ja soll dich färben u.s.w. Franzosen sind schlimm drann, Franzosen sind schlimm drann[79], die Deutschen sie rüken mit sturmes macht heran. Die Infantrie rükt for, die Atarllrie giebt Salfen ab, daß ganze Schützenkohr, die Kavallrie muß Attakiren, die Franzosen sie müssen *Ritteriren*, die lezte strofe muß widerhold werden, das war eine schöne Melodie.

[170] Ich hab ein Mädchen geliebet[80] drei Jahr mit groser Freud und keine Stund bedrübet ging sie an meiner seid, ich reist aus meiner Heimad vergessen wold ich sie, doch es wolld nicht gelingen ich dachte stets an sie, ich ward von ihr gerissen zu dien dem Vaterland, sie schwor mir unter Küssen treu lieb in jeden Land, u.s.w. die lezten zwei Zeilen wiederholen.

Dann! Auf der Elbe bin ich gefahren[81] am 14.ten Mai und ein Mädchen von achzehn Jahren die war auch mit dabei, u.s.w. Unser *Rittmeister* steht da drausen schaud uns jungen Burschen an, ja wir müssen ja wir brauchen ja alle so ein Mann. u.s.w.

Oft haben wir das Resevelied[82] gesungen, Was blinkt so freundlich in der ferne, es ist das teure Vaterhaus, ich ward Soldat u. ward es gerne, doch jezt ist meine Dienstzeit aus. Dann noch steh ich in Finster Mitternacht[83], so einsam auf der stillen wacht. u.s.w.

[171] Noch kann ich nicht umgehen bischen was aus meinen Leben zu erzählen, da doch daß Papier noch zulangt, habe ja in den 48. Jahren recht viel gute

---

78 Soldatenlied.

79 Soldatenlied.

80 Soldatenlied.

81 „Das ist ein seit 1870 bis jetzt viel gesungenes Soldatenlied, umgebildet aus einem ältern Texte: Auf Urlaub bin ich gegangen“ (Erk und Böhme, Band 3, 1894, S. 290, Nr. 1431; vgl. Hoffmann v. Fallersleben und E. Richter 1842, S. 279). Der im Deutschen Liederhort nachgewiesene Text lautet: „Auf der Eisenbahn bin ich gefahren am vierzehnten Mai, schöne Mädchen hab ich geliebet des Nachts um zwei, drei“ (ebd.). Darüber hinaus wird an dieser Stelle für die Wetterau und das Jahr 1892 eine Variante mit dem abweichenden Anfang „Auf der Elbe bin ich gefahren“ erwähnt. Weitere Belege finden sich bei Marriage 1902, S. 185 f.; Voretzsch 1937, S. 71 f. und Weber-Kellermann 1957, S. 430, S. 494.

82 Vgl. Seite 103.

83 „Steh ich in finstrer Mitternacht so einsam auf der fernen Wacht, so denk ich an mein fernes Lieb, ob mirs auch treu und hold verblieb?“ Gedichtet von Wilhelm Hauff, bei Erk und Böhme (Band 3, 1894, S. 286, Nr. 1426) unter dem Titel „Die Schildwache“ verzeichnet (vgl. Bernhardi 1968, S. 161 f.; Friedländer, S. 64; Härtel, S. 568 f.; Meier1906, S. 45; Sachsenlieder, S. 106 ff.; Stockmann 1962, S. 460 f.). Das Lied war besonders während des deutsch-dänischen Krieges von 1864 populär.

Menschen können gelernt, die mann ja immer noch in guten Andenken hatt, aber auch recht garstiche, u. schlechte Menschen, war es beim Militär, Post, oder Eisenbahn, aber nicht das ich mich rühmen will, das sei ferne.

Erstens for meiner Soldatenzeit war ich auf vielen Neubauten wo wir immer viel Maurer u. Zimmerleute waren, die Namen u. Ortschaften wo ich mit gearbeitet habe stehen in den ersten Buch[84], da doch in unsrer Heimad gar kein Verdienst war, so muste mann stets auswärts, auch war ich an den Bahnbau Pokau Lengefeld mit, wo ich wohl 18. Jahre alt war, waren aber lauder Italiener u. *Böhmaken* mit dort, es war kein hibsches Arbeiten mit den Leuten, waren stets besoffen, aber mann verdiente schönes Geld, ging auch viel drauf, u. in Winter gingen wir dreschen, u. das hab ich gerne gemacht. [172] auch in Zöplitz war ich mal dreschen, war mann in der Heimad fertich so ging es auswärts, wenn mann gleich blos 50. Pfench. hatte den Tag, so war mann schon froh wenn mann Sonabent 1. Tahler in der Dasche hatte, mann hatte doch auch das Essen, heute giebt es ja das nicht mehr, da sind Maschinen da.

Ich kam nun 1875. zum Soldaten, wo die erste *Schwadron* wo ich war über 100. Mann zählte, das andre Jahr kam ich mit zur dritten *Schw.* wider alles fremmt, andre Vorgesetzte u. *Berittführer*, lauder fremmte Gesichter, nach meinr Soldatenzeit war ich hier in B.mühle Hilfsbriefträger, u. muste das grose Dorf Nassau bestellen, Täglich 1. Mark, u. wider kein Menschen kannte, u. nach einen Jahr durch Gesuch da ich hier doch nicht bestehen konnte, kam ich nach Dohna, wo ich ganz fremmt war u. keinen Menschen kannte, ich hatte noch nichts gehört von Dohna, das war ja nicht so leicht für einen Briefträger, Täglich mit so fremmten Menschen [173] *rum schmeisen* ehe mann die Postsachen los wurde, alle Tage andre Bilder u. Adressen, Pakete, Zeitung, Gelder, u. was alles, ehe mann da bekannt wird mit den vielen Menschen, das ist nicht so einfach u. hatt seine Zeit, u. war oft zum Verikt werden, das weis blos einer der es mit gemacht hatt, noch dazu einen *Wendischen* Postverwalter, war erst auch kein guter, aber später bin ich gut ausgekommen mit ihn.

Noch dazu war ein Kranker Briefträger da, hatte schon zweimal Rippenfellentzintung gehabt u. muste Unterstützt werden, sagte mir der Postverwalter gleich den ersten Tag, er hatte 7. Kinder das kleinste 1. Jahr alt, Väteran v. 70 u 71. u. starb in kurtzer Zeit danach, ich u. Kollege Schilling stannten an seinen Sterbebette als er verschied, laudeten gerade das Erntefest ein in Dohna, nun kurtz u. gut, ich muste erst die Stadt mit bestellen, dann auf meiner Dörfer, der Dienst war Täglich von früh 6. bis Abents 8. Uhr in 6. Wochen mal frei, u. in bar Jahren lag ich

[84] Karl Helbig verfaßte, wie in der Einleitung ausgeführt, seine Lebenserinnerungen in zwei Teilen, von denen der erste seinen Werdegang von der Kindheit an erzählt, der zweite (und hier veröffentlichte) sich speziell mit der Militärzeit befaßt.

Ansicht von Dohna, Zeichnung des Dresdner Landschaftsmalers und Graphikers Artur Henne (1887-1963). In Dohna verlebte Karl Helbig besonders glückliche Jahre, an die er auch im ersten Teil seiner Lebenserinnerungen dachte: „[...] muß ich sagen vergesse ich mein liebes Dohna nicht so lange ich lebe, habe auch schöne Stunten die 7. Jahre verlebt, unter Kollegen u.s.w. es war doch schön, und die Leute auf den Lande, auch in der Statd alle so gemütlich u. gut, wie ich zuvor schon erwähnt habe, und sezte es mal ein Donnrwetter das war mann ja gewöhnt von Militär aus, das stekte ja noch drinne, zu einen Ohr nein, zum andern naus, mann war noch Jung u. Lustig."

auch da an Rippen, u. Lungenentzintung 21. Wochen auser Dienst, hatte mich auch zu schanden gerannt. wir waren blos 3. Briefträger.

[174] ich war so Krank das nimant gedacht hatt das ich wider gesund könnte werden, auch der Arzt hatte das *gesacht über* Leute, dann sah es der Postverwalter ein, u. wurde ein Hilfs Briefträger eingestellt wo es zu spät war, wir waren blos 3. Brieftr. (u. hatten viel Deppeschen.) hatten 6. Fabriken Extra noch, 2. Töpfer, 2. Strohhutfariken, 1. Strohstoffabr. u. die grose Papierfabr. Eichhorn u. Boganie[85], in Köttewitz, was zu Dohna gehörte, es gab zur Zeit keine Hilfsstellen, u. keine Achenturen, wir sind nicht blos gelaufen wir sind stets gerannt, wie ein Hund, hat-

[85] Papierfabrik in Köttewitz, bei Polle (1898, S. 21) als Köttewitzer Papierfabrik von Eichhorn u. Co. erwähnt.

ten auch 6. Dörfer waren aber nicht groß, der Geizhals Stephan war zur Zeit an der Spitze, wurde gespart 1. M. 50. Pfenche Täglich.

Noch Erinere ich mich als ich Sonntagnachmittag hin kam nach Dohna u. in Deutschen Schützen[86] bar Tage Quartir nam, Da meine Frau[87] in 6. Wochen erst nach kam, hatte erst 8. Tage zuvor geheiradet da besuchte mich dem selben Sonntag ein gewisser Wendelin war aus Katerineberg, er wär schon lange in Dohna, war ein [175] ältrer Mann schon, er hätte gehört das der neue Briefträger von B.mühle wär, half mir auch mein Koffer aufs Postamt schaffen, also das war der einziche *Lanser*, mir dat es ja die erste Zeit furchbar *bange*, aber es half alles nichts wie aushalten,

Nun hatte ich vor Jahren mal ein Gesuch gemacht u. wollte wieder nach B.mühle in meine Heimad, da doch meine lieben Eltern und Geschwister noch lebten, u. wie ich 7. Jahre in Dohna war kam die Versetzung, hatte auch 3. Tage bedenkzeit, ich nahm sie an, u. war zu meinen grosen Unglük, durch einen ganz schlechten Menschen, Postverwalter, ich wohnte über seine Wohnung das war sein Ercher [Ärger], es war ein ganz stolzer Eingebildeter Pulsnitzer Bauernjunge, er hatte ganz B.mühle zum Feinde, auch Bahnhofsinspektor Hartenstein war Tot feind mit ihn u. sagte mir Helbig haben sie Lust an die Bahn, ich sagte ja, ich weis warum sie von der Post weg komen, es ist eine Schande der erste Mann den ich brauche sind Sie u. in 7. Tagen war ich an der Eisenbahn.

[176] Und wegen einer Kleinichkeit, hatte meinen Briefmarkenbestannt nicht voll, u. muste in blos 4. Monaten, das ich hier [in Bienenmühle] war, den Postdienst Quittiren, durch Küntichung, heute sollte es ja nicht sein, wenn ich dazu mal mich rührte u. Anzeiche machte an die Ob. Postdirektion, wie er es mit mir gedrieben, wär ich bestimt wider eingestellt worten, u. der wär vieleicht zur Strafe Versezt worten, u. noch dazu da ich an der Bahn Täglich 50. Pfenche mehr hatte 2. M. u. an der Post 1. M. 50. habe ich nicht daran gedacht, hatt mich auch nimand darüber aufmerksam gemacht, da ich doch noch neu war hier. Kurtz u. gut er hatt mich um meine Exestens gebracht auf immer, wo meine Anstellung befor stand u. wär seid 1887. Beamter hätte einen andern Gehalt, u. Pension, so bin ich nun ein armer Rentner, habe mir nicht das geringste lassen zu schulden kommen u. bin Ehrlich u. Reelerweise von der Post weg. Unschuldicherweise was ich schon so bereut habe, u. nicht vergessen werde so lange ich lebe alles zu spät. In meinen ersten Buch ist es ausführlicher geschrieben ich sollte es doch der Ob. Postdirektion alles mit teilen.

---

[86] Gasthof in Dohna, bestand seit 1869 (nach frdl. Mitteilung des Heimatmuseums Dohna, vgl. Polle 1898, S. 16).

[87] Hier ist die erste Frau von Karl Helbig gemeint, die 1897 im Alter von 39 Jahren verstarb.

[177] Ich war nun beim Maschinpersonal, zwei Jahre in Kohlenschuppen u. 8. Jahre in Maschinhaus, unter rohen Menschen das ich so sagen muß, es waren ja Schlosser, ich war ja das nicht gewöhnt, hatte ja mit Anstäntichen u. bessren leuten verkeehrt, u. zu dun gehabt, u. war hier der Niedrichste Arbeiter u. wie Verbannt hier, wo ich früher geachdet u. ganz anders dastant, das ist mir die erste Zeit ja schwer gefallen,

Ich darf wohl sagen habe in meinen Leben mit dausenden Menschen zu dun gehabt, und habe oft viel müssen leiden, u. was mann alles bereuen muß, was mann in frühren Jahren vor fehler begangen hatt, u. nun da mann Alt geworten zu spät ist, alles Verkehrt, und viel Pech gehabt. Zum beispiel, hätte ich mich zu der Zeit nicht weg gemeldet von B.mühle. als ich hier Hilfsbrtr. war, hätte ich ja über kurtz oder lang auch mal eine ganse Stelle gekricht, aber ich war doch auch gezwungen, da ich hier blos Täglich 1. Mark hatte u. ja nicht bestehen konnte, Geld hatte ich immer genuch was nicht meine war, war immer froh wenn alles stimmte.

[178] Aber wie hatte ich mich gedeuscht [getäuscht]. wie ich nach Dohna kam u. den Tag blos 50. Pfenche mehr hatte, also 1. M. 50 Pf. Monatlich 45. M. u. die Abzüge und wie ich bar Tage Dienst getan hatte, kam es von oben das ich die 6 M. Militär Pension auch noch einbüste, wo ich mich *fest gemacht* hatte, u. nicht mehr zurük konnte, hatte mich Verheiradet zwei Kinder, *Hauszinß* u.s.w. wie ich mich da habe müssen hinfristen die 7. Jahre, ich sollte gleich den ersten Tag wider Schluß machen war aber doch hin gezogen, u. noch so schändlicherweise von der Post weg wo mann 8. Jahre gerannt ist, heute darf ich nicht darann denken.

Aber doch kann ich es nicht leugnen das ich noch eine reihe von Jahren auch schöne Zeiten verlebt habe, an der Eisenbahn ohne das schlechte nicht gerechnet. Insp. Hartenstein kam öfters in Kohlenschuppen u. sah meiner schweren Arbeit zu, wo ich 10. Jahre lang das nicht gemacht hatte, u. sagte barmal na Helbig so viel wie ein Landbrieftr. haben sie hier auch u. nächstes Jahr kriechen sie 10 Pf. zugelegt, wie das zur Zeit üblich war [179] und da es zu der Zeit das erste Jahr keinen freien Tag gab, sagte er sie wollen auch mal einen ruhe Tag haben, nehmen sie mal einen Tag Urlaub, aber abgezogen muß er werden, das hab ich barmal gemacht, aber abgezogen hatt er mir kein Tag, also das war der liebe <u>Gott</u>, u. der Postmensch der <u>Teufel</u>, Hartenstein wurde bald Versetzt, u. ist auch schon lange gestorben, könnte ihn heute noch die Hand drüken u. bedanken, u. war das eine statliche Persönlichkeit. Nun noch zum schluß eine schöne Erinerung!

Als ich das erstemal auf mein Bestellbezirk auf die Dörfer kam, erst auf Rittergut Gamig da war Rittergutspachter Petsch, der krichte immer viel Postsachen, hatte viel Personal Gesinde, lauder Polnische Mägde u. Knechte, die krichte er geliefert u. schikte das Fahrgeld nach Warschau, u. waren der Nacht mal ausgerissen, also Mägde, u. auf den *Böhmischen Bahnhof* hieß es zu der Zeit, hatt Petsch sie wieder geholt, hatten noch da gesessen er war kein guter, hatte eine Knute u.

schlug zu, wo ich selber mal dabei stannt u. mit ansehen muste, es waren auch bar Scholar, u. Inspektor da, Petsch Ritt meistens alle Tage auf die Felder.

[180] Dann ging ich gegenüber ins Herrschaftsgebäute, wenn ich da der Frau von Lüttichau Posern Briefe gab die an ihren Mann waren, gab sie wider zurük das ist an meinen Mann, so machte es auch der Kamerherr von Lüttichau, wohnten auch nicht zusammen, jedes for sich.

Nun kam ich beim Braumeister Heinrich, wie ich Helbig heiß, hieß er Heinrich, Bier können sie alle Tage drinken, also es war das erstemal wie ich hin kam, unten liegt ein Faß stets angestekt, aber lassen sie es nicht fort laufen, wie ihr Vorgänger hatt den Hahn barmal nicht zugedret, es lagen mehre Fässer da in Keller *aufgeschrenkt* auf Palken, u. wenn ich Zeit hatte setzte ich mich hin u. Verzehrte meine Schnitten, es war so schön kühl in Keller, wo es in der Gegend viel heiser war als im Gebirge, ein bar Schritte davon kam ich in die Schnapsbrennerei Braumeister Jork hieß er, ein groser starker Mann, hier in den *Schrenkel* ist die Schnapsflasche, da können sie alle Tage ruhich drinken, so viel sie wolten, es war eine vierekiche grose Flasche, sehe sie heute noch, [181] ihr Vorgänger hatt es auch so gemacht, das *Schränkel* hing in Maschinraum, oben waren zwei grose Pottiche wo die Kartoffeln rein geschittet wurden, u. zu Brei gekocht, aber der Schnaps schmekte nicht habe nicht viel gedrunken, Jork hielte den *Dresdner Anzeicher*, muste alle Tage hin, auch bei die andren, die alle den *Pirnar Anzeicher* hielten, wenn er selber da war, nahm er die Flasche raus, wollen erst mal sehen was Lüttichau macht, das Herrschaftsgebäute war gerade gegenüber die grosen Fenster, waren die Steueraufseher da ging es nicht, dann gleich daneben bar Schritte kam ich zum Schafmeister Bischang er hatte einen besondern Dialekt, wer weis was for ein Lansmann er war, aber so ein gemütlicher alter Mann, gros u. stark, seine Frau war so ein gutes Mütterchen es deuschte [täuschte] mich wirklich oft als hätte ich unser gute Mutter for mir, hatten aber ein Elendes Mädchen u. nicht mehr jung. Bischang muste alle Wochen zwei Schaafe schlachten für Pachter Petsch, Kopf u. *geschlink* war sein, und konnten sie das Fleisch nicht aufessen, gab mir immer zufor einen wink das ich ein Duch mit brachte, u. war froh wenn ich es mit nahm, u. 30. Pfenche dafor gab, da haben wir viel *Schöpsenfleisch* gegessen.

[182] Weiskraut hatte ich auch umsonst so viel ich bei die Bauern haben wollte, nun ging ich durch den grosen Schaafstall u. in die Diener Stube, wo der Kutscher u. der Diener war, dort war es immer sehr schön, von da weg nach Bosewitz, in der Gaststube war immer stets ein Bauer da hieß es oft Helbig wollen sie ein *Lokwitzer* oder *schnittel Bier* drinken, der *Lokwitzer* Kornschnaps war was gutes, u. war in der ganzen gegend beliebt, ich wollte ich hätte ein Fläschchen da.

Was habe ich von die Dörfer für Obst rein geschlebt, aus Gorknitz, Sürsen, u. Tronitz, oft habe ich meine Frau mit genommen mit Dragkorb, oft ging ich durch die Obstgärten, u. sagte kein Mensch was überhaupt wenn der Wind gegangen

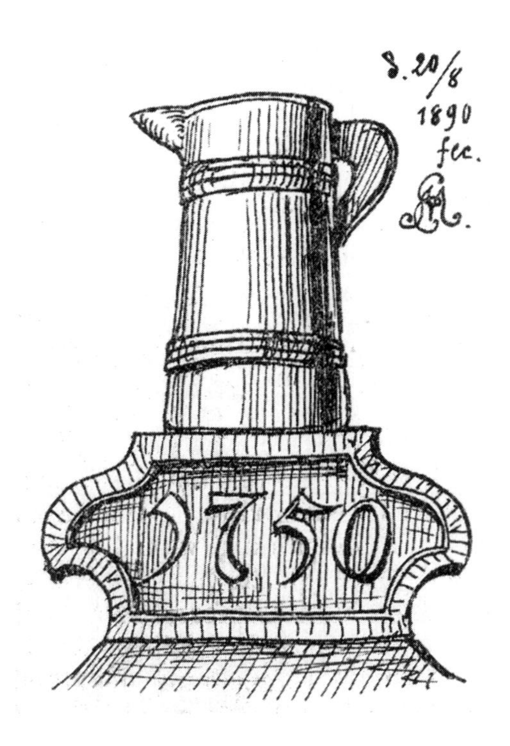

Braukanne als Giebelschlußstein des Brauhauses auf Rittergut Gamig bei Dohna.

war, ich hatte in meiner Bohtenkammer auf Stroh verschidne sorten Äpfel u. Birnen, liegen, u. das war meine freude.

Die Leute in der Gegend waren doch alle so gut u. gemütlich was bei uns im Gebirge nicht war, u. das wusten die Leute auch, ich hätte das auch zuvor nicht gedacht das gegenteil, kurtz u. gut, was ich da alles gekricht habe, das hatt mich ja auch noch raus gerissen, u. sie wusten ja auch das ein armer Brieftr. blos bar Mark gehallt hatte u. wie nobel zu der Zeit die Post war, bald zum Verhungern. [183] Auch gab es viel Kirschen diese Aleen, die Pächter hatten Buden aufgebaut, auch im Herbst nahm jeder Bauer sein Wein ab, vom Hause u. bekam übral, war aber kein freund von Kirschen u. Wein, da mir ein Glas Bier lieber war, u. muste das meiden, heute wirde ich das anders machen, hatte ich an die Kirschenpächter Postsachen, wollten sie mir eine Portion Kirschen geben, hab es immer abgeschlagen, ich konnte doch nicht von einen Dorf zum andern schlepen, überhaupt wenn ich an sie eine Geldsendung auszahlung hatte, ich hatte doch so schon genuch zu schlepen, Pakete u. die Brieftasche voll, das ging überhaupt nicht.

Nun weider wenn in Bosewitz *Vogelschisen* oder *Karpfenschmauß* war da gingen wir Briefträger oft naus, es war der einziche Danzsaal in Bosewitz in meinen Bezirk, wir danzten mit die Bauerweiber u. da freuden sich die Bauern, u. liesen

Bier an fahren, zulezt ging es mit Wein los, so das mann bald ein *Luder hatte*, u. kaum heim laufen konnte, mann war lustich, u. auch geachdet, da waren keine Eisenbahner, blos wir bar Briefträger, es war eine Einfache Dorfschenke, aber da ging es lustich u. *Verhaun* zu, ich war dort wie zuhause Einheimisch, wenn ich das zweitemal Nachmittag kam, sagten sie immer wir können doch nicht eher Kaffe drinken bis der alte Helbig kommt, sezte mich mit hin u. drank mit, Brötchen hatte ich bei mir.

[184] Als ich nach den *Karpfenschmauß* Montags auf meinen bestellgang mal naus kam, hatte ich zwei Portion Gänsebraden gut eine von Fleischermstr. Luntner, u. eine von Fleischer Schumann, eine hab ich gegessen u. die andre mitgenommen, gut eingepakt, auf den *Karpfenschmauß* waren die Dohnschen Fleischer auch stark verdreten, hatten ja auch mit die Gasthäuser zu dun, zur Zeit waren 65. Fleischer in Dohna, sie hatten die Dresdner Schlachtbänke[88] mit inne, also zu besorgen, u. so ging das meiste Fleisch nach Dresden. es war ein groser Innungswagen da zum rein schaffen, aber jezt nicht mehr.

Und das war folgendermasen, in den 16. oder 17. Jahrhundert weis nicht genau mehr, wo in Dresden die Pest so gehaust hatt, u. viel gestorben sind hatt Dohna seinerzeit Täglich frisches Fleisch geliefert, mithin war das von Dresden aus wie ein Vermächtniß also festgemacht worden, das Dohna die Fleischbänke mit inne hatten, u. das biß vor bar Jahren, ist es Rükgängich gemacht worten. Die Dresdner Fleischer haben einen grosen prozeß geführt, der Jahrelang gedauert hatt, u. gestritten wollten Dohna los sein, da haben die Dohnschen Fleischr gewonnen, u. eine Entschädichung gekricht von Hundertdausenden. u. schaffen kein Fleisch mehr rein. [185] als ich das leztemal in Dohna war for 7. Jahre wurde mir es Erzählt, und auf den Markplatz in Dohna ist deswegen ein Denkmal gesezt worten, zum Andenken an die lange Zeit das sie das Fleisch geliefert haben ich habe es gesehen.

Es wurde zu der Zeit das ich dort war balt in jeden gehöft geschlachdet, da hing oft 6. bis 8. Kölber an der Wand lebendich in Hof, einer schlug sie vorne weg mit der *Palze*, an Kopf, der andre stach sie der reie nach, habe da öfters zugesehen, da mann öfters Depeschen hatte, es waren lauder düke Fleischermeister, ging mann durch die Stadt Kasten leeren oder so was, da pochten sie ans Fenster gaben Einzahlung mit, u. ein Fetzen Wurst neben bei. ja es war schön und kommen die Zei-

---

[88] Nach Winkler und Raußendorf (1936, S. 32) erhielten die Dohnaer Fleischer schon 1462 das Recht, „nach Dresden zu schlachten". 1589 erfolgte die Bestätigung der Innungsordnung durch Kurfürst Christian I. Jahrhundertelang haben die Dohnaer Fleischer ihr Recht in Dresden ausgeübt. „1899 aber mußten sie ihre alten Fleischbänke aufgeben, weil der Platz für den Bau des neuen Rathauses gebraucht wurde" (ebd. S. 32, vgl. Meiche 1927). Zur Erinnerung an die Bedeutung, die das Fleischerhandwerk in Dohna einst hatte, wurde daraufhin 1912 direkt auf dem Marktplatz der „Fleischerbrunnen" errichtet. Auch in lokalen Erzählungen blieben die Privilegien der Dohnaischen Fleischer in Dresden lebendig (vgl. Uther 1998, S. 269; Meiche 1903, Nr. 1157).

Der Fleischerbrunnen in Dohna, geschaffen von dem Dresdner Bildhauer Alexander Höfer (1877-1937), auf einer Photographie aus der Zeit kurz nach der Einweihung 1912. Der Charakter des Werkes erinnert an ein „Denkmal". Als solches beschreibt es zumindest Karl Helbig, der sich durch die „lebendig aufgefaßte Figur" des Metzgergesellen besonders angesprochen gefühlt haben mag (vgl. Allgemeines Lexikon der bildenden Künstler, hg. von Thieme und Becker, Band 17, 1924, S. 346).

ten nicht wider, kaufte mann for 10. Pf. Wurst bekam mann ein groses stük, wurde gar nicht gewogen.

Nun muß ich noch von die Bauern erzählen, zu jeden Festzeiten wurden Kuchen gebaken, hatte jeder seinen Bakofen, u. was for guten Kuchen, habe nie wider solchen gegessen, u. wie viel habe ich da gekricht, bestellte immer meine Frau auf ein Dorf so in der mitte, im Bezirk, blos das ich die *Hoken* los wurde, auch hatte ich öfters Soldaten Kistchen, in der Gegent dienten sie alle in Zittau, da bekam ich auch immer bar groschen vors mit bringen. [186] Das half ja alles mit Haushalten, bei den wenichen Gehalt, u. bei die Bauer kam es nicht drauf an, es waren ja lauder grose Bauern, die es hier ja nicht giebt auch wie ich so krank war 21. Wochen auser Dienst, *legte mich* im Novembr *ein*, da brachten die Bauern, oder die Fraun wenn sie in die Kirche ging viel *Stolln* u. Kuchen mit rein, zu Weinachsfeiertagen bekam ich von Lüttichau Gamig Hasenbraten, u. ein fläschel Wein. Erinere mich noch vielen bar Schrotköner auf den Teller, auch Ober Pfarer Haase der mich barmal besuchte u. Betbücher mit brachte, schikte auch barmal guten Braten u. ein fläschel rotwein, auch von Fraunverein bekam ich alle Wochen 3. Mark. auch für die Kinder was mit, es war die Vorstanten von Fraun Verein (in Dohna). Wie sie das erste mal kam sagte sie, wir haben in der Sitzung beschlossen, alle Wochen ihren Mann 3. M. es war den Birgermeistr Reppchen seine Frau. Ich lag in Bette schwer Krank, meine zwei hibschen Mädel waren noch ganz klein, ich war noch nicht 40. Jahre alt, u. sahden Tot vor Augen, ach waren das schwere Zeiten, meine liebe Seeliche Frau unterdrükte immer die Trähnen, meine Stubennachbern brachte ein Cristbäumchen herrüber. aber Gott Dank er hatt alles wohl gemacht, gebt unsern Gott die Ehre.

[187] Nun muß ich gleich noch mit bemerken, was habe ich erlebt an meinen zwei Kindern, den ich doch so gut war u. durch sie durchs Feuer gegangen wär, meine Seeliche Martha war doch so gut u. liebreich u. hing so an mir, wo ich mich Jahrelang gehermt durch den schnellen Tot, u. was for Ercher mit der Minna, u. den Bengel u. heute noch über 30. Jahre Uneinich bin. als sie in Dohna zweimal so Krank waren an Diphteritus[89] u. ich die schinderei von Arzt nicht mehr mit ansehen konnte, die Marthel war 3. Jahre alt, der Arzt schmiß den Kaffelöffel auf den Disch mit dem er die Zunge nider drikte, mit den Worten warum bin ich Dokter geworten, wenn die Bilze nicht weichen sind sie in zwei Stunten Tot. Die Stuben Nachbern Baldauf Maria hielte die Martha mit, u. meine Frau, ich bin nauf in die Bohtenkammer den lieben Gott Inprinstich [inbrünstig] gebeten er soll mir die Kinder am Leben lassen, u. er hatt auch mein Beten erhört, aber mann soll das nicht. aber Gott hatt es wider gut gemacht, unser lieber Karl hatt uns bis jezt blos Freude gemacht u. noch nie betrübt, Gott mag seine Hand über ihn halten u.

[89] Diphtherie, im Volksmund Bräune genannt; gefährliche Infektionskrankheit, die überwiegend bei Kindern auftritt und tödlich verlaufen kann. Kennzeichnend ist die Bildung von fest sitzenden Belägen auf den Schleimhäuten besonders im Rachenraum. 1910 lag die Sterblichkeit bei Diphtherieerkrankungen noch bei 13,6 % (vgl. Brockhaus, Band 5, 1997, S. 537).

beschützen. Nun doch noch mal zurük, Erinre mich gleich noch an den ersten Weinachsfeirtag da ich so krank war, brachte mir Brieftr. Unger aus Mügeln ein guter Freund von mir er war oft in Dohna, einen halben *Stolln.* [188] Unger war älter wie ich, gewiß hatt er gedacht ich habe keinen, u. er hatt auch genuch *Stolln* gehabt, ja sowas vergist mann nie.

Nun meine lieben! das allerlezte was ich noch schreibe u. ist nun Schluß, und nehmt mir es bitte nicht für Ungut wegen des vielen schreibens, wie das nun so ist, die Erinerungen nehmen immer überhand wenn mann Alt geworten ist, wie ich schon bemerkt nicht blos doppelt sondern zehnfach lebt mann mit der Vergangenheit fort, ja viele fehler hatt mann begangen, u. vieles muß mann bereuen, was leider nicht mehr zu ändern ist, u. viel Pech gehabt, alles zu spät.

Noch eins muß ich doch noch bemerken, als ich in Maschinhaus war muste ich oft Bier u. Schnaps holen vor die Herrn Lokführer, da eines Tages das ich forkam, sagte mir der *Restratür* Hultzsch, Helbig sie haben 2. Glas Bier u. 2. Zigarn gut, zwei Dohnsche Fleischer waren hier u. haben das für Sie bezalt u. die Namen nicht genannt, aber was mich das *gedauert* hatt, mir waren die das Bier u. Zigaren nicht lieb, ich dachte immer an mein liebes Dohna da mir es noch so *bange* dat, war doch so Einheimisch dort, kannte jedes Kind, wo mann Täglich untern Leuten war, hier sah ich noch Täglich die Brieftr. u. den schlechten Postverwalter, nun stekte ich in den alten Maschinhaus wo man vor Rauch balt erstiken muste, u. noch keine Esse war, warum hatte ich mich nur nach hier Versetzen lassen?

1927

Helbig, Karl

Glossar

4. Jährichfreiwillich
    Die gewöhnliche Dienstzeit für Wehrpflichtige betrug drei Jahre.
Abdrit
    Abtritt: umg. Abort
abgebuttelt
    abpuddeln: „jem. reinigen, indem man ihm den Schmutz sorgsam abklopft" (Müller-Fraureuth 1911, S. 7)
Achselschup(p)en
    Achselschuppen: Schulterstücke (Epauletten) der Gardereiter mit schuppenförmigen Metallauflagen (s. Abbildung auf dem Buchumschlag)
Alaunplatz
    Exerzier- und Paradeplatz der Königlich Sächsischen Armee in Dresden
Albertplatz
    zentraler Platz in Dresden-Neustadt
alte Kaserne
    siehe Reiterkaserne
Altmarkt
    zentraler Platz in der Altstadt von Dresden
Amanstraße
    Ammonstraße: unweit des Dresdner Hauptbahnhofs gelegen
Annenstraße
    nach der Annenkirche, der ältesten Dresdner Vorstadtkirche, benannter Straßenzug
Anschnalsporn
    Anschnallsporen für Kürassierstiefel
Arme(e)korps
    Armeekorps: „der größte Truppenverband, der noch einheitlich in der Ausbildung überwacht und für Marsch und Gefecht geleitet werden kann" (Meyers Lexikon, 7. Auflage, Band 1, 1924, Sp. 863)
Armutszeuchniss/ß
    Armutszeugnis: „amtliche Bescheinigung der Mittellosigkeit für Prozeßführende zur Erlangung des Armenrechts" (Meyers Lexikon, 7. Auflage, Band 1, 1924, Sp. 880)
Asterngasse
    Asterstraße, heute Teil der Köpckestraße, wurde 1894 nach den Brüdern Karl Heinrich und Ernst Friedrich Aster benannt (Kregelin 1993, S. 69). Offensichtlich beziehen sich die nicht ganz genauen Erinnerungen von Karl Helbig an den Verlauf der Asterstraße auf einen späteren Besuch in der Residenzstadt.
auf deke (Reiten)
    Gemeint ist das Reiten auf einer Decke ohne Sattel.
auf geschrenkt
    von schränken: in Stöße (Schragen) setzen, aufstapeln (vgl. Müller-Fraureuth 1914, S. 473)
Aufgebot
    Erstes Aufgebot: „der Aufruf der Wehrkraft zu den Waffen [...] Bis 1918 wurden die Landwehr und der Landsturm nach den Jahresklassen in ein erstes und ein zweites A. eingeteilt" (Eberhardt 1940, S. 21; vgl. Renn 1979, S. 146 f.).
aufgehokt
    von „aufhocken": an dieser Stelle wahrscheinlich mit der Nebenbedeutung „kopulieren" scherzhaft gemeint (vgl. Müller-Fraureuth 1911, S. 517)
auftreffen
    „sich setzen, ausruhen" (Müller-Fraureuth 1911, S. 41)
Augustusbrücke
    Brücke in Dresden, zwischen Schloßplatz und Neustädter Markt gelegen
aus haben
    vor jmd. aus haben: wohl Respekt haben, Reißaus nehmen
Auslage
    Grund-, Ausgangsstellung beim Fechten (Der Große Brockhaus, 15. Auflage, Band 6, 1930, S. 100)
Auszie(h)stäbe
    Ausziehstäbe: Waffenzubehör

bange
    bange sein (tun) nach, Heimweh bzw. Sehnsucht haben nach jmd. oder etwas (vgl. Wörterbuch der obersächsischen Mundarten, Band 1, 1998, S. 164)
Barademarsch
    Parademarsch: zur Parade der Vorbeimarsch einer militärischen Einheit und Bezeichnung für das dabei gespielte Mu-

sikstück. Die Kavallerie kannte Parademärsche in mehreren Gangarten: im Schritt, im Trabe und im Galopp.

bemausen
siehe mausen

Beritt
„eine für die Pferdepflege und den Innendienst bestimmte Kavallerieabteilung unter einem Berittführer (Unteroffizier oder Gefreiten)" (Eberhardt 1940, S. 35)

Berittführer
siehe Beritt

besser hielten
von „gut halten": in guten Vermögensverhältnissen sein (Müller-Fraureuth 1911, S. 468)

Biwak
„das Lagern von Truppen unter freiem Himmel oder unter Zelten" (Eberhardt 1940, S. 44)

blanke Pferde
blanke Pferde: „in der Sprache des Infanteristen Pferdeappell" (Müller-Fraureuth 1911, S. 113)

Bleims
ich hatte kein Bleim's: ich hatte keine Ruhe (vgl. Müller-Fraureuth 1911, S. 119)

Böhmake
nach Müller-Fraureuth (1911, S. 128) des Deutschen unkundiger Tscheche

Böhmischer Bahnhof
heute Dresden Hauptbahnhof (siehe Conrad 1996)

Brawer
unklares Kommando, möglicherweise ist „Travers" gemeint, in der Reitkunst ein Seitengang, „bei dem die Vorderhand des Pferdes auf dem Hufschlag möglichst geradeaus mit Halsstellung nach innen geht, während die Hinterhand durch den auswendigen Schenkel in die Bahn gedrückt wird" (Der Große Brockhaus, 15. Auflage, Band 19, 1934, S. 45)

Brecht ab
„Unter Abbrechen [Kommando beim Reiten] versteht man ein Biegen des Genicks und Weichmachen des Halses an den Ganaschen. Der Hals darf nur die durchaus erforderliche Biegung zeigen und muß an seiner Grundlage möglichst gerade und stät bleiben" (Instruktion 1882, S. 87).

Brigade
Das ist „die Vereinigung mehrerer taktischer Einheiten derselben Waffe zu einem taktischen Ganzen. Eine Kavallerie-Brigade besteht z. B. aus zwei Reiter-Regimentern" (Transfeldt 1942, S. 49).

Brigadekommantür
Brigadekommandeur, siehe Brigade

Bruch
Leistenbruch

Bruchband
Lederband zum Zurückhalten eines Leistenbruches

Büdchen, Bütchen
Verkaufsladen in der Kaserne

Butterleute
wohl Butterhändler oder Buttenträger

Däde
Tête: Spitze, erste Person in einer Reihe, von franz. tête, Kopf (Bergmann 1987, S. 197); in Marschordnung auch die Ehrenplätze an der Spitze des Regiments, gewöhnlich Kesselpauker, Trompeterkorps, kommandierender Offizier, Standarte und Wache, dann die einzelnen Schwadronen

Degade
Dekade, Zeitraum von zehn Tagen

Dereng
Terrain

Dienst Stok, Dienststöke
Dienststock, Abzeichen der „Herrenwache", ähnlich der heute noch bei der Bundeswehr gebräuchlichen Achselschnur der Wachhabenden. Der Dienststock hatte seinen Ursprung vermutlich im höfischen Zeremoniell und in aristokratischen Repräsentationsformen. Er erinnerte sowohl an den Stab eines Herolds oder eines Majordomus als auch an die Flanierstöcke von Adeligen bzw. Höflingen im 17. und 18. Jahrhundert.

Difisionskomantür
Divisionskommandeur, Division: „der kleinste Truppenverband, der zu selbständigem Kampfe aus verschiedenen Waffengattungen zusammengesetzt ist. An der Spitze steht der Divisionskommandeur, meist ein Generalleutnant" (Eberhardt 1940, S. 66), in diesem Falle Generalleutnant Wilhelm Hugo Senfft v. Pilsach.

Direng
s. Dereng
Disbesitzsion
Dispensation: (vorübergehende) Befreiung
dischproirten
wahrscheinlich von disputieren: mit Worten streiten
Doffel
Toffel: einfältiger, dummer Mensch (Müller-Fraureuth 1911, S. 226).
Drasch
Drasch haben: „geschäftig und eilig arbeiten, sich viel zu schaffen machen und dabei kaum zur Besinnung kommen" (Müller-Fraureuth 1911, S. 239f.), Drasch: „aufgeregte Geschäftigkeit, nervöse Hast, Eile" (Bergmann 1987, S. 52)
Drechen, Drengenzügel, Drensen
Trensenzügel: Teil des Pferdezaums
Dresdner Anzeicher
Dresdner Anzeiger: „eine der ältesten und die zeitlich am längsten existierende Tageszeitung der Stadt (1730-1945)" (Stimmel u. a. 1998, S. 107)
Dresdner Heide
großes Waldgebiet im Norden von Dresden
Dresdner Neueste Nachrichten
vormals Neueste Nachrichten, seit dem 11. Jahrgang (1. April 1903) Dresdner Neueste Nachrichten
Dressenhut
Tressenhut, Hut mit einem Besatz, einer Borte.

Echlerer
von französisch „Eclaireurs": Aufklärer. „Sobald die Eskadron sich in Gefechtsbereitschaft setzt, muß der Eskadron-Chef die Gangbarkeit des Terrains, in welchem er vorzugehen beabsichtigt, untersuchen lassen. Besonders muß dies geschehen, wenn die Attacken-Richtung vorauszusehen ist. Zu diesem Dienst sind die Eklaireurs bestimmt und als solche in jedem Zuge zwei findige und hierin besonders instruirte Mann designirt" (Exerzir-Reglement für die Kavallerie 1886, S. 100).
Eichentums Hosen
siehe Eichentums Uniform
Eichentums Uniform
Eigentumsuniform, von den Soldaten selbst beschaffte, meist höherwertige Uniform im Gegensatz zu dem von der Bekleidungskammer der Einheit ausgegebenen (Kammer-) Stück
Eichent(ums) Urlaub
Eigentumsurlaub: „eigenmächtiges Fernbleiben von der Truppe" (Müller-Fraureuth 1911, S. 280)
Einehmer
Steuereinnehmer
erhalten
erhalten: unterdrücken, besonders das Lachen (Müller-Fraureuth 1911, S. 299), festhalten
erhören
nicht erhören: nicht mit anhören (Müller-Fraureuth 1911, S. 299)
erlatschen
erlatschen: niedertreten (vgl. Müller-Fraureuth 1914, S. 144)
Eskatrong, Eskatrang
Eskadron: siehe Schwadron

Fahnenschmid
Fahnenschmied: „hufschmid bei einer schwadron reiter" (Deutsches Wörterbuch, Band 3, 1862, Sp. 1243; Transfeldt 1942, S. 137)
Faschirleine
wohl Fouragierstrick, zum Einbinden und Festschnallen des mitgeführten Heus (vgl. Dienst-Reglement 1860, S. 156)
Felddienst
„Der Gefechtsdienst im Gelände umfaßt Märsche, Gefecht, Unterkunft, Sicherungsdienst, Befehlserteilung, Nachrichtendienst, Pionierarbeiten, Nachschub. Er wird in Felddienstübungen und im Manöver in größeren Verbänden geübt" (Eberhardt 1940, S. 90).
fest gemacht
sich fest machen: sich verpflichten
ficheland
vigilant: „geschickt, gewandt; aufmerksam, geweckt, klug" (Bergmann 1987, S. 208)
Fissidation
Visitation: Untersuchung, Besichtigung
Fitz
einen Fitz haben: „in Verwirrung, Aufre-

gung, Angst, Ärger sein“ (Müller-Fraureuth 1911, S. 336)

Flatzen
Flatsch(en): „großes, räumlich ausgedehntes Stück; Fetzen“ (Bergmann 1987, S. 66)

Forschirleine
siehe Faschirleine

Forterschirbok
Voltigierbock

Frießkotze
von „Fries“ und „Kotze“, wollene Decke als Sattelunterlage. „Die wollene Decke (Kotze) dient als Sattelkissen; sie muß dicht, wollig, weich, rein und ganz sein“ (Dienst-Reglement 1860, S. 142).

Furaschenkammer
Kammer für das Pferdefutter (Fourage) (vgl. Eberhardt 1940, S. 127)

Futterschitten
Futterschütten: Speisung, zum Essen (Müller-Fraureuth 1911, S. 371)

Garnitur, Ganadur, Ganetur
Garnitur: „Die Truppenbekleidung wird je nach Alter und Gebrauchswert in verschiedene Garnituren geteilt. Die 1. und 2. G. (neue Stücke) dienen zur Einkleidung der Truppe bei der Mobilmachung, die 3. ist Parade-, die 4. und 5. Gebrauchs-G. Die Auffrischung erfolgt durch herunterordnen. Durch einen Stempel wird ersichtlich gemacht, zu welcher G. das betr. Stück gehört“ (Eberhardt 1940, S. 136; vgl. Rehbein 1973, S. 174 f.).

Gast
strenger Gast im Sinne von „strenger Kerl“

Gebirkschesprache
erzgebirgische Mundart

Gebund
Gebund: Bündel (Müller-Fraureuth 1911, S. 387)

gedauert
von dauern: betrüben (Müller-Fraureuth 1911, S. 201)

gekobert
Kobern: „ein weites kleid kobert (kobbert) sich, zieht oder schoppt sich nach oben“ (Deutsches Wörterbuch, Band 5, 1873, Sp. 1546, vgl. Müller-Fraureuth 1914, S. 72).

Gemeine
gemeine (einfache) Soldaten ohne Dienstgrad

Georgentor
Georgenbau, Teil des Dresdner Schloßkomplexes, der den Stallhof mit dem Nordflügel des Schlosses verbindet und torförmig die Schloßstraße überbaut (Stimmel u.a. 1998, S. 155)

geriffelt
von riffeln: rügen, schelten (Müller-Fraureuth 1914, S. 357), rüffeln

gesacht über
siehe über sagen

Geschäftniß, Geschäftnis
Geschäft(ens): männliche Schamteile, Schamgegend (Müller-Fraureuth 1911, S. 409)

Geschike
ein Geschicke nan machen: mit Geschick zur Zufriedenheit durchführen (vgl. Müller-Fraureuth 1911, S. 410)

Geschlink
Geschling: Brusteingeweide der Schlachttiere, besonders Lunge, Leber und Herz (vgl. Müller-Fraureuth 1911, S. 411)

Gewigtes
Gewiegtes (gehacktes) Fleisch

Gloke
etwas kommt an die Glocke: etwas wird weithin bekannt gemacht (Deutsches Wörterbuch, Band 4, 1. Abt., 5. Teil, 1958, Sp. 154); in aller Leute Mund bringen, öffentlich bekanntmachen (Röhrich 1994, Band 2, S. 555)

Grenatirkaserne
Die Dresdner Grenadierkasernen lagen nach dem Umzug in die Albertstadt an der Carola-Allee (jetzt Stauffenberg-Allee). Das Kasernengebäude des 2. Grenadierregiments Nr. 101 ist heute Sitz des sächsischen Regierungspräsidiums. Die Kaserne des 1. Leibgrenadierregiments Nr. 100 existiert nicht mehr.

grobe Rasse von Stok weg
verächtliche Umschreibung für die Herkunft mancher Kameraden

GRR
Garde-Reiter-Regiment

Gurke
eine verhau(e)ne Gurke: ein lebenslustiger,

zu allen losen Streichen aufgelegter Mensch (Müller-Fraureuth 1911, S. 450)

Gurkenreiter
Spottname für die Gardereiter, möglicherweise wegen ihrer gurkenförmigen Helmraupe oder in Anspielung auf ihr überhebliches Auftreten, abgeleitet von der Redewendung „sich eine Gurke herausnehmen", sich Freiheiten erlauben, unverschämt sein (vgl. Müller-Fraureuth 1911, S. 450)

Gusche
mitteldt. für Mund

gute Stube
gute Stube machen: gesellig beieinander sein, miteinander essen

halbege
halbwegs, vgl. Müller-Fraureuth 1911, S. 465 f.

Hasen
Spottname für Infanteristen, vgl. Müller-Fraureuth 1911, S. 23

Hauptstr(aße)
Dresden-Neustadt, zu DDR-Zeiten „Straße der Befreiung", seit 1991 wieder Hauptstraße

hausen
haußen: „hier (dr)außen, außerhalb, im Freien" (Müller-Fraureuth 1911, S. 489)

Hauszinß
Hauszins: Mietzins, Miete

Heftel
Häftel: kleiner Haft, Haken mit Öse (Müller-Fraureuth 1911, S. 461)

Heller
Ortsteil von Trachenberge, wo 1827 der Exerzierplatz für das Militär entstand (Stimmel u.a. 1998, S. 180)

Hoken
Hocke, Hucke: Traglast (Müller-Fraureuth 1911, S. 517)

Hüfe schmiren
„Das zeitweise Einschmieren der Hufe mit reinem ungesalzenen Fette ist nothwendig, um die Hornwand gegen die in den Stallungen oft unvermeidliche beizende Einwirkung der Exkremente zu schützen" (Dienst-Reglement 1860, S. 200).

Infantrie Kaserne(n)
Vor dem Umzug in die Albertstadt befand sich die Infanteriekaserne in der Neustadt an der Hauptstraße gegenüber der Dreikönigskirche (siehe Richter 1898, Plan der Stadt Dresden im Jahre 1862; Abbildungen bei Richter 1905, Nr. 46-48).

Instruktion (Stunten)
Instruktion: Unterricht (vgl. Rehbein 1973, S. 179 f.; Renn 1979, S. 143)

Instruktor
Instrukteur, Ausbilder

Jägerhof
siehe Reiterkaserne

Jüdenhof
kleiner, sich westlich an den Neumarkt anschließender Platz vor dem Johanneum, auf dem bis ins 16. Jahrhundert das jüdische Gemeindehaus stand

Kahn, Kähne
Bett (vgl. Müller-Fraureuth 1914, S. 5)

Kantarre
Kandare: Teil des Pferdezaums, bestehend aus fester Gebißstange, starren Seitenteilen und Kinnkette (vgl. Transfeldt 1942, S. 137)

Kardätsche
grobe Pferdebürste; Kartätsche im Sinne eines dünnwandigen Hohlgeschosses scheint in den Ausführungen nicht gemeint zu sein (vgl. Transfeldt 1942, S. 120).

Karpfenschmauß
(geselliges) Fischessen nach dem Ablassen der Teiche

Kartätsche, Kartete(t)sche, Kartetsche
siehe Kardätsche

Kartoffelkeulchen
oder Quarkkeulchen, „sehr beliebte kleine Kuchen aus Kartoffeln und Quark, in Leinöl gebacken" (Müller-Fraureuth 1914, S. 28)

Kasten
Soldatengefängnis

Kattetenhaus
Die Kadettenanstalt war bis 1878 in der Ritterakademie unweit des Jägerhofes untergebracht (Stimmel u. a. 1998, S. 351; Meschwitz 1907, S. 347). Kadetten: „ursprünglich jüngere Söhne adliger Familien, später in Kadettenhäusern und Kadettenkorps wissenschaftlich und mili-

tärisch ausgebildete und für den Offiziersberuf erzogene junge Leute" (Eberhardt 1940, S. 196).

Kleine Brüdergasse
Gasse in Dresden parallel zur Wilsdruffer Straße von der Schloßstraße zur Sophienkirche (vgl. Stimmel u.a. 1998, S. 65)

Knax
alter Knacks: alter (verknöcherter) Mann (Müller-Fraureuth 1914, S. 59)

Knopfhölzer
„brettchen mit einschnitten, in welche metallknöpfe geschoben werden, um sie ohne berührung des kleides zu putzen" (Deutsches Wörterbuch, Band 5, 1873, Sp. 1480)

Knoten
„roher, ungehobelter Mensch, Kerl" (Müller-Fraureuth 1914, S. 69)

Kom(m)ißbrod
Kommißbrot, rechteckiges Vollkornbrot der Soldaten

Kongkarte
Kokarde, hier eine runde Platte aus Leder oder Metall in den Landesfarben, die bei den Helmen unter den seitlichen Halterungen der Kinnriemen (Schuppenketten) angebracht wurde

Königsbrükerstr(aße)
Königsbrücker Straße: Ausfallstraße vom Albertplatz nach Norden

Krautgescheche
Gescheche, Krautscheuche: unheimlich aussehender Mensch, Mißgestalt, Vogelscheuche im Krautfeld (vgl. Müller-Fraureuth 1911, S. 410; 1914, S. 102)

Kriegsgerichtliche Verhandlung
auch im Frieden Bezeichnung für Prozesse vor Institutionen der Militärgerichtsbarkeit (vgl. Schuster, Francke 1885, Teil 3, S. 370 ff.; Transfeldt 1942, S. 86)

Krimgerwagen
Leiterwagen oder Kremser, ein langer, vielsitziger, offener Wagen

Kronendritt
Kronentritt: Verletzung der Weichteile am Kronenrand des Hufes beim Pferd durch den Hufeisenstollen des anderen Fußes. „Der Kronentritt ist eine bedenkliche Verletzung, die sofortige sachverständige Behandlung erfordert, da hierbei leicht das Huf- oder auch das Kronengelenk verletzt werden kann" (Der Große Brockhaus, 15. Auflage, Band 10, 1931, S. 650).

Künölwichse, Kühnelwichse
Wichse aus Kienöl, also aus dem Harz der Tannen, Fichten und Kiefern (vgl. Müller-Fraureuth 1914, S. 35)

Kurasche
Courage, Mut

Kutz
wohl von Kotze, Mist, „Scheiße"

Lanser, Lanzer
Landser: „verbreitete volkstümliche Bezeichnung des einfachen deutschen Soldaten" (Eberhardt 1940, S. 237)

lappich
jmd. lappig machen: jmd. tüchtig heruntermachen (Müller-Fraureuth 1914, S. 138)

Lattrin
Latrine, Abort

legte mich ein
sich einlegen: sich krank zu Bette legen; bei Müller-Fraureuth (1911, S. 284) nur für Frauen belegt, die der Niederkunft entgegensehen

leichte
vielleicht, wohl (Wörterbuch der obersächsischen Mundarten, Band 3, 1994, S. 67)

Lokwitzer
Lockwitzer Kornschnaps

Luder haben
einen Rausch haben (Müller-Fraureuth 1914, S. 187)

machen
hier gekennzeichnet in der Bedeutung „gehen, laufen, fahren, reisen" (Müller-Fraureuth 1914, S. 196)

Magen Wurst
Magenwurst: in einen Tiermagen gefüllte Wurst

Marinbrüke
Marienbrücke: älteste erhaltene Elbbrücke in Dresden, die 1852 eröffnet wurde (Stimmel u.a. 1998, S. 271)

Markidenter
Marketender: „Händler mit Genuß- und Verbrauchsmitteln, die den Truppen folgen" (Erhardt 1940, S. 262)

Mausehaken
Gewohnheitsdieb (Müller-Fraureuth 1914, S. 223)

mausen
stehlen (Müller-Fraureuth 1914, S. 223 f.)

Meisnerstraße
Gemeint ist offensichtlich nicht die linkselbische Meißner Landstraße, sondern die Meißner Straße rechts der Elbe (auf dem Plan der Stadt Dresden von 1845 als Chaussee von Meissen eingezeichnet).

Merde
die ganze Merde: die ganze „Scheiße“ (franz.)

M(ilitär) Verein
Militär- und Kriegervereine kamen überall in Deutschland in der ersten Hälfte des 19. Jahrhunderts auf. Eines ihrer Hauptanliegen sahen die Vereinsangehörigen darin, die verstorbenen Kameraden feierlich zu Grabe zu geleiten.

mir
wir (Müller-Fraureuth 1914, S. 240)

Monarsch
Menage: Verpflegung der Truppen

Moritzbu(r)gerstr(aße)
Moritzburgerstraße, Ausfallstraße nach Norden aus Dresden heraus Richtung Moritzburg

Nächtchen
ein Nächtchen machen oder bauen, bei den Soldaten: „den Zapfenstreich überschreiten, allerhand Streiche verüben und dann über die Mauer in den Kasernenhof klettern“ (Müller-Fraureuth 1914, S. 268)

Nachtzeichen
Nachtzeichen: „im deutschen reichsheer ein zettel oder eine marke, durch welche der soldat die erlaubnis erhält, einige stunden über den zapfenstreich auszubleiben“ (Deutsches Wörterbuch, Band 7, 1889, Sp. 225)

Nase gekricht
eine Nase kriegen: einen Verweis, eine Rüge bekommen (Müller-Fraureuth 1914, S. 275; vgl. Rehbein 1973, S. 189)

Neujahrsheilich Abent
Silvesterabend

Northäuser, Northeuser
Nordhäuser Korn

num
(hi)num: hinüber (Müller-Fraureuth 1911, S. 513)

Ober Roßarzt, Oberroßarzt
siehe Roßarzt

Ober Wachmeister
siehe Wachtmeister

Oberlausitzer Schprache
Das Lausitzische war einst mit dem Schlesischen eng verwandt. „Der Oberlausitzer fällt beim Sprechen vor allem durch sein gerolltes *r* und sein dunkles *l* auf“ (Agricola u. a. 1969, S. 418).

Ob(er)stabsarzt
Angehöriger des Sanitätspersonals im Rang eines Majors

Ökonomie Arbeiter
siehe Ökonomiehandwerker

Ökonomi(e)handwerker
Ökonomie-Handwerker: „in der deutsch. Armee d. zum Dienst ohne Waffe behufs Anfertigung der Bekleidung u. Ausrüstung der Truppen bestimmten Mannsch.“ (Frobenius 1901, S. 655)

Ökonomische Mustrung
Ökonomische Musterung: „bis zum [1.] Weltkrieg in Deutschland die Prüfung der Bekleidungswirtschaft durch die höheren Kommandobehörden“ (Eberhardt 1940, S. 303; vgl. Rehbein 1973, S. 202 ff.)

Ordenanz
Ordonnanz, für bestimmte Zwecke, besonders zum Überbringen von Befehlen abkommandierter Soldat

Palze
vermutlich Schlagbolzen

Pattrie
Batterie: „ist die kleinste taktische Einheit der Artillerie“ (Eberhardt 1940, S. 29). „Sie zählt in den meisten Armeen zur Zeit 6 (in Russl. 8) Geschütze nebst den nothwendigen Mun.-Wagen u. Truppenfahrzeugen“ (Frobenius 1901, S. 57).

Pautznerstr(aße)
Bautzner Straße, Ausfallstraße durch die Antonstadt und durch Loschwitz

Pfefferkuchenmän(n)er
Spottname für die Gardereiter

pfischelde
pfischeln: „flüstern, leise reden" (Bergmann 1987, S. 151)
Pikett, Piket
Pikett: (früher) Vorposten
Pilnitz
Schloß Pillnitz, Sommersitz der Wettiner
Pinsenstein
Bimsstein: mit ihm wurde früher in mühseliger Arbeit das lackierte Lederzeug geputzt (vgl. Müller-Fraureuth 1911, S. 109). Aus diesem Kontext ist auch jene Bedeutung des Wortes „bimsen" abgeleitet, die wir heute noch kennen („Vokabeln bimsen").
Pionir
siehe Pionierübung
Pionir(n)übung
Pioniere bilden die technische Truppe des Heeres. Zu ihren Aufgaben gehören vor allem der Brückenbau, die Errichtung von Stellungen und Hindernissen sowie Sonderaufgaben wie die Unterbrechung gegnerischer Transport- und Kommunikationswege.
Pirnar Anzeicher
Pirnaer Anzeiger: Tageszeitung, Hauptblatt für das gesamte Gebiet der Sächsischen Schweiz, das Meissner Hochland, das Müglitz- und Gottleubatal, erschien in 136 Jahrgängen von 1809 bis 1945.
Piwak
siehe Biwak
planke Pferde
siehe blanke Pferde
Polake(n)
Polacken: Polen
Pomper, Pommper
Bomber: nach Karl Helbig Spottbezeichnung für Artilleristen
Porteur
Koffer-, Lastenträger
Potungsschuppen
Schuppen zur Aufbewahrung von Kähnen (Pontons) für den Brückenbau
Prim
Priem: Kautabak
primen
priemen: Tabak kauen
Profesion, Provesion
Profession: Beruf, Handwerk

Quartirmeister
Quartiermeister: bei den berittenen Truppen der für die geordnete Niederlegung, Instandhaltung und Ausgabe der Bekleidung, Ausrüstung und Bewaffnung zuständige Unteroffizier (Der Große Brockhaus, 15. Auflage, Band 9, 1931, S. 624)

Raport
Rapport: „im allgem. jede schriftl. oder mündl. Meldung an einen Vorgesetzten" (Frobenius 1901, S. 717)
Raube(n)
Raupenhelm: v. a. von den berittenen Truppen getragener Helm mit einer längs des Scheitels auf einem Kamm aufgesetzten, meist schwarzen Raupe aus Wolle oder Tierhaar. Trompeter trugen rote Raupen. Beim GRR waren Raupenhelme bis 1876 im Gebrauch.
raus stekte
(he)rausstecken: äußern, sagen (Müller-Fraureuth 1914, S. 556)
rausgehen
Entlassung vom Militär
Regiment, Regement, R(e)g(m).
„Ein Truppenteil von einheitlicher Überlieferung, gleicher Uniform, mit einheitlichem Offizierkorps, geführt von einem Stabsoffizier als Regimentskommandeur, soll im Kriege einen Kampfauftrag in geschlossenem Einsatz lösen" (Eberhardt 1940, S. 332).
Reitbahn(e)
Gemeint sind wohl die Reitbahnen auf dem Gelände der alten Reiterkaserne.
Reitergelumbe
Gelumpe: „Gesamtheit der Bekleidungs- und Ausrüstungsstücke" (Müller-Fraureuth 1911, S. 401)
R(eiter)kaserne
Die alte Reiterkaserne bzw. die Jägerhof-Kaserne in der Neustadt; der einst umfangreiche Gebäudekomplex diente seit dem 16. Jahrhundert als fürstliches Jägerhaus. Mit dem Bau der Jagdschlösser Moritzburg und Hubertusburg verlor der Jägerhof im 18. Jahrhundert seine Bedeutung für die höfische Jagd und blieb bis zum Jahre 1831 Sitz der sächsischen Forstbehörde. „Für mehrere Jahrzehnte diente

die Anlage dann als Kavalleriekaserne. Die meisten der alten Gebäude mußten abgebrochen und durch neue ersetzt werden, nur der älteste Flügel mit dem Jägersaal blieb erhalten [...] Im letzten Drittel des 19. Jahrhunderts, nachdem die Kaserne in die Albertstadt verlegt worden war, nutzten Fuhrunternehmen und Handwerker das allmählich verfallende und durch Umbauten entstellte Gebäude" (Museum für Sächsische Volkskunst Dresden 1997, S. 2ff.). Am 6. September 1913 wurde hier das Landesmuseum für Sächsische Volkskunst eröffnet. Die Gardereiter zogen 1878 (4. und 5. Eskadron) bzw. 1879 (die drei restlichen Eskadronen) in die neue Gardereiterkaserne (Fabrice-Kaserne) ein (Gräfe 1998, S. 24).

Reitschule
: Ort für die Reitausbildung

Remunte Pf(erd)
: Remonten: „Ersatzpferde der Armee" (Frobenius 1901, S. 725; Transfeldt 1942, S. 136)

Restratür
: vermutlich Registrator: Angestellter oder Beamter, der mit der Registerführung beauftragt ist

ritteriren
: retirieren: zurückziehen

R(itt)meister
: Hauptmann bei der Kavallerie

Ron(n)te
: Ronde, Ronde-Offiziere: „Offzre, welche, beauftragt mit der Kontrolle der Wachen u. Posten im Orts-Wachdienst, zur Nachtzeit diese aufsuchen u. hierbei 2-3 M. zur Begleitung von Wache zu Wache mitnehmen" (Frobenius 1901, S. 738; vgl. Transfeldt 1942, S. 62)

Rosenstraße
: in der Wilsdruffer Vorstadt, 1878 aus der Zusammenlegung von Rosenweg und Rosengasse gebildet (Stimmel u. a. 1998, S. 353); nach dem Dresdner Adreß- und Geschäftshandbuch von 1878 gab es mindestens sechs Fleischer in der Rosenstraße: Hentschel (Nr. 40), Jäppelt (Nr. 25), Parpalioni (Nr. 91), Petzold (Nr. 88), Springsklee (Nr. 66) und Vahlandt (Nr. 62).

Roßarzt
: Tierarzt (vgl. Transfeldt 1942, S. 136 f.)

Roßschweif
: Helmbusch aus Roßhaar, der anstelle der sonst üblichen Spitze auf den Tombakhelm geschraubt wurde. Der Roßschweif wurde nur zur Parade oder Diensten wie der „Herrenwache" getragen.

Roßtag
: siehe „blanke Pferde"

rufte
: mundartlich Präteritum von „rufen" (vgl. Müller-Fraureuth 1914, S. 368)

rum schmeisen
: rumschmeißen: in Gedanken mit etwas kämpfen, sich beschäftigen (vgl. Müller-Fraureuth 1914, S. 450)

Ruschen Salad
: Russischer Salat: bei Davidis (1881, S. 419) wird folgendes Rezept für „Russischen Salat" genannt: „Gutes Sauerkraut von Sommerkohl [...] wird, wie es aus dem Fasse kommt, in einem Tuche ausgedrückt, mit Öl und Pfeffer gemischt."

Sack beschunden
: Das Pferd hatte sich offensichtlich an den Hoden verletzt; beschinden: die Haut abreiben, abschilfern (Müller-Fraureuth 1914, S. 428).

Sattelb(/p)aktaschen
: Packtaschen aus braunem Leder, die beiderseits vorne am Sattel angeschnallt wurden und zum Verstauen der Reit- und Ausrüstungsgegenstände (z. B. Munition, Hufeisen und -nägel, Pferdeputzzeug) dienten

Sattellef(f)el
: Möglicherweise ist das Sattelfell gemeint, Teil der Reit- und Pferdeausrüstung der Kavallerie (s. Vorschriften über die Bekleidung und Offiziers-Pferde-Equipage für das XII. Königl. Sächs. Armee-Corps 1872, Dresden 1872).

Sattelzwisel
: Zwiesel: Teil des Pferdesattels

Schafft, Schäfte
: einem den Schaft geben: ihn mit den Stiefelschäften bearbeiten, militärische Lynchjustiz üben an einem mißliebigen Kameraden (Müller-Fraureuth 1914, S. 402)

Schäler
Schalen: wohl Kartoffelschalen (vgl. Bergmann 1987, S. 170)
schangschiren
changieren, Reitsprache: den Beinsatz im Galopp wechseln
Schankd(/t)arm(e)
Gendarm
Schelle
(Maul)Schelle, Ohrfeige (Müller-Fraureuth 1914, S. 416)
Schenkhausdienst
Soldat zur Überwachung der Ordnung in den Gasthäusern
schichtern
schüchtern: scheu vom Pferd (Müller-Fraureuth 1914, S. 477)
Schiff
„Unter Soldaten (Schülern) = Sendung von Mundvorrat aus der Heimat" (Müller-Fraureuth 1914, S. 427). Ludwig Renn beschreibt in seinem Buch „Adel im Untergang" einen Soldaten zu Weihnachten, der eine Holzkiste mit Wurst, Schinken und Butter anlächelte, „auf die er oder ein anderer mit Kreide geschrieben hatte: Schiff von Muttern" (S. 134).
schif(f)en
„pissen [...] eig. ein Schiff = Nachtgeschirr benutzen" (Müller-Fraureuth 1914, S. 427)
Schilfdeppich
Teppich aus Schilfrohr
Schlafdunzel
Dunsel: verschlafene, träumerische, schwerfällige, gedankenfaule, beschränkte Person (Müller-Fraureuth 1911, S. 265)
schlau befinden
sich schlau befinden: sich wohl oder in guten Verhältnissen befinden (Müller-Fraureuth 1914, S. 436)
Schlesinger Bahn
vermutlich Schlesischer Bahnhof, zweiter Dresdner Personenbahnhof, 1844/47 errichtet, 1898 abgebrochen, auf dem Gebiet des heutigen Neustädter Bahnhofs gelegen (Stimmel u.a. 1998, S. 371; Conrad 1996)
Schloßplatz
Platz zwischen der Freitreppe zur Brühlschen Terrasse, dem Ständehaus, dem Georgenbau und der Kathedrale
Schloßstrass(/ß)e
Verbindung zwischen Altmarkt und Schloß, heute an ihrer Ostseite begrenzt durch den Kulturpalast
Schloßwache
Das GRR hatte die als ehrenvoll erachtete Aufgabe, für die Sicherheit des sächsischen Königshauses zu sorgen und Herrenwache zu halten. Dabei oblag den Gardereitern die innere Bewachung des Schlosses, während die Infanterie die Außenwachen zu stellen hatte, s. Münchhausen 1926, S. 41 bis 47.
schmiren
schmieren: schlagen (Müller-Fraureuth 1914, S. 452)
Schnittel Bier
ein Schnitt Bier: ein halbes Glas (Müller-Fraureuth 1914, S. 463)
Schnufel
Schnüffel: Schnüffler, Topfgucker, neugieriger, naseweiser Mensch, unfertiger junger Bursche (Müller-Fraureuth 1914, S. 465)
Schöpsenfleisch
Schaffleisch (Müller-Fraureuth 1914, S. 470)
Schränkel, Schrenkel
von Schrank (Müller-Fraureuth 1914, S. 473)
schüchtern
siehe „schichtern"
schurrigelt, schurichelt
schurigeln: (unnötig) plagen, quälen, ärgern (Müller-Fraureuth 1914, S. 483)
Schw(adron)
Schwadron, Eskadron: die kleinste taktische Einheit der Kavallerie. Das Garde-Reiter-Regiment besaß seit 1866 fünf Eskadrons, deren Standquartiere in Dresden (1.-3. Eskadron) und Pirna (4. und 5. Eskadron) lagen. Die Eskadron wurde in vier Züge geteilt und von einem Rittmeister als Eskadronchef kommandiert. Für den inneren Dienst wurden die Züge in Beritte gegliedert (den Korporalschaften der Infantrie entsprechend), die Unteroffiziere führten (Frobenius 1901, S. 186 f.).
sechte
seechen, seichen, urinieren (Wörterbuch der obersächsischen Mundarten, Band 4, 1996, S. 194)

Seelenwärmer
gestricktes Leibchen (Müller-Fraureuth 1914, S. 503)
seid halm, seidhals
seitlich
sekirt, Sekierei
von sekieren: „ärgern, aufziehen, necken" (Müller-Fraureuth 1914, S. 512)
Singelist(en)
„Signalisten", bei den Fußtruppen eigentlich Hornisten, bei berittenen Einheiten Trompeter, die akustische Signale gaben. Ihr besonderes Abzeichen an der Uniform waren die sogenannten „Schwalbennester" auf den Schultern.
Stamper
ein Stamper Schnaps, nach dem Deutschen Wörterbuch von Jacob und Wilhelm Grimm (in Schlesien) ein kleines Trinkglas mit dickem Fuß, der kräftiges Aufstampfen verträgt (10. Band, 2. Abt., 1. Teil, 1919, Sp. 675)
Stantbaum, Stantbäume
„Heisset eine starcke stange, welche in einem pferdestall, der mit keinen ordentlichen unterschiedenen ständen versehen ist, zwischen die pferde nach der länge gelegt, und mit dem einen ende durch die sprissel der rauffe gesteckt wird, damit die pferde nicht zusammen kommen, und einander schmeissen mögen" (Zincke, zitiert nach dem Deutschen Wörterbuch von Grimm, Band 10, 2. Abt., 1. Teil, 1919, Sp. 731).
Stauben
von Staupe: schweres Unglück (Müller-Fraureuth 1914, S. 555)
Stempel(n)
siehe Garnitur
Stolln
Stollen: Weihnachtsgebäck
Striche schlagen
Das Ausbürsten des Pferdehaars, „die Tätigkeit des Streichens, des Dahinfahrens über eine Oberfläche mit einem besonderen, dieser Handlung dienenden Gerät" (Deutsches Wörterbuch, Band 10, 3. Abt., 1957, Sp. 1542; vgl. Rehbein 1973, S. 177). „Das eigentliche Werkzeug zur Reinigung des Pferdes ist die Kardatsche, an deren Handhabung der geschickte Pferdewärter erkannt wird. In langen kreisförmigen Strichen soll mit selber das Pferdehaar flach gebürstet werden, und sobald sich an ihr Staub sammelt, ist sie an dem Striegel abzustreifen" (Dienst-Reglement 1860, S. 197).
Stubenbarade
Stubendurchgang, Kontrollgang der Vorgesetzten

Tagebücher
Notizbücher der Wachtmeister und Berittführer (vgl. Ahnert 1917, S. 120; Rehbein 1973, S. 178)
Tereng
Terrain
Tirgenticher, Türgenticher
vermutlich Schimpfwort für Vorgesetzte bzw. Aufseher im Gefängnis im Sinne von Türken-Tiger (vgl. Müller-Fraureuth 1911, S. 268)
toter Herbst
Spätherbst (vgl. Müller-Fraureuth 1911, S. 501)
trapp
trab: schnell (Bergmann 1987, S. 198)
Trasch
siehe Drasch
Trenk, Tränk
Train, Troß; die das Gepäck, die Ausrüstung und Verpflegung mitführende Truppe
Trillsachen, Trillzeug, Trillanzug, Trillrok
weißes Drillichzeug bzw. leinene Montur für den kleinen Dienst (Exerzieren, Putzdienst etc.)
Trippel
Tripel: Polierschiefer zum Schleifen von Metall, Glas usw. (Meyers Lexikon, 7. Auflage, Band 9, 1928, Sp. 1042; vgl. Müller-Fraureuth 1911, S. 250). Nach dem Dienst-Reglement der österreichischen Kavallerie von 1860, S. 141, wurden mit Tripel vor allem die Messingteile geputzt (Handbuch 1858, S. 23).
Trotuar
Trottoir: Gehsteig

über haben, überhaben
etwas über haben: es zu beaufsichtigen, zu verwalten haben (Müller-Fraureuth 1914, S. 592)

über sagen
sagen über jmd.: zu ihm sagen (Müller-Fraureuth 1914, S. 592)
Unter Roßarzt
„Unter-Veterinär", Angehöriger des „Militär-Veterinär-Personals" bzw. des tierärztlichen Personals der Armee, Dienstgradgruppe der Portepee-Unteroffiziere (z. B. Feldwebel, Wachtmeister, berechtigt zum Tragen eines Degens mit Portepee)
Unterarzt, Unterärzte
Angehörige des Sanitätspersonals, die zur Dienstgradgruppe der Portepee-Unteroffiziere gehören
Unterwachm(eister)
Unterfeldwebel, siehe Wachtmeister

verhaun
verhauen: „lustig, durchtrieben, witzig, verwegen" (Müller-Fraureuth 1911, S. 483)
Verlesen
beim Militär: Verlesen der Dienstaufgaben oder der Namen der angetretenen Soldaten beim Appell
verschittet
bei jmd. verschüttet haben: bei jmd. in Ungnade gefallen sein (Müller-Fraureuth 1914, S. 486)
versorgt
versorgen im Sinne von besorgen
verwircht
verwürgen: kaputtmachen durch ungeschicktes Hantieren (Müller-Fraureuth 1914, S. 683)
Vi(e)zewachm(eister), Vieze
Vizewachtmeister: dem Wachtmeister nachgeordneter Dienstgrad bzw. Stellvertreter, Anrede jedoch mit „Herr Wachtmeister"
visendirt
siehe Fissidation
Vogelschisen
Vogelschießen: Schützenfest
Vogelwi(e)se
Vogelwiese: Dresdner Volksfest (vgl. Wozel 1993)

Wach(t)m(eister)
Unteroffiziersdienstgrad (Gruppe der Unteroffiziere mit Portepee) bei den berittenen Truppen, entspricht dem Feldwebel bei der Infantrie, bei der Polizei Bezeichnung der Dienstgrade der unteren Beamtenschaft
Wachwitz
Sommersitz der Wettiner seit dem 19. Jahrhundert
Walle
siehe Wollte
Wasserplumpe
Wasserplumpe: Wasserpumpe (Müller-Fraureuth 1911, S. 124)
weg gekricht
wegkriegen: erkennen (Müller-Fraureuth 1914, S. 646)
weis gegricht, weis gekricht
etwas weis kriegen: „es bemerken, wahrnehmen, hinter etwas kommen" (Müller-Fraureuth 1914, S. 651)
Weise
von der Weise kommen, vom Thema abkommen
Weisenhausstr(aße)
Waisenhausstraße im Zentrum von Dresden zwischen Dippoldiswalder Platz und Georgplatz gelegen. Die Straße besteht seit 1840.
Wenden, wendisch
Sorben, sorbisch
werfen
sich werfen lassen: sich unterkriegen lassen (Müller-Fraureuth 1914, S. 658)
Wiesentorstraße
Die ursprünglich über den Beaumontplatz hinausreichende Wiesentorstraße in der Neustadt trägt seit 1840 ihren jetzigen Namen. Zuvor hieß sie „Am Jägerhof", weil sie an diesem direkt entlangführte (Kregelin 1993, S. 128).
Wigser, Wichser
Wichser: „Anstrengung, schwerer Dienst" (Müller-Fraureuth 1914, S. 662)
Wolfgruben
Wolfsgruben: „künstlich verdeckte, spitz zulaufende Erdvertiefungen, u. U. mit zugespitzten Pfählen auf der Sohle, dienen als Hindernisse im Stellungs- und Festungskrieg" (Eberhardt 1940, S. 451)
Wollte
Volte: Kreis beim Reiten

Zapfenstreich
Beginn der Nachtruhe in den Unterkünften (Transfeldt 1942, S. 53 f.)
Ziefi(e)l, Ziviel
Zivil(isten), in Zivil(kleidung)
Zifielversorgungsschein
Der Zivilversorgungsschein stand (bis 1918) Unteroffizieren mit zwölfjähriger Dienstzeit zu. Sie erwarben damit die Berechtigung, in bestimmte Beamtenstellen der Zivilverwaltung übernommen zu werden (Meyers Lexikon, 7. Auflage, Band 8, 1928, S. 461).
Zintnadel Gewehr
Zündnadelgewehr: „von Dreyse erfunden, wurde 1841 als erstes Hinterladergewehr in die preuß. Armee eingeführt" (Eberhardt 1940, S. 456; vgl. Renn 1979, S. 133f.)
Zug, Züge
Zug: militärische Teileinheit
Zugharmonie
Ziehharmonika, Treckfiedel
zwangpordirt
mit Zwang portieren (tragen), abführen
Zweite Klasse des Sold[at]enstandes
Besonders renitente Soldaten konnten nach der „Verordnung wegen der Militärstrafen" vom 3. August 1808 zur Klasse derjenigen verurteilt werden, an denen körperliche Züchtigungen vorgenommen werden durften. Ab 1872 trat für Soldaten der 2. Klasse an die Stelle der Stockschläge die Einstellung in eine Arbeiterabteilung (Otto, König 1999, S. 725 f.).

Personenregister

Ortsregister

Literaturverzeichnis

Agricola, Erhard, Wolfgang Fleischer und Helmut Protze (Hrsg.): Die deutsche Sprache in zwei Bänden, Band 1, Leipzig 1969 (Kleine Enzyklopädie).

Ahnert, Kurt: Sprühende Heersprache. 2000 witzige Soldatenausdrücke aus der Weltkriegssprache. Dritte Sammlung der volkskundlichen Soldatenbücher, Nürnberg [um] 1917.

Anger, Walburg: Zur Geschichte der Strohflechterei im östlichen Erzgebirge, Staatsexamensarbeit Dresden o. J. (vor 1940).

Arbeitskreis Heimatgeschichte (Hrsg.): Blätter zur Heimatgeschichte der Gemeinde Röhrsdorf (Landkreis Sächsische Schweiz), Folge 1, Dresden-Lockwitz 1995.

Bauer, Gerhard: Der Anfang der Dresdner Garnison und der Beginn des Stehenden Heeres in Sachsen (1662-1830), in: Dresden als Garnisonstadt, Dresden 1998, S. 3-11 (Dresdner Hefte 53).

Bergmann, Gunter: Kleines sächsisches Wörterbuch, 2. Auflage: Leipzig 1987.

Bernhardi, Wilhelm (Hrsg.): Allgemeines deutsches Lieder-Lexikon oder Vollständige Sammlung aller bekannten deutschen Lieder und Volksgesänge in alphabetischer Folge, Hildesheim 1968 [1844].

Blaschke, Karlheinz: Historisches Ortsverzeichnis von Sachsen, Teil 1: Mittelsachsen, Leipzig 1957.

Böhme, Franz Magnus: Volksthümliche Lieder der Deutschen im 18. und 19. Jahrhundert, Leipzig 1895.

Braun, Lily: Memoiren einer Sozialistin, München 1908.

Brockhaus, der Große in 20 Bänden, 15. Auflage: Leipzig 1928-1935.

Brockhaus – Die Enzyklopädie in 24 Bänden, 20. Auflage: Leipzig, Mannheim 1996-1999.

Conrad, Dietrich: Die Dresdner Bahnhöfe, in: Dresdner Geschichtsbuch, Band 2, 1996, S. 114-128.

Davidis, Henriette: Praktisches Kochbuch für die gewöhnliche und feinere Küche, 24. Auflage: Bielefeld und Leipzig 1881.

Deutsches Wörterbuch von Jacob Grimm und Wilhelm Grimm, 16 Bände, Leipzig 1854-1960.

Dienst-Reglement für die kaiserlich-königliche Kavallerie, 1. Teil, Wien 1860.

Dittrich, Max: König Albert-Jubel-Kalender auf das Jahr 1898: mit weit über tausend Daten und Notizen aus des Sachsen-Königs Leben, sowie der Geschichte seines Hauses, Heeres und Landes. Zusammengestellt von Max Dittrich und Clemens Zschäckel, als Ms. gedr.

Dresdner Adreß- und Geschäftshandbuch von 1878.

Dunger, Hermann: Größere Volkslieder aus dem Vogtlande, hrsg. von Karl Reuschel, Plauen i. V. 1915.

Eberhardt, Fritz: Militärisches Wörterbuch, Stuttgart 1940 (Kröners Taschenbuch 141).

Egidy, Berndt v. (Hrsg.): 300 Jahre Familie von Egidy 1687-1987, Tübingen 1987.

Egidy, Moritz v.: Ernste Gedanken, Leipzig 1890.

Erk, Ludwig und Franz M. Böhme: Deutscher Liederhort, Band 2, Leipzig 1893, Band 3, Leipzig 1894.

Exerzir-Reglement für die Kavallerie vom 10. April 1886, Berlin 1886.

Festschrift zur 75-Jahr-Feier der erweiterten Oberschule „Glückauf" Altenberg/ Erzgebirge 1889-1964.

Festschrift zur Wiedersehensfeier des ehem. Kgl. Sächs. Garde-Reiter-Regiments, Dresden 1936.

Friedländer, Max: Das deutsche Lied im 18. Jahrhundert. Quellen und Studien, Band 1, 1. Abteilung, Stuttgart und Berlin 1902.

Friedländer, Max: Das Lied vom Kanapee, in: Vierteljahrsschrift für Musik-Wissenschaft 1894, Heft 2, S. 203-215.

Friedrich, Wolfgang: Die Uniformen der Königlich Sächsischen Armee 1867 bis 1918, Dresden 1996.

Friedrich-Erbisdorff, Erwin: Vor 100 Jahren: Das große sächsische Kasernen-Revirement, in: Sächsische Heimat 23/11, 1977, S. 359-363.

Fritzsche, Werner: Vom Elbeschwimmen zum Spitzensport, in: Geschichten vom Sport in Dresden, Dresden 1998, S. 64-69 (Dresdner Hefte 55).

Frobenius, H. (Hrsg.): Militär-Lexikon. Handwörterbuch der Militärwissenschaften, Berlin 1901.

Genealogisches Handbuch des Adels, Band 102, Limburg an der Lahn 1992 (Freiherrliche Häuser, Band 16).

Gothaisches Genealogisches Taschenbuch der Adeligen Häuser, zugleich Adelsmatrikel der Deutschen Adelsgenossenschaft, Teil A, 41. Jg., Gotha 1942.

Gräfe, Roland: Die Entstehung und Entwicklung der Albertstadt (1873-1918) – ein geschichtlicher Abriß, in: Dresden als Garnisonstadt, Dresden 1998, S. 20-27 (Dresdner Hefte 53).

Grünberg, Reinhold: Sächsisches Pfarrerbuch. Die Parochien und Pfarrer der Ev.-luth. Landeskirche Sachsens 1539-1939, Freiberg/S. 1940.

Handbuch für die Kavallerie-Mannschafts-Schulen mit besonderer Berücksichtigung der Unteroffiziers-Pflichten, Prag 1858.

Hänsel, [Heinrich Wilhelm]: Die Parochie Pockau, in: Neue Sächsische Kirchengalerie. Die Ephorie Marienberg, hrsg. von den Geistlichen der Ephorie, Leipzig [um 1905], Sp. 625-640.

Härtel, August: Deutsches Liederlexikon. Eine Sammlung der besten und beliebtesten Lieder und Gesänge des deutschen Volkes, 8. Auflage: Leipzig o. J.

Heise, Ulla: Zu Gast im alten Dresden. Erinnerungen an Restaurants, Cafés, Hotels, Tanzsäle und Ausflugslokale, München 1994.

Helbig, Karl: Schrankenwärter Herbig, in: Wir Eisenbahner. 55 preisgekrönte Schilderungen deutscher Eisenbahner, Berlin 1936, S. 176-180.

Hengst, Hermann: Die Ritter des Schwarzen Adlerordens. Biographisches Verzeichnis sämtlicher Ritter des Hohen Ordens vom schwarzen Adler von 1701 bis 1900, Berlin 1901.

Herz, Heinz: Alleingang wider die Mächtigen, Leipzig 1970.

Heydick, Lutz: Rittergüter & Schlösser im Leipziger Land, Beucha 1993.

Hinüber, Ernst-August v.: Ehrentafel und Stammliste des Königlich Sächsischen Garde-Reiter-Regiments 1906-1919, Hannover 1926.

Höntsch, Georg: Tat gestaltet. Lebensbericht eines Großindustriellen, Leipzig 1941.

Hugler, Klaus: Moritz von Egidy (1847-98). „Ich hab's gewagt." Potsdam 1998.

Instruktion zum Reit-Unterricht für die Kavallerie. Vom 31. August 1882, 2. Teil, Berlin 1882.

Kästner, Erich: Als ich ein kleiner Junge war, 25. Auflage: Hamburg und Zürich 1995.

Knötel, Richard und Herbert Sieg: Handbuch der Uniformkunde. Die militärische Tracht in ihrer Entwicklung bis zur Gegenwart. Begründet von Prof. Richard Knötel, grundlegend überarbeitet, fortgeführt und erweitert von Herbert Knötel d. J. und Herbert Sieg, 5. Auflage: Hamburg 1937.

Kregelin, Karlheinz: Das Namenbuch der Straßen und Plätze im 26er Ring Dresden, hrsg. vom Stadtmuseum Dresden, Halle/Saale 1993.

Krünitz, Johann Georg: Oeconomische Encyclopädie oder allgemeines System der Land-, Haus- und Staats-Wirthschaft, Band 6, Berlin 1775.

Kübler, Thomas: Wonnige Wogen – Die Elbebäder in Dresden, in: Dresdner Geschichtsbuch, Band 2, 1996, S. 129-151.

Kukula, Ralf und Volker Helas: Ballhäuser in Dresden, Dresden 1997.

Lipperheide, Franz Freiherr von: Spruchwörterbuch, Sammlung deutscher und fremder Sinnsprüche ..., Berlin 1907.

Marriage, Elizabeth M.: Volkslieder der badischen Pfalz, Halle a. S. 1902.

Meiche, Alfred: Sagenbuch des Königreichs Sachsen, Leipzig 1903.

Meiche, Alfred: Historisch-topographische Beschreibung der Amtshauptmannschaft Pirna, Dresden 1927.

Meier, John: Kunstlieder im Volksmunde. Materialien und Untersuchungen, Halle a. S. 1906.

Meschwitz, Heinrich: Geschichte des Königlich Sächischen Kadetten- und Pagen-Korps von dessen Begründung bis zur Gegenwart, Dresden 1907.

Meyers Lexikon, 15 Bände, 7. Auflage: Leipzig 1924 bis 1933.

Misterek, René: Pirna – so wie es war, Düsseldorf 1996 (Fotografierte Zeitgeschichte).

Mulert, Hermann: v. Egidy, in: Die Religion in Geschichte und Gegenwart, Band 2, 2. Auflage: Tübingen 1928, Sp. 19.

Müller, Alfred: Volkslieder aus dem Erzgebirge, 2. Auflage: Annaberg 1891.

Müller-Fraureuth, Karl: Wörterbuch der obersächsischen und erzgebirgischen Mundarten, Band 1, Dresden 1911; Band 2, Dresden 1914.

Münchhausen, Börries Freiherr von (Hrsg.): Das Königlich Sächsische Garde-Reiter-Regiment von 1880 bis 1918, Dresden 1926.

Museum für Sächsische Volkskunst Dresden (Hrsg.): Museum für Sächsische Volkskunst. Geschichte – Sammlung – Ausstellung, Dresden 1997.

Östliches Erzgebirge, Berlin 1966 (Werte der deutschen Heimat, Band 10).

Otto, Uli und Eginhard König: „Ich hatt' einen Kameraden ..." Militär und Kriege in historisch-politischen Liedern in den Jahren von 1740 bis 1914, Regensburg 1999.

Pirna und seine Umgebung. Ergebnisse der heimatkundlichen Bestandsaufnahme im Gebiet von Pirna, Heidenau, Dohna, Berlin 1965 (Werte der deutschen Heimat, Band 9).

Poenicke, G. A. (Hrsg.): Album der Rittergüter und Schlösser im Königreiche Sachsen. Nach der Natur aufgenommen von F. Heise mit historisch-statistisch und topographisch bearbeitetem Text hrsg. von G. A. Poenicke, 2. Section: Meissner Kreis, Leipzig, nach 1854.

Polle, Friedrich: Müglitzthalführer, 3. Auflage: Dresden 1898.

Preil, Michael: Sachsen. Militärgeschichtlicher Reiseführer, Hamburg 1996.

Pröhle, Heinrich: Weltliche und geistliche Volkslieder und Volksschauspiele, Stuttgart 1863.

Rangliste der Königl. Sächs. Armee (XII. Armee-Corps des Deutschen Heeres) vom Jahre 1875, 1876 und 1877, Dresden.

Rehbein, Franz: Das Leben eines Landarbeiters, hrsg. von Karl Winfried Schafhausen, Darmstadt und Neuwied 1973 [1911] (SL 137).

Renn, Ludwig: Adel im Untergang, 2. Auflage: Berlin und Weimar 1966.

Renn, Ludwig: Krieger, Landsknecht und Soldat, Berlin und Weimar 1979.

Renn, Ludwig: Anstöße in meinem Leben, Berlin und Weimar 1980.

Richter, Jörg: 100 Jahre Eisenbahnlinie Freiberg-Bienenmühle-Holzau. Industrielle Erschließung des oberen Tales der Freiberger Mulde, in: Sächsische Heimatblätter 21/6, 1975, S. 263-266.

Richter, Otto: Atlas zur Geschichte Dresdens. Pläne und Ansichten der Stadt aus den Jahren 1521 bis 1898 auf 40 Lichtdrucktafeln, Dresden 1898.

Richter, Otto (Hrsg.): Dresden sonst und jetzt. 50 Doppelbilder in Lichtdruck, Dresden 1905.

Röhrich, Lutz: Lexikon der sprichwörtlichen Redensarten, 5 Bände, Freiburg, Basel, Wien 1994.

Rölleke, Heinz (Hrsg.): Das Volksliederbuch. Über 300 Lieder, ihre Melodien und Geschichten, Köln 1993.

Sachsenlieder. Eine Sammlung der beliebtesten Lieder der Königlich Sächsischen Armeekorps zugleich zum Gebrauch für die Königl. Sächs. Militär- und Krieger-Vereine, (Dresden um 1899), 8. Auflage: Dresden o. J., 9. Auflage: Dresden 1913.

Sächsischer Krieger-Vereins-Kalender auf das Jahr 1936, Roßwein.

Schimpff, Georg von: Prinz Georg von Sachsen, Dresden 1899.

Schimpff, Georg von: Geschichte des Kgl. Sächs. Garde-Reiter-Regiments, Dresden 1880.

Schirok, Gert: Das Sächsische Hauptstaatsarchiv Dresden und seine Militärbestände, in: Dresden als Garnisonstadt, Dresden 1998, S. 36-40 (Dresdner Hefte 53).

Schuster, O. und F. A. Francke: Geschichte der Sächsischen Armee von deren Errichtung bis auf die neueste Zeit, Leipzig 1885.

Sczepansky, Hermann: Was geschah in Posta? In: Pirnaer Kulturspiegel, September 1961, S. 3-5.

Steinitz, Wolfgang: Deutsche Volkslieder demokratischen Charakters aus sechs Jahrhunderten, Band 1, Berlin 1954; Band 2, Berlin 1962 (Veröffentlichungen des Instituts für deutsche Volkskunde 4/1 und 2).

Stimmel, Folke, Reinhardt Eigenwill, Heinz Glodschei, Wilfrid Hahn, Eberhard Stimmel und Rainer Tittmann: Stadtlexikon Dresden A-Z, Dresden 1998.

Stockmann, Doris: Der Volksgesang in der Altmark. Von der Mitte des 19. bis zur Mitte des 20. Jahrhunderts, Berlin 1962.

Taupitz, Harald: Dresden ... es war einmal eine Königin, Dresden 1994.

Taupitz, Harald: Perlen am Rande von Dresden. Vom Dampfschiff „Königin Maria“ zur „Weißen Flotte“. 160 Jahre Elbdampfschiffahrt in Sachsen, Dresden 1996.

Transfeldt, Walter: Wort und Brauch im deutschen Heer. Geschichtliche und sprachliche Betrachtungen über militärische Ausdrücke, Einrichtungen und Gebräuche in alter und neuer Zeit, 3. Auflage: Hamburg 1942.

Uther, Hans-Jörg: Sächsische Sagen, Augsburg 1998.

Verlohren, Heinrich August (Bearb.): Stammregister und Chronik der Kur- und Königlich Sächsischen Armee von 1670 bis zum Beginn des Zwanzigsten Jahrhunderts, hrsg. von Max Barthold und Franz Verlohren, Leipzig 1910.

Voretzsch, Karl: Volkslieder aus der Provinz Sachsen, Halle/Saale 1937.

Vorschriften über die Bekleidung und Offiziers-Pferde-Equipage für das XII. Königl. Sächs. Armee-Corps 1872, Dresden 1872.

Weber-Kellermann, Ingeborg: Ludolf Parisius und seine altmärkischen Volkslieder, Berlin 1957.

Wildt, Dieter: Deutschland, deine Sachsen. Eine respektlose Liebeserklärung, Hamburg 1965.

Winkler, Max und Hermann Raußendorf: Die Burggrafenstadt Dohna, in: Mitteilungen des Landesvereins Sächsischer Heimatschutz 25, 1936, S. 1-38.

Wörterbuch der obersächsischen Mundarten. Begründet von Theodor Frings und Rudolf Große, Band 1, A-F, Berlin 1998; Band 3, L-R, Berlin 1994; Band 4, S-Z, Berlin 1996.

Wozel, Heidrun: Die Dresdner Vogelwiese. Vom Armbrustschießen zum Volksfest, Dresden/Basel 1993.

Wustmann, Gustav: Als der Großvater die Großmutter nahm. Ein Liederbuch für altmodische Leute, 4. Auflage: Leipzig 1905.

Zänsler, Anneliese: Die Dresdner Stadtmusik, Militärmusikkorps und Zivilkapellen im 19. Jahrhundert, Laaber 1996 (Musik in Dresden 2).

Zumpe, Dieter (Hrsg.): Dresden in historischen Stadtplänen. Die Entwicklung der Stadt seit dem 16. Jahrhundert, Berlin 1995.

Abbildungsnachweis

S. 16, 17, 19, 20, 21, 34: Privatbesitz Hans Helbig, Dresden.
S. 32: Privatbesitz Dr. Brigitte Emmrich, Dresden.
S. 38: Militärhistorisches Museum der Bundeswehr Dresden, Altbestand des Sächsischen Armeemuseums.
S. 46, 61, 73: aus Schimpff 1899, S. 130, 136, 60.
S. 51: aus Richter 1898.
S. 54, 55: Privatbesitz E. v. Müller, Herzebrock-Clarholz.
S. 57: aus Münchhausen 1926, Bildanhang.
S. 63, 71, 79, 83, 117: Institut für Sächsische Geschichte und Volkskunde e. V., Dresden (Aufnahmen: Jörg Hennersdorf, Kartenentwurf: Michael Simon, Ausführung: Kati Goldmann).
S. 66: Staatliche Kunstsammlungen Dresden, Photographische Abteilung, Aufnahme: Pfauder.
S. 81: Illustrierte Zeitung, Band 67, vom 23. September 1876, S. 251; Reproduktion aus dem Exemplar der Bibliothek des Stadtgeschichtlichen Museums Leipzig, Aufnahme Hans-Dieter Kluge, Espenhain.
S. 86: aus Poenicke um 1854.
S. 105, 121: aus Bergblumen, 6. Jahrgang, 1891, Nr. 5, S. 40; Nr. 9, S. 69.
S. 123: Heimatmuseum Dohna.